불안한 뇌와 웃으며 친구 하는 법

THE USER'S GUIDE TO THE HUMAN MIND

숀 T. 스미스 지음
정여진 옮김

불광출판사

들어가는 글

어떻게 하면 내 마음을 내 뜻대로 움직일 수 있을까?

지금도 어린 시절의 어떤 장면이 선명히 떠오른다. 때로 마음이 우리의 의식에 던지는, 섬광처럼 번쩍하며 떠오르는 기억 중 하나다. 우리 가족이 장거리 트럭 운전자들을 대상으로 한 술집을 운영하던 시절의 어느 날, 나는 마감 시간에 카운터 안쪽에서 설거지를 하고 있었다(실로 나는 흔치 않은 어린 시절을 보냈다). 그날따라 웬일인지 술집 단골 중 하나인 척에게 눈길이 갔다.

나는 척이 좋았다. 밀짚 카우보이모자, 오리털 조끼, 언제나 환하게 웃는 얼굴. 카운터 붙박이였던 그는 사교성 좋고, 재치 있고, 마음씨가 착해서 우리 가족이 늘 반기는 손님이었다.

하지만 척은 열 살짜리인 나로서는 이해할 수 없는 어떤 문제를 겪고 있었던 것 같았다. 그는 술을 잘 마시고 붙임성 있는 성격이었지만 그에 대해서는 알려진 사실이 거의 없었다. 그가 자기 자신에 대해서만은 좀처럼 입을 열지 않았기 때문이었다. 그는 어떤 대화에서든 말문이 막히는 법 없이 척척 대답했지만, 유독 자신에 대해 이야기해야 하는 상황이 되면 어떻게든 화제를 돌려 다른 사람 이야기를 꺼냈다. 이를 두고 어떤 이는 척이 워낙 수수께끼투성이이니 첩자가 틀림없다고 우스갯소리를 할 정도였다.

돌이켜 보니 당시 그는 후회스러운 기억과 마주치지 않으려 하는 사람 특유의 태도를 보였던 것 같다. 그래서 익살을 부리고, 교분을 맺고, 술을 마시며 회피하고 싶은 그 기억으로부터 빠져나왔던 것이다. 그때 누군가 내게 척이 어떤 사람이냐고 물었다면, 나는 그가 행복하지만 어딘가 쓸쓸해 보이는 사람이라고 대답했을 것이다.

기억 속 바로 그날 저녁, 그는 평소와 전혀 다른 모습으로 앉아 있었다. 혼자였고 느긋하고 편안해 보였다. 얼굴에는 환하고 짓궂은 웃음 대신 은은하고 감미로운 미소를 띠고 있었다. 그의 앞에는 거의 다 마신 맥주잔이 놓여 있었다. 그게 내가 설거지해야 할 마지막 빈 잔이었지만 당시 나는 그의 고요한 시간을 방해하고 싶지 않아서 잔을 가져올지 말지 망설였다.

그날 저녁 이후 몇 년이 흘렀지만 나는 아직도 척이 잊히지 않는다. 술집의 어린 주방 보조를 그만두고 이제 임상 심리학자가 된 나는 무엇 때문에 척이 그토록 술을 많이 마셨는지, 왜 진짜 자기 자신을 드러내기를 꺼렸는지 생각해 본다. 당시 척이 어떤 생각을 했을지, 그의 마음이 그에게 무어라 말했을지 궁금해하면서 말이다.

아마 나는 그것을 결코 알 수 없을 것이다. 하지만 적어도 나의 마음이 내게 무엇을 말하는지는 안다. 물론 그 말이 언제나 마음에 드는 건 아니다. 여러분도 나와 같은 상황이라면 어떻게 해야 마음을 통제할 수 있는지 알고 싶을 것이다. 여러분의 마음도 내 마음처럼 결코 그 입을 다물지 않을 테니까 말이다!

간혹 마음을 통제하기 쉬울 때도 있다. 마음을 통제한다는 건 내가 원하는 때에 원하는 것을 생각할 수 있다는 의미다. 예를 들어 지금 나는 도넛에 대해 생각하기를 선택했다. 이는 내가 도넛을 좋아하기 때문이다.

다른 한편으로 발칙하게도 마음이 제멋대로 움직일 때도 있다. 이럴 때 마음은 주인의 허락도 없이 혼자만의 생각에 빠지는데, 그것도 아주 좋지 않은 순간에 그렇게 한다. 예컨대, 얼마 전 내가 연설에 도전했던 때가 그러했다. 많은 사람 앞에 서서 발표를 시작하려고 할 때 마음은 내게 다음과 같이 말했다.

'하려던 말을 잊어버릴걸.'

'이발할 때가 됐군.'

'바지 지퍼가 열린 것 같은데?'

나는 그런 생각을 하고 싶지 않았다. 그 생각이 연설에 방해가 된 것은 물론이다. 그래 참 고맙다, 마음아.

때로 마음은 이렇게 자신감을 불쑥 공격하는 데서 그치지 않는다. 가령 우리가 스스로 흠이 있거나 매력 없는 사람이라고 믿게 하기도 하고, 우리 힘으로는 해낼 수 없다고 포기하게 하기도 한다. 아니면 이 세상이 실제보다 훨씬 더 위험한 곳이라고 생각하게끔 하기도 한다. 이렇듯 마음은 때때로 우리에게 독한 불안감과 우울감을 떠안겨 희망하는 대로 살 수 없다고 믿게 한다. 마음은 그토록 설득에 능하다.

그래서 우리는 삶을 잘 살아가기 위해서 애써 마음을 통제하고 잠재운다. 나는 이렇게 다짐하기도 한다. '마음을 진정시키고 생각을 멈출 수만 있다면 다음 연설은 대성공할 거야.' 이런 다짐은 때로는 효과가 있다. 그러나 마음이 우리를 압도할 때는 어쩔 수 없이 다른 방법을 찾아야 한다.

예를 들어 우리 인간은 지략이 뛰어난 생물체여서 주의를 다른 데로 돌림으로써 짧게나마 마음을 통제할 수 있다. 그러나 이 방법에는 한계가 있기 마련이다.

예를 들어 원숭이를 생각하지 않으면 100만 달러의 상금을 받는다고 가정해 보자. 그러면 나는 원숭이를 생각하지 않기 위해 숫자를 세거나 노래를 부르거나 아니면 줄넘기라도 하면서 주의를 다른 데로 돌릴 것이다. 잠깐은 효과가 있을지도 모른다. 그러나 내심으로는 이 괴이하고 무의미한 짓을 하는 이유가 원숭이를 떠올리지 않기 위해서라는 걸 알고 있을 터다. 즉, 원숭이를 떠올리지는 않겠지만 오히려 그 때문에 셈하고 노래하고 줄넘기하는 꼴이 되는 셈이다. 자, 그렇다면 셈과 노래와 줄넘기를 그만두자마자 나는 무슨 생각을 하게 될까? 그렇다. 바로 원숭이다! (여러분도 해 보길 바란다. 원숭이를 생각하지 않기 위해 노력한 다음 무슨 일이 발생하는지.)

누구에게나 생각하고 싶지 않은 '원숭이'가 있다. 그것은 실패했다는 자괴감일 수도 있고, 소속되어 있지 않은 데서 오는 두려움일 수도 있으며, 지나치게 어리거나 혹은 나이가 많거나 그 외에 무엇이 되었든지 간에 정도가 심하다고 느끼는 데서 비롯된 좌절감일 수도 있다. 아무리 마음을 잘 통제한다고 해도 부정적인 생각과 감정은 결국 다시 생겨난다. 그래서 우리는 때때로 다시 생겨난 마음을 잠재우기 위해 무슨 짓이든 한다. 닥치는 대로 먹거나 과음하거나 일에 몰두해서 부정적인 생각과 감정에서 주의를 다른 데로 돌리는 것이다. 그러나 그런 행위는 고통스러운 회피일 뿐이며 결국에는 문제를 더 악화시킨다. 은유적으로 표현하면 마음이 우리를 늪에 빠뜨리는 것이다. 그리고 그 늪에서 빠져나오려고 몸부림칠수록 문제는 더 심각해진다.

척의 이야기로 돌아가면, 나는 때로 척이 그러한 종류의 함정에 빠진 것은 아니었을까 생각해 본다. 실컷 술을 마신 다음 그의 얼굴에 떠오른 평온함이 실은 일시적으로 위안을 찾은 사람의 표정은 아니었을까?

만약 그렇다면, 척이 빈 맥주잔 앞에서 발견한 그 평화는 숙취뿐만이 아니라 그보다 훨씬 더 큰 대가를 치르고 얻은 것임이 틀림없다. 잠시 동안 마음을 잠잠하게 만들 수는 있지만 반드시 되살아나기 마련이고, 또 주의를 다른 데로 돌리는 방법을 쓰려면 끊임없이 진이 빠지도록 애써야 하기 때문이다.

다행스럽게도 마음을 통제하는 것만이 유일한 방안은 아니다. 우리는 마음과 평화롭게 공존할 수 있고, 더 나아가 마음에 고마워하거나 마음의 작동에서 흥미로운 점을 찾을 수도 있다. 마음의 배후를 훔쳐보고 그 동기를 밝혀내면 이는 더욱 쉬워진다. 그 작은 신경세포 다발이 무슨 일을 하는지 이해한다면, 부정적인 마음이 우리에게 몰래 다가오지 않도록 막을 수 있을 것이다.

이 책은 그러한 목적지까지 안내하는 책이다. 그래도 이것만은 알아두기 바란다. 나는 정신적 지도자나 구루가 아니다. 적지 않은 사람들이 자신의 마음과 화해하도록 도와준 전직 바텐더일 뿐이다. 이 책은 앞선 시대에 나왔던 뛰어난 행동 심리학자와 진화 심리학자들의 연구 결과, 특히 스티븐 헤이스와 제3세대 행동주의라고 불리는 심리학 분과를 만들어 낸 많은 분의 연구 결과에 힘입어 쓰였다.

이 책의 내용

우리를 미치게 하는 마음과 더불어 살아가는 방법에 관한 책이다. 마음이 무슨 일을 하는지, 왜 그렇게 하는지, 그리고 과연 우리는 어떻게 살아야 하는지를 들려준다. 원치 않는 생각과 감정이라고 하더라도 마음이 우리에게 주는 생각과 감정을 고맙게 여기고, 혹 마음이 우리의 길을 가로막을 때 이를 부드럽게 다스리는 방법이 담겨 있다.

1부에서는 마음이 우리에게 말하는 방식을 살펴볼 것이다. 그리고 더 깊은 통찰로 더 자유롭게 대처할 수 있도록 마음과의 거리를 확보하는 방법을 살펴볼 것이다.

2부에서는 마음이 위험을 느끼고 우리가 원하는 일을 막으려고 할 때 어떻게 대처해야 하는지 논의할 것이다.

3부에서는 우리를 비생산적인 행동에 빠뜨리는 몇몇 근원적인 심리 기제를 분석할 것이다. 그 이면에 어떤 일이 일어나고 있는지 이해하면 우리는 마음의 충동을 따르는 대신 자신의 판단에 따라 선택하는 능력을 키울 수 있다.

마지막으로 4부에서는 마음에 영양분을 주고 올바르게 돌보는 방법을 논의할 것이다.

이 책에서 나는 마음을 마치 분리된 독립체인 것처럼 표현하고 있다.

물론 마음은 몸에서 떨어져 나온 존재가 아니다. 그러나 여러분의 마음도 나와 같다면 일종의 독립된 존재로 볼 수도 있다. 사실 뇌(우리에게 마음을 주는 신체 기관. 2장에서 뇌의 특별함을 살펴볼 것이다)는 설계상 그 기능과 활동 대부분이 우리의 통제력 밖에 놓여 있다. 마치 빙산 대부분이 해수면 아래 잠겨 있는 것처럼 말이다. 그렇다고 해서 마음이 우리에게 불리하게 작용한다는 의미는 아니다. 오히려 뇌의 목적은 우리를 안전하게 보호하는 것이다. 나는 마음이 우리의 안전을 위해 움직인다는 것을 논의하기 위해 다음 두 가지 가정을 밑거름으로 삼았다.

첫째, 뇌의 각 부분은 서로 다른 뜻밖의 사태에 대비해 조치를 취한다. 즉 우리는 쿠키 한 통을 다 먹으면 안 된다고 생각하지만, 마음의 일부분은 한 통을 다 먹는 게 도움이 된다고 믿는다.

둘째, 원하지 않는 생각과 감정, 기억, 충동이 존재하는 데는 이유가 있다. 심지어 쿠키처럼 아주 사소한 대상에 대해서도 마찬가지다. 그 기능을 잘 수행하는 마음은 소금, 설탕, 기름이 희귀한 재화라는 것을, 적어도 원시 환경에서는 희귀한 재화였다는 것을 안다. 바로 그 원시 환경에서부터 우리의 뇌는 서서히 자라났다. 우리는 원시의 모험 가득한 세계에서 생존하기 위해 뇌를 발달시켰고, 그렇게 발달한 뇌는 오늘날까지 우리를 이끌어 왔다. 그래서 순조롭게 움직이고 생존을 중시하는 마음은 이렇게 말한다. '먹을 수 있을 때 쿠키를 먹어 두는 게 좋을 걸. 다시는 기회가 없을지도 몰라!' 이렇듯 마음은 끊임없이 우리의 생존을 '걱정'하기 때문에 나는 마음을 '걱정 기계'라고 부른다. 그러나 이 걱정 기계는 아주 중요한 목적을 가지고 있다. 요컨대 마음은 우리가 원하든 원하지 않든 우리를 돕기 위해 존재한다.

물론 마음은 성가신 존재이기도 하다. 예를 들어 우리를 그릇된 길로 이끌기도 하고 고통을 주기도 한다. 그러나 마음의 변덕스러운 성향은 컴퓨터 프로그래밍 용어를 빌리면 소프트웨어의 사양일 뿐이지 프로그램상의 오류가 아니다. 마음이 아무리 비정상적으로 보일지라도 거기에는 그럴 만한 이유가 있다. 여러분이 내 말을 믿어 주기를 바라는 건 아니다. 그저 내 말을 여러분의 경험과 대조해 보기 바란다.

마음이 여러분의 행동을 교묘하고 철저하게 지휘하려고 끊임없이 은밀하게 시도한다는 것을 분명히 밝혀 줄 연습 과제가 이 책 곳곳에 있다. 마음의 원리를 알면, 우리는 잠재의식이 우리를 서서히 장악하도록 허락하는 대신 더 소중한 가치를 따라 자유롭게 대처할 수 있다. 또한 마음으로 인해 미칠 것 같은 스트레스를 받는 대신 마음의 보호 본능을 활용하고, 더 나아가 고마워하는 법을 배울 수 있다.

지금 우리 앞에 놓인 질문은 다음과 같다. 우리는 마음과의 싸움에서 이길 수 있을까? 이 경이로운 '걱정 기계'의 속을 들여다보고 우리가 무엇을 깨닫게 될지 지켜보자.

차례

1부

마음은 걱정 기계

내가 당신의 마음이라면, 나는 당신을 몹시 걱정할 것이다. 당신이 신중하지 못한 사람이어서가 아니라 세상이 위험한 곳이기 때문이다. 언제나 그래 왔듯이.

내가 당신의 마음이라면, 나는 이 세상에 왔다 간 수많은 세대의 경험과 지식을 지니고 다닐 것이다. 그들은 혹독한 일을 숱하게 겪으며 생존하는 법을 배웠다. 나는 당신의 안전을 위해 그 지혜를 사용할 것이다. 비록 당신이 나의 의도를 알아차리지 못한다고 해도 말이다.

내가 당신의 마음이라면, 나는 당신 인생의 모든 순간에 곁에 머물면서 당신의 몸이나 영혼이 상처를 입을 때마다 지울 수 없는 수많은 기록을 남길 것이다. 나는 당신이 상처를 잊지 않도록 할 것이다.

내가 당신의 마음이라면, 당신을 보호하기 위해 힘닿는 데까지 무엇이든 할 것이다. 나의 경고에 주의를 기울이라고 당신에게 요구할 것이다.

그러나 만일 내가 '당신'이라면, 나는 마음의 말에 언제나 귀 기울이지는 않을 것이다.

1장 고통스러운 방어

'마음이 고장 난 것 같아요.'
나는 이렇게 토로하는 사람들을 자주 본다. 마음이란 늘 우리에게 뭔가를 들려주려고 하는 존재인데, 대체로 별반 도움이 안 되는 것들을 들려주기 일쑤이기 때문이다. 우리가 어떤 일에 두각을 나타내고자 하면 마음은 우리 자신에게 회의를 품게 하고, 앞날을 개척하고자 하면 마음은 우리를 과거에 가둬 버린다. 또 뭔가에 몰두하려고 하면 마음은 우리를 온통 산만하게 한다.

그렇다면 인간의 마음은 우리 자신을 쓰러뜨리기 위해 존재하는 것일까?

우리는 자연스럽게 쓸모없는 생각과 감정에 반박하거나 그로부터 아예 벗어날 방법을 찾음으로써 마음과 싸운다. 그 결과 싸움에서 이길 때도 있고, 반대로 모면하려던 바로 그 상황, 즉 마음이 우리를 쓰러뜨리려는 상황에 놓일 때도 있다.

자, 이제 자기 마음과 자멸적인 전쟁을 벌이고 있는 우리의 친구 루크를 만나 보자. 아무래도 그는 전략을 바꾸는 게 좋을 것 같다.

루크는 일터에서 혁신 방안 하나를 구상 중이다. 베어링(회전하는 기계의 축을 지지하면서 회전시키는 역할을 하는 기계요소 – 옮긴이)의 윤활 방식을 전혀 새롭게 바꾸는 기발한 착상을 떠올린 것이다. 그는 이렇듯 복잡한 문제를 해결하는 데 늘 소질을 보였다. 이제부터는 이런 루크의 아픔에 관해 이야기하려고 한다.

루크는 평소 자기가 남들보다 못났다고 느끼는 편이다. 오래전부터 루크는 자기가 여동생의 그늘에 묻혀 살아왔다고 느꼈다. 루크의 여동생은 아이비리그에 속하는 명문 대학에서 학업을 마치고 예쁜 두 아이를 낳았으며 제과점 사업으로도 성공했다. 간절히 원하는 것을 얻지 못한 사람이 대개 그러하듯 루크 역시 여동생의 이러한 삶을 감탄스러운 눈길로 바라본다.

루크는 전형적인 미국인이랄 수 있는 사교적인 형을 보면서도 열등감을 느낀다. 고등학교 시절 루크의 형은 퀸카 여학생들과 사귀었고 스포츠 팀에서 중요한 포지션을 도맡았으며, 자신만의 매력으로 선생님들을 요리해 성적에 가점을 받기까지 했다. 형은 이제 억대 수입을 올리는 변호사다. 루크는 가끔 형의 호화로운 일상을 전해 들을 때마다 혀를 내두르며 탄복한다. 상원 의원과의 만찬이라든지 이국의 휴양지에서 보내는 휴가 같은 것은 자신의 소박한 일상과는 동떨어진 별세계 이야기 같다.

루크는 어릴 때부터 자신의 가치를 의심하기 시작했다. 그는 남달리 총명한 아이였는데도 학교 성적은 좋지 못했다. 이는 절대 수업이 어려워서가 아니었다. 오히려 수업은 너무 쉽게 느껴져서 따분하기만 했다. 그래서 루크는 교실에 앉아 있는 동안 지루함을 간신히 참으면서 시도해 볼 만한 흥미로운 일을 찾아 헤맸다. 가령 기계와 전자 제품을 다루는 솜씨가 뛰어났던 그는 쉬는 시간마다 선생님 모르게 놀라운 재능을 발휘했다.

하지만 어째서인지 어른들은 루크의 남다른 지적 능력을 알아채지 못했다. 그가 오롯이 혼자 힘으로 진짜 발사되는 로켓을 제작했을 때나 친구와 힘을 합쳐 버려진 나무토막과 유리 조각으로 근사한 다층짜리 햄스터 집을 만들었을 때, 어른들이 그 자리에 없었기 때문이었다. 그래서 루크는 자기가 해낸 일을 대단하다고 여겨본 적이 없었고, 그저 자기 자신과 친구들을 위한 놀이라고만 생각했다. 그런데 어느 날부터 루크는 자기 능력을 의심하기 시작했다. 그저 그런 학업 성적을 유지하던 그에게 어느 날 선생님이 이렇게 말했던 것이다. "너는 아무 생각 없이 학교에 다니는구나." 그 순간 루크는 이 말이 자기 존재를 한마디로 표현한다고 믿게 되었다.

루크가 자신의 가치를 의심하기 시작하는 사이, 그의 형과 여동생은 전혀 다른 삶을 누렸다. 루크의 형과 여동생은 계속해서 우수한 성적을 거두었다. 반면에 루크의 성적은 한참 뒤떨어져 있었다. 우리 모두 이따금 그렇듯이 루크 역시 잠자코 자신을 그들에 견주어 보고는 부족하다고 판단을 내렸다.

그는 '실패'의 원인을 찾기 시작했다. 자기가 우둔하다는 생각도 해보았고, 앞으로 다른 사람들과 잘 어울리지 못할 것 같다는 느낌을 받기도 했다. 특히 사람들과 잘 어울리지 못하리라는 생각은 루크에게 공포 그 자체였다. 그는 친구들과의 만남을 좋아했고, 그런 만남을 잃는다는 건 생각조차 하고 싶지 않았다.

성인이 되자 루크는 사회적 고립에 대한 두려움을 해소하지 못한 상태로 사회생활에 들어섰다. 그는 사회라는 무대에 서 있는 자신을 면밀히 뜯어보다가 그만 누구나 흔히 걸려드는 덫에 빠지고 말았다. 자신의 단점을 수두룩이 발견한 것이다. 이내 루크는 자신이 꾸어다 놓은 보릿자루 같다고 느끼기 시작했다.

바로 그 사회적 고립에 대한 두려움 때문에 그의 행동은 어색해졌고, 사람들은 그의 주춤거리는 태도를 불편해 했다. 루크는 사람들의 그런 반응을 자신에 대한 거부라고 해석했다. 루크의 형과 여동생의 빠른 성공이 우수한 학교 성적 덕분이었다면, 루크의 삶을 지배하는 것은 불행하게도 사회적 고립에 대한 두려움이었다.

이것은 바로 마음이 일으키는 문제다. 인간의 마음은 문제를 해결하려는 노력의 일환으로 이따금 우리가 두려워하는 바로 그 감정을 불러일으킨다. 총명하고 유능할 뿐 아니라 인상도 좋은 우리의 루크에게 바로 그런 일이 일어났던 것이다.

그렇지 않다는 증거가 있는데도 자신을 열등하다고 판단하는 일은 일견 불합리해 보이지만, 그 안에는 어떤 논리가 숨어 있다. 주변 사람들이나 나쁜 운수, 또는 화난 신 때문에 루크에게 문제가 발생했다면, 그 문제는 루크의 손을 떠난 일이다. 루크 스스로 그 문제를 해결할 수 없다. 하지만 그의 내면에 문제가 있다면 힘껏 노력하여 그 문제를 없앨 수 있다. 인간의 마음에 발생한 문제는 정말 해결 가능하다.

루크의 마음은 아직도 과거에 전혀 존재하지 않았던 어떤 문제를 해결하느라 애쓰고 있다. 예전에 그는 다른 사람들과 편안하게 어울릴 수 있었다. 하지만 이제는 그렇지 않다. 그의 마음이 내면에서 엄준한 명령처럼 울려 퍼지며 대화를 망치거나 상대방을 쫓아내지 말라고 그를 몰아붙여야만 겨우 대화를 이어갈 수 있다. 자기 자신의 마음이 사회생활의 걸림돌이 된 것이다.

이제 앞서 이야기했던 윤활에 관한 주제로 돌아가 보자. 루크는 수줍음이 많긴 하지만 상냥한 천성과 기계를 다루는 재주 덕분에 어린 나이에 동네 볼링장에서 일자리를 구했다. 어느 날 그는 자동 핀세터(볼링 레인에 핀을 세우는 기계 – 옮긴이)를 수리하다가 윤활의 중요성을 깨달았다. 루크는 복잡한 핀세터 기계를 수리하다가 깊숙한 안쪽에 있는 베어링과 기계의 다른 가동 부분에 흘러들어 가는 기름에 관심을 갖게 되었고, 기름의 흐름 방식을 단순화하면 유지 비용을 낮출 수 있겠다는 데까지 생각이 미쳤다. 이렇게 해서 그는 마침내 독창적인 아이디어를 고안해 냈다.

하지만 바로 그 윤활 탓에 첫 데이트를 망치고 말았다. 윤활에 관한 그의 아이디어는 아주 흥미로운 것이지만 첫 데이트의 대화 주제로는 적절치 않았다. 그건 그가 첼시를 저녁 식사에 초대했을 때 벌어진 일이었다. 그때 루크의 마음은 그를 긴장시키려고 안달이 난 상태였다. 그래서 그의 옆자리에 앉아 이렇게 속삭였다. '데이트를 망치면 안 돼……. 그녀는 네가 오르지 못할 나무야……. 지금까지 실패한 그 모든 데이트를 잊었어? 너는 정말 아무 생각 없이 학교에 다니는구나!'

그의 자기 회의가 어찌나 끈질겼는지 루크는 자기를 의심하는 것 외에는 거의 아무것도 생각할 수 없을 지경이었다. 그는 친밀감을 진실로 소중하게 여겼고 따뜻한 애정 관계를 원했다. 그녀를 즐겁게 할 방법을 필사적으로 찾던 루크는 자기도 모르게 윤활 방식에 따른 비용 효과에 대해 한참을 떠들었다. 물론 그 이야기는 그녀의 마음을 사로잡지 못했다. 결국 다시 만날 가망도 없이 데이트는 정중하게 끝나고 말았다.

그날 루크는 첼시에게 그의 진짜 성격을 파악할 틈을 전혀 주지 않았다. 또다시 그의 불안감이 일을 그르쳤던 것이다. 루크는 다음번에는 더욱 열심히 마음을 다스려야겠다고 다짐했다. 아마 여러분도 그런 다짐을 해 본 일이 있을 것이다. 나도 그랬다.

하지만 어쩌면 바로 그 '더욱 열심히'가 문제일지도 모른다. 우리의 마음은 때로 우리를 축축한 감정의 늪으로 내던진다. 그 늪에서 빠져나오려고 몸부림칠수록 문제는 더 심각해진다. 하지만 다행히 루크처럼 자멸적인 성향의 사람들에게도 희망은 있다.

마음은 경호원이다

인간은 왜 필요 이상으로 똑똑할까? 인간이 생존하려면 기본적으로 넉넉한 음식과 주거지, 그리고 다음 세대를 생산하기 위한 신체 접촉만 있으면 된다. 그런데 어째서인지 우리 마음은 그보다 훨씬 더 많은 것을 우리에게 준다. 영화나 우주여행, 또는 디저트는 생존에 반드시 필요하지 않다. 우리는 이러한 것을 '좋아하는' 것이지 '필요로 하는' 것이 아니다. 그렇다면 도대체 우리 인간은 왜 필요한 것 이상을 추구할까?

그 이유는 필요한 것만 추구하는 작은 뇌보다 그 이상을 추구하는 큰 뇌가 생존에 유리하기 때문이다. 우리의 마음은 지칠 줄 모르는 걱정 기계라서 우리를 보호하는 임무를 이루 말할 수 없을 만큼 훌륭하게 해낸다. 그러나 절대 작동을 멈추지 않고 해결해야 할 문제를 끊임없이 찾는다는 단점이 있다.

따라서 인간에게 마음은 양날의 칼과 같다고 볼 수 있다. 마음이라는 걱정 기계는 고압적인데다 끝없이 생각과 감정, 충동을 쏟아 내는 탓에 종종 우리는 희망과는 정반대되는 일을 하고 만다.

이런 의미에서 우리는 모두 루크와 같다. 마음은 일견 문제를 더 키우려는 의도를 가진 것처럼 움직인다. 예컨대 루크 역시 공감과 우정을 원했지만 마음의 작용 때문에 정반대의 것을 얻었다. 이렇듯 마음은 때로 양극이 뒤바뀐 자석처럼 군다. 즉 우리가 피하고 싶어 하는 것을 끌어당기고 우리가 갈망하는 것을 밀어낸다. 기가 막힐 노릇이다!

아닌 게 아니라 우리는 이러한 마음의 작용 때문에 좌절한다. 그러나 이 책은 조금 다르게 생각할 것은 제안한다. 요컨대 루크의 마음에는 잘못된 점이 전혀 없다. 오히려 나는 루크의 마음이 안전과 생존이라는 견지에서 정확히 해야 할 일을 했다고 생각한다. 여러분의 마음도 가끔은 루크의 마음처럼 행동하지 않는가.

루크를 보면 알 수 있듯이 마음은 독자적인 의도를 가진 것처럼 보인다. 루크에게는 분명한 목표와 가치관이 있었다. 즉 누군가 특별한 사람을 만나 다정한 애인이 되어 주고자 했다. 반면 그의 마음은 거절이라는 절체절명의 위험으로부터 루크를 보호하는 데 관심을 기울였다. 간단히 말해 루크의 목표가 사랑이었다면 마음의 목표는 생존이었던 것이다.

이 책에서 나는 마음이 항상 여러분을 보살피고 있음을 증명할 것이다. 설사 여러분에게 불리하게 작용하는 것처럼 보일 때조차도 말이다. 마음은 고압적으로 과잉보호하는 손위 형제 같기도 하고 영원히 감시하고 참견하는 빅 브라더 같기도 하지만 결코 나쁜 뜻으로 그러는 것은 아니다.

물론 나의 주장이 이상해 보일 수도 있다. 차라리 마음의 어딘가에 고장 난 부분이 있다고 믿는 편이 더 그럴싸하기 때문이다. 그렇지 않다면 왜 우리가 과식하고 의기소침해지고 미래를 걱정하고 분노를 되새기고 운동을 게을리하겠는가? 루크의 마음이 그랬듯, 우리가 마음의 도움을 가장 절실히 필요로 하는 바로 그 순간에 마음이 우리의 기대를 저버리는 이유가 그밖에 달리 뭐가 있겠는가? 정말로 마음이 우리를 보호하기 위해 노력하고 있다면, 우리가 원하는 일을 하고, 원하는 것을 얻고, 원하는 사람이 되는 일이 지금보다 쉬워야 하지 않을까?

마음의 관점에서 보면, 대답은 "노"다. 마음에는 준수해야 할 규칙이 따로 있기 때문이다. 이를테면 우리의 안전과 생존을 최우선으로 삼고, 고통을 미연에 방지하고, 우리의 시급한 욕구를 해결해야 할 책임이 있다.

대공황과 거대한 모래 폭풍을 견뎌 낸 내 고향 미국 중서부의 사람들은 마음에 담긴 부정적인 생각과 맞서 싸우는 것이야말로 진정 지혜로운 일이라고 여긴다. "신세 한탄은 이제 그만하고, 자리를 털고 일어나 꿋꿋이 걸어가라."

실제로 이런 태도에는 지혜로운 면이 있다. 그래서 마음으로 말미암아 원하는 바를 좇을 수 없거나 고통스러울 때 마음과 싸워 이기도록 도와주는 여러 인상적인 심리 기술들이 개발되었다. 하지만 마음에 대항하는 것이 언제나 좋은 결과를 불러오는 것은 아니다. 때로는 마음을 그대로 받아들이는 것, 더 나아가 고마워하는 것이 더욱 실용적이다.

마음과의 싸움이라는 함정

마음으로 말미암아 우리는 종종 원치 않는 생각이나 느낌, 기억, 불안, 기분, 심지어 심장이 쿵쾅거리거나 겨드랑이에 땀이 차는 등의 신체 증상을 겪는다. 그런 증상은 난데없이 발생하기도 하지만, 피하고 싶은 상황(예를 들면 거절당할 가능성이 큰 첫 데이트)에 빠진 마음이 소동을 벌임으로써 일어나기도 한다. 아무튼 마음의 작용 탓에 심하게 괴로워지면 우리는 다음 중 하나를 선택할 수 있다. 마음을 받아들이거나, 바꾸기 위해 대항하거나. 마음을 받아들이는 것에 대해서는 곧 길게 논의할 것이다. 먼저 지금은 마음에 대항하면 어떤 일이 벌어지는지 살펴보기로 하자.

대부분의 인간은 많은 사람 앞에서 연설하는 일을 두려워한다. 반면 다른 동물들에게는 이런 공포가 없는데 이는 단지 동물들이 연설하지 않기 때문이다. 하지만 만약 동물도 연설을 한다면, 그리고 눈치를 볼 줄 안다면 인간과 마찬가지로 연설하는 일을 두려워할 것이다.

연설이 두려운 이유는 타인에게 평가받아야 하기 때문이다. 인간은 공개적인 평가로 말미암아 자신이 속한 단체에서 배척당하는 등의 대가를 치를 수 있음을 본능적으로 안다. 이는 무리 지어 생활하는 동물이라면 누구든 지니고 있는 공포다. 특히 타인 없이는 생존할 수 없기에 사회에 받아들여지는 것을 매우 중요하게 여기는 우리 인간에겐 치명적인 위험이다.

같은 이유에서 만약 할 수만 있다면 무리 지어 생활하는 개도 마찬가지로 연설을 두려워할 것이다. 연단에 서는 일이 집단에서의 지위에 영향을 미칠 수 있기 때문이다. 가령 어떤 개가 음식 찌꺼기를 구걸하는 연설을 했는데 그것이 형편없다면, 다른 개들은 연설한 개의 능력에 의문을 품을 것이다. 이후 그러한 의문이 눈덩이처럼 불어나서 결국 그 개는 무리에서 배척당하거나 아니면 적어도 짝짓기 같은 사회적 기회를 심하게 빼앗길 수 있다. (좀 더 독립적으로 생활하는 고양이라면 사회에 받아들여지는 것에 무관심하므로 아마 자신 있게 연설할지도 모른다.)

다시 인간 사회로 돌아와서, 우리는 연설을 할 때 종종 도망가고 싶은 충동을 느낀다. 마음의 항변으로 말미암아 걱정과 두려움에 사로잡히고, 이내 손바닥에 땀이 밴다든가 심장이 쿵쾅거린다든가 배탈이 난다든가 하는 신체 증상을 겪기 때문이다.

마음이 어떤 상황으로부터 도망가라고 말할 때 우리는 다음 방안 중 하나를 고를 수 있다.

1. 마음이 말하는 대로 하고 그 상황에서 벗어난다. 단기적으로는 고통이 완화되겠지만 장기적으로는 수치심과 후회라는 대가가 종종 뒤따른다.
2. 마음에 대항함으로써 불편한 생각이나 증상을 제거하여 더 이상 원치 않

는 생각과 감정에 시달리지 않는다.

3. 마음이 주는 불편한 생각이나 증상을 끌어안고 어떻게든 앞으로 나아간다. 당장은 매우 불편할 수도 있지만 장기적으로는 보람이 크다. 항상 그런 것은 아니지만 그 과정에서 불편함이 사라지기도 한다.

예상했겠지만 이 책은 세 번째 방안에 초점을 맞춘다. 실상 첫눈에 구미가 당기는 후보는 아니다. 어떤 사람은 이렇게 생각할지도 모른다. '받아들이라고? 뭘? 내 마음은 통제 불능이야. 그런 마음을 받아들일 수는 없어!' 생각과 감정을 받아들이든 아니면 없애는 데 전력을 다하든 선택은 여러분의 몫이다. 그러나 선택에 앞서 마음에 대항할 때 어떤 일이 벌어지는지부터 살펴보자.

물론 대항하는 것이 효과적일 때도 있다. 특히 일부 심리학자들이 '비합리적인 생각'이라고 부르는 것, 즉 설득력 있고 진실해 보이지만 실제 현실과는 동떨어진 생각을 찾아내고 그것을 바꾸는 방식으로 대항한다면 말이다.

예를 들어, 연설에 대한 두려움 속에 숨은 비합리적인 생각은 대개 연설을 잘하지 못할 경우 나타날 부정적인 결과를 임의로 추론하는 것이다.[001*] 가령 직장 동료와의 관계가 나빠진다거나 연단에서 정신을 잃고 구제 불능일 정도로 쩔쩔맬지도 모른다는 상상이 그것이다.

이렇게 우리를 극단적으로 몰아붙이는 비합리적인 생각은 그 정체를 파악하기가 어렵다. 대신 어렴풋한 두려움이나 불안감으로 드러난다. 그래서 연설을 시작하기 전에 손바닥에 땀이 배는 등 불안감의 징후를 알아차리는 사람들은 많지만, 그 이면에 있는 비합리적인 생각을 제대로 파악하는 사람은 얼마 없다. 즉 사람들은 대부분 부정적 결과를 임의로 추론한 것일 수도 있다는 사실을 깨닫지 못한다.

이러한 비합리적인 생각에 저항하고 이의를 제기하려면 우선 어렴풋한 두려움의 느낌을 말로 표현해야 한다.

"연설을 잘하지 못해서 직장을 잃을까 봐 두려워."

"정신을 잃고 쩔쩔맬까 봐 두려워."

이렇게 생각을 말로 형상화해서 눈앞에 꺼내 놓으면, 우리는 그것과 싸울 수 있다. 그러면 혹여 형편없는 연설을 했다고 해서 직장을 잃거나 동료와의 관계가 나빠지거나 정신을 잃거나 빈털터리가 되는 사람은 거의 없으리라는 사실을 깨닫게 될 것이다.

실제로 이러한 방식은 때로 도움이 된다.[002] 비합리적인 생각을 깨뜨리고 합리적으로 생각함으로써 우리의 가치관(우리를 의미 있는 행동으로 이끄는 기준)에 충실해지는 것이다. 이렇게 하면 마음의 요구대로 도망가는 대신 우리가 바라는 대로 행동, 즉 연설을 할 수 있다.

여러 심리학 책에는 비합리적인 생각의 사례가 무수히 많이 실려 있다. 그중에서 몇 가지를 살펴보자. 가령 연설로 스트레스를 받으면 다음과 같은 생각의 실수를 저지를 수 있다.[003]

흑백논리: 연설을 망치는 것은 내가 사랑이나 존중을 받을 자격이 없다는 의미다.

최악의 상황만 상상하기: 연설을 망친다면 사람들이 나를 무능한 사람으로 여겨서 결국 해고할 것이다.

트집 잡기: 일을 잘하지 못하는 것은 용납될 수 없다. 따라서 종종 일을 잘하지 못하는 나는 쓸모없는 사람이다.

폄하: 사람들이 나의 연설을 칭찬하는 것은 단지 나를 불쌍히 여겨서 내가 했던 온갖 어리석은 일을 잠시 잊었기 때문이다.

과소평가: 연설을 잘한다면 그것은 운이 좋아서고, 연설을 잘하지 못한다면 그것은 내가 완전히 무능하기 때문이다.

탓하기: 사람들이 웃는다면 그건 내가 연설을 너무 못하기 때문일 것이다.

이렇게 비합리적인 생각을 찾아내서 말로 표현하면 그것에 저항해 그것을 깨뜨릴 수 있다.

"내가 사랑받을 자격이 없다는 증거가 어디 있지?"

"사람들이 나를 무능하다고 생각한다는 걸 내가 어떻게 알지?"

"남들이 나를 비웃는다고 누가 말하기라도 했나?"

일이 술술 잘 풀린다면, 우리가 생각과 현실이 일치하지 않는다는 사실을 깨닫는 순간 마음이 물러설 것이다. 차분하게 행동한다면 그 효과는 최고조에 이른다. 하지만 마음이 항상 그렇게 고분고분한 것은 아니다. 특히 불안한 마음은 순순히 논리를 따르지 않는다.

불안한 마음은 연설을 잘하지 못한다고 해서 처참한 결과가 나타나지는 않는다는 것을 이해하지 못한다. 정말 처참하고 끔찍한 것은 화재나 홍수다. 비행기 추락 사고는 그야말로 어마어마할 재앙일 것이다. 반면, 적의를 품은 청중의 야유는 아무리 혹독하다고 해도 유혈 참사나 추방을 초래하지는 않는다. 하지만 마음은 우리와 다른 것을 본다. 이는 우리보다 앞서 살았던 수많은 세대의 경험이 우리의 뇌를 특정 위험에 반응하게끔 만들었기 때문이다. 그러한 위험 목록에서 상위를 차지하는 위험은 바로 버림받는 것이다. 인간에게 무방비로 혼자 남겨지는 것보다 더 해로운 일이 있을까?

다음 장에서 논의하겠지만, 우리는 과거에 비해 더 간편하지만 사소한 일로 불안감이나 우울증에 빠지는 더 적대적인 세상에 살고 있다. 이제 대다수 인간은 굶주림이나 추위, 육식 동물의 먹이가 되는 일을 걱정할 필요가 없다. 다만, 들판에서 생사가 걸린 결정을 내리며 자란 우리의 마음은 그러한 소식을 아직 전달받지 못했다.

그런고로 마음의 입장에서 보면 사회의 평판에 대한 '비합리적인' 두려움이란 없다. 비록 사회의 평판이 시대에 뒤처지는 개념이고 때로는 악용되는 것도 사실이지만, 어찌 되었든 하나의 기준이다. 그러니 냉혹하게 평가되고 나아가 배척당하는 것을 두려워하는 건 마음의 입장에서는 결코 비이성적인 일이 아니다. 즉 우리는 사회의 평판에 대해 언제나 강한 두려움을 느낀다.[004] 바로 그렇기 때문에 마음에 대항한다고 해서 항상 효과적이지는 않다. 이렇듯 부정적인 생각과 감정을 억제할 수 없다면, 우리는 어떻게 해야 할까?

생각 억제의 역설

때로는 마음에 대항함으로써 문제가 악화되기도 한다. 그 결과 우리는 마음에 맞서 더욱 격렬하게 싸우게 되고, 결국 문제는 훨씬 더 심각해지는 악순환이 이어진다. 가령 연설자는 연단에서 진정하라고 자신을 다그치지만 불안감은 오히려 점점 커지기만 할 뿐이다. 그러면 연설자는 자신을 진정시키기 위해 한층 더 힘껏 자신을 다그칠 것이다. 이렇게 해서 연설자는 어느덧 자기 생각과 감정과의 헛된 싸움에 휘말리게 된다.

위험하게도 우리는 생각과 감정을 억누르려고 애쓴다. 하지만 얄궂게도 이는 억누를수록 오히려 더 자주 떠오른다. 덧붙여 그런 생각과 감정이 유발하는 문제들도 더 많이 발생하게 된다.[005•]

예를 들어 어떤 사람이 다이어트를 하기 위해 음식에 대해 생각하지 않기로 했다면, 그 사람은 아마 음식과 관련된 생각을 점점 더 많이 하게 될 것이다. 그뿐만 아니라 과식하는 일도 늘어날 것이다.[006•] 그런 이유로 생각과 감정을 억누르는 것은 해로운 결과를 불러올 수 있기에 매우 위험하다. 마음을 설득할 수 있는 경우라면 그렇게 하는 것이 좋지만 불안감, 우울함 또는 불쾌한 생각을 강제로 억누르는 것은 원숭이를 생각하지 말라고 주문하는 것과 같다. 서문에서 소개한 대로 여러분은 내가 그 실험에서 처참하게 실패했다는 것을 기억할 것이다.

마음에 대항하는 것이 역효과를 일으키는 과정을 쉽게 설명하려면 불안감을 예로 들면 된다. 여러분이 아주 미약한 걱정의 기미까지 감지하도록 설계된 기계를 몸에 장착하고 있다고 상상해 보자. 이 기계는 사용자가 아주 약간이라도 불안해하면 바로 전기쇼크를 일으킨다. 주어진 과제는 간단하다. '불안해하지 마라.' 기계가 여러분의 몸에 장착되어 있어도, 전극의 양극과 음극이 머리에 붙여져도, 쇼크가 얼마나 고통스러울지 궁금해하지도, 불안해하지도 마라.

이것이 바로 불안감을 통제할 수 없게 되는 과정이다. 불안해해서 전기쇼크를 받을 때마다 불안감을 피하고자 하는 욕구가 커져 더욱 불안해질 것이다. 결국 단순히 불안감에 대해 생각함으로써 불안감을 유발하게 되는 것이다. 참으로 수수께끼다.[007*]

또한 생각을 억누르면 실질적인 문제가 발생할 수도 있다. 생각 억제는 강박 장애와 같은 불안 장애를 일으키기도 한다.[008*] 불안 장애를 겪는 것은 어느 모로 보나 전기쇼크만큼 고통스럽다고 할 수 있다. 이는 불안감을 피하려고 할수록 더 심해지는 경향이 있다. 역설적이게도 불안감을 피하려고 할수록 불안감이 점점 더 커지는 것이다. 이렇듯 우리는 피하려는 생각이나 감정을 결코 피할 수 없다. 특히 마음이 생존에 대해 걱정할 때는 말이다.

그 밖에 여러 다른 형태의 불안감은 마음이 자기 할 일을 하려다가 발생시키는 몇 가지 부산물이다. 이 책에서 우리는 불안감에서부터 우울증, 약물 남용과 같은 강박 행동에 이르기까지 인간 정신의 여러 증상에 대해 논의할 것이다. 그런데 이 모든 증상이 공통적으로 시사하는 바가 있다. 바로 마음이 자기 의무를 수행한다는 것, 아니면 적어도 수많은 세대의 숙련된 생존자들을 통해 전해 내려온 가르침을 실천한다는 점이다.

이제 마음에 대항하는 문제로 돌아가 보자. 언제 어떻게 하면 될까? 그에 대한 대답은 아주 간단하다. 마음에 대항하는 것이 효과가 있다면 그렇게 하고, 오히려 그것이 상황을 악화시킨다면 싸움을 그만두는 것이다. (걱정하지 마시라. 대항하는 대신 무엇을 하면 좋을지에 대해서도 논의할 것이다.)

만약 루크가 내면의 근원적인 두려움을 찾아내 그것이 틀렸다는 것을 밝힘으로써 마음을 설득하려고 해 보았더라면, 마음에 대항하는 것이 두려움을 없애는 데 효험이 없다는 사실을 곧바로 깨달았을 것이다.

만일 마음에 대항하는 것이 정말로 두려움을 없애 준다면, 루크는 자신감이 얼마간 상승하거나 손바닥에 땀이 배는 등의 신체 증상이 줄어듦을 느꼈을 것이다. 아니면 적어도 부정적인 생각을 극복할 수 있다는 사실을 앎으로써 자신감을 유지했을 것이다. 마음이 '그녀는 네가 오르지 못할 나무야.'라고 말하더라도 '나는 좋은 사람이니까 그녀에게 잘 대해 줘야지.'라고 당당히 대꾸할 수 있었을 것이다. 그렇게 할 수 있다면 문제는 해결된 것이라고 볼 수 있다.

그러나 루크의 마음이 그녀를 오르지 못할 나무로 단단히 확신한다면, 그리고 퇴짜 맞는 일을 도저히 참을 수 없는 일이라고 생각한다면, 그로 하여금 그런 상황에 처하지 않도록 있는 힘을 다할 것이다.

그러면 루크는 희미한 두려움을 느끼게 된다. 따라서 마음이 '그녀는 네가 오르지 못할 나무야.'라고 말하면 그는 자기도 모르게 몇 번이라도 '그만!' 하고 외칠 것이다. 이런 상태라면 이미 마음으로부터 통제권을 빼앗기 위한 전투에 돌입한 셈이다.

그러나 그것은 승산이 없는 전투다. 루크는 즉시 불안감을 느끼면서 마음이 압도적으로 우위에 있음을 인식하게 될 것이다. 그리고 그런 인식이야말로 마음에 대항하는 것이 효과가 없다는 증거다.

대부분의 사람들처럼 루크 역시 다른 선택을 해 본 경험이 없다. 즉 마음이 가진 좋은 의도에 대해 고마워해 본 일이 없고, 생각과 감정의 통제라는 난관 없이 무언가를 해 본 일이 없다. 마음은 우리에게 가장 이로운 것을 보호하려는 존재인데 맞서 싸울 이유가 있을까?

때로는 마음을 그대로 받아들이는 것이 가장 유용한 전략이다. 우리의 안전이 위험에 빠졌을 때 마음은 결코 자신의 주장을 양보하지 않는다. 그렇다고 우리가 그 때문에 고통을 감내해야 한다는 의미는 아니다. 줄다리기 상대가 꿈쩍도 하지 않을 때는 차라리 밧줄을 놓아 버리는 편이 낫듯이, 마음도 그런 식으로 다룰 수 있다. 이에 대해서는 곧 논의할 것이다.

다음 주제로 넘어가기 전에 여러분의 마음이 어떻게 작용하는지 알아보자.

EXERCISE 마음이 하는 말 들어 보기

여러분이 불편함을 느끼는 순간에 마음이 무슨 말을 하는지 알아보자. 처음에는 조용한 곳에서 연습해 본 다음, 점차 일상생활 속에서도 연습해 본다.

우선 과거에 불쾌함을 느꼈던 상황을 하나 떠올려 보자. 지나치게 심각한 상황보다는 루크처럼 인간관계에서 약간의 초조함이나 걱정을 느꼈던 순간을 고르면 된다.

그런 약간의 불편한 상황에 놓인 자신의 모습을 회상해 보자. 그때의 장소와 사람들, 그리고 어떤 대화가 오갔고 무슨 일이 발생했는지 머릿속에 생생히 그려 보아야 한다. 그 사람들은 누구인가? 그들은 무엇에 대해 얘기하는가? 또 당신은 어떻게 대답하는가? 그 장소의 풍경, 소리, 냄새까지 선명하게 떠올려 보자.

그 상황이 마치 영상처럼 또렷하게 펼쳐지면 이제 당신의 신체, 감정, 느낌의 상태를 하나하나 관찰한다.

긴장이 고조되면 신체에 어떤 변화가 일어나는가? 근육이 죄는가? 심장이 마구 뛰는가? 자세가 달라지는가?

어떤 감정을 느끼는가? 두려움? 화? 도망가거나 싸우고 싶은 충동? 아니면 충격을 받아 얼어붙는가?

마지막으로, 어떤 생각이 드는가? 만일 마음이 당신에게 쪽지를 건넨다면 뭐라고 쓸 것 같은가? 내가 제시하는 한 예는 다음과 같다.

너에게,

어쩌지? 너 지금 멍청해 보여. 이 상황에서 우리가 감쪽같이 사라질 수 있다면 좋으련만.

너의 마음이.

이런 식으로 감정, 느낌, 생각을 말로 표현해 보자. 단 최대한 정확하게 표현해야 한다. 예를 들어, 가슴이 답답하게 죄는 느낌, 도망가고 싶은 감정, 멍청해 보일 것 같은 생각이 든다는 식으로 말이다. 형식에 얽매이지 말고 관찰한 바를 종이에 마음껏 적어 보자. 다양한 방식으로 표현할수록 좋다.

다만 너무 오랜 시간 하는 것은 좋지 않다. 몇 분 동안이면 충분하다. 다 마치면 심호흡을 하고 주위를 둘러보면서 당신이 안전하다는 사실을 스스로에게 일깨운다. 이것이 이 연습 과제에서 가장 중요하다. 왜냐하면 마음의 일부분은 아직도 당신이 떠올렸던 그 불쾌한 상황에 머물고 있을지도 모르기 때문이다.

이 훈련을 반복하면, 일상생활 속에서 언제든 불편한 상황이 전개될 때마다 자기 마음의 움직임을 실시간으로 감지할 수 있게 될 것이다. 또한 말로 표현하면 마음이 어느 정도 수그러든다는 것을 알게 되고, 점차 생각, 감정, 신체 증상을 바로잡아야 할 문제가 아닌 마음으로부터의 메시지로 받아들일 수 있다.

루크의 이야기에서 보았듯이 마음은 최악의 순간에 최악의 방식으로 끼어드는 습성이 있다. 그러나 앞서 말했듯이 이는 정상적인 일이며 여기에 대항하면 오히려 문제가 더 심각해진다. 그렇다면 우리를 고통스럽게 하고 원하는 바를 이루지 못하게 하는 마음을 어떻게 하면 좋을까? 다음 장에서는 마음이 우리에게 고통을 주는 의도가 무엇인지 알아보고, 우울증과 불안감이 실상 우리를 돕기 위해서 만들어졌음을 밝힐 것이다.

2장 마음의 일상

우리는 단 한 순간만이라도 평화롭기를 바라지만, 마음은 시속 약 오백 개의 생각을 휙휙 집어던지고 저 혼자 재잘거리며 새로운 걱정거리를 탄생시킨다.

그러나 이는 지극히 정상적이다. 아주 오래전부터 동양 철학에서는 마음이 걷잡을 수 없을 정도로 늘 수다스럽다는 것을 알았으며, 서양 철학자 데카르트 역시 마음을 생각하는 기능을 하는 독립된 존재라고 여겼다.

심리학자들도 윌리엄 제임스가 의식의 흐름과 심리의 변화에 대해 쓴 이후부터 수다스러운 마음을 매우 보편적인 현상으로 보기 시작했다.[009•]

이처럼 마음은 끊임없이 우리를 어지럽힌다. 이 글을 읽은 여러분의 마음은 아마 이렇게 말할지도 모르겠다. '그렇겠지. 세상 사람들 모두 생각이 많겠지. 하지만 나만큼은 아냐. 내 뇌는 통제가 불가능하다고. 나는 정말 비정상이야.' 마음이 이렇게 말한다면 일단 여러분의 비정상 상태를 염려하는 마음에 감사하자. 이제부터는 잠시 마음이 수다스러운 이유를 생물학적 관점에서 살펴보기로 하겠다. 비정상으로 보이는 마음이 실은 정상인 이유를 알게 될 것이다.

마음의 수다에서 벗어날 수 있다면 얼마나 좋을까? 종일 수다를 떨다가 나의 거만한 태도에 놀라 우뚝 멈춰선 마음을 그 자리에 남겨 두고 떠날 수 있다면 얼마나 통쾌할까? 어찌나 우리를 졸졸 따라다니며 귀에 대고 자꾸 속닥거리는지 말이다.

'자기만의 동기를 갖고 걱정을 하는 나와 분리된 별개의 존재.' 마음을 정의하기에 나쁘지 않은 방법이다. 더 나아가 뇌가 어떻게 작동하는지 조금만 들여다보면 왜 마음이 우리와 분리된 존재인 것처럼 느껴지는지를 더욱 쉽게 이해할 수 있다.

혼잣말로부터 이야기를 시작해 보자. 우리는 의식적으로든 무의식적으로든 혼잣말을 한다. 어떤 식의 혼잣말이든 우리 인간이 마음의 엄청난 수다를 견뎌 내야 한다는 사실에는 변함이 없다.

크리스 필즈가 말했듯 우리는 자주 혼잣말을 한다.[010•] 그런데 혼잣말은 어디서 나오는 걸까? 우리는 혼잣말을 왜 그렇게 자주 할까? 왜 쉽게 그만두지 못할까? 그 답은 뇌의 분업 구조에 있다. 뇌를 구성하는 각 신경계는 서로 다른 일을 한다. 그중에는 혼잣말을 하게 하는 신경계 다발처럼 어느 정도만 자율적으로 작동하는 계통도 있고, 심장 박동과 소화를 조절하는 신경계처럼 완전히 자율적으로 작동하는 계통도 있다.

뇌의 중추에서 생성되는 자극을 제외한, 귀로 유입되는 외부 세계의 소리는 뇌의 청각계를 통해 들어온다. 크리스 필즈는 혼잣말을 할 때 '들리는' 음성도 이 청각계에서 나온다고 말한다. 실제 소리는 없는 자생적인 청각 형태인 셈이다.

시각적 상상도 마찬가지 방식으로 이뤄진다. 즉 눈을 감고 어떤 장면을 상상하면 우리가 외부 세계를 볼 때 활성화되는 바로 그 시각계가 활성화된다.[011*] 한편 마음은 우리의 동의 없이 시각적 이미지를 주입하기도 한다. 그래서 잠자는 동안 마치 깨어 있을 때처럼 사물의 모습이 보이기도 하고 불현듯 지난 일이 영상처럼 떠오르기도 하며, 사과 굽는 냄새에 애플파이의 형상이 떠오르기도 한다.

요컨대 뇌는 정보를 교환하고 처리하는 여러 전문화된 신경계로 구성되어 있다. 그리고 우리는 일부 뇌의 활동은 의식하고 다른 일부 활동은 의식하지 못하는데, 이를 각각 '의식적' 활동, '잠재의식적' 활동이라고 일컫는다.

뇌 신경계의 일부는 우리가 의식적으로 인지하지 못하는 것들까지 인식하는 것으로 보인다. 예를 들어 '피질맹皮質盲'이라는 시력 장애는 의식의 표면 아래서 부산하게 인식 작용이 벌어지고 있음을 분명히 보여 준다. 심리학자가 되려고 공부하던 시절 나는 어떤 남자의 이야기를 들었다. 그는 머리에 심각한 타격을 받은 후 시력을 완전히 잃었는데도 이상하리만치 통로를 잘 찾고 장애물을 능숙하게 피해 다녔다고 한다. 그런데 그 이유를 자신도 알지 못했다.

어떻게 된 일일까? 그의 뇌 표면의 시각 피질은 손상되었지만, 뇌 깊숙한 곳에 있는 시각 정보를 전달하는 중간 기착지(정확한 명칭은 '상구上丘'다)는 정상적으로 기능했기 때문이다. 즉 그 중간 기착지가 눈을 통해 유입된 시각 정보를 뇌의 다른 부분, 즉 그가 장애물 사이를 누비며 다닐 수 있게 해 주는 뇌의 어떤 기관으로 무사히 전달했던 것이다.

이처럼 뇌는 분업 구조로 이뤄져 있으며 매우 바쁘다. 우리가 보지 않아도 이미지를 보여 주고 듣지 않아도 소리를 들려주니 말이다. 또한 막대한 양의 정보를 분류하고 정리해 주기 때문에 우리는 마음 편히 다른 일에 힘쓸 수 있다. 심지어 뇌는 해결해야만 하는 문제를 자체적으로 고민하기도 한다. 통찰을 경험해 보거나 잊어버린 기억이 저절로 떠올라 본 적이 있는 사람이라면 스스로 문제를 해결하는 이러한 마음의 예술을 잘 알 것이다. 뇌의 이러한 활동이 바로 우리를 인간답게 하는 정신 기능이다. 따라서 우리의 의식 아래 들끓는 마음은 감정이입[012•]이나 직관[013•]과 같은 추상적 경험을 제공하는 컴퓨터 같은 정보처리 장치라고 할 수 있다.

그런데 '의식적' 마음과 '잠재의식적' 마음을 구분하기란 어렵다. 이를 위해서는 자아의식이 생성되는 원리와 구조[014•], 자신의 행동을 관찰할 수 있게 하는 기관계[015•]를 밝혀낸 생물학자들의 설명을 이해해야 한다. 이러한 연구의 흐름에 따르면, 뇌의 특정 부위는 자기 인식을 창출하는 기능을 하는 것이 분명해 보인다.

그런데 과연 이런 것까지 알아야 할까? 물론이다. 이 책을 계속 읽으려면 마음의 정의를 또렷하게, 적어도 우리 뇌가 허용하는 만큼은 분명하게 머릿속에 담아야 한다. 우리에게 끊임없이 재잘재잘 말을 거는 마음은 이상해진 것도 아니고 고장 난 것도 아니다. 오히려 우리의 행동을 이끄는 놀라운 체계다. 이러한 마음은 재잘거리는 대신 다른 소통 방법을 찾기도 한다. 가령 감정이입이나 직관은 우리 내면 깊은 곳에서 감정이나 충동의 형태로 생기는데, 마치 피질맹 현상처럼 마음은 이러한 감정과 충동을 사용해 우리가 의식적으로 알아채지 못하는 사이에 우리 행동을 통제하기도 한다.

지금까지 다룬 것은 마음 작용의 몇 가지 예에 불과하다. 이외에도 마음은 불안감이나 우울증의 형태로 우리에게 의사를 전달하기도 한다. 이에 관해서는 이 장 후반부에서 논의할 예정이다.

그렇다면 마음이란 무엇인가? 스티븐 핑커의 의견을 되풀이하면 마음은 뇌의 작용이다.[016•] 뇌의 작용은 결코 멈추지 않는다. 마음이 재잘거리는 소리가 쉼 없이 들리는가? 이 소리는 꼼꼼히 정비된 뇌라는 엔진이 아주 잘 돌아가는 중이라는 뜻이다.

마음이 걱정하는 이유

'잠시 멈춰서 장미꽃 향기를 즐겨라.'라는 아주 상투적인 말이 있다. 그렇지만 여유를 잃은 우리에게는 때로 이런 진부한 조언도 필요하다. 그러나 '잠시 멈춰서 위험을 감지하라.' 같은 조언은 필요하지 않다. 우리의 마음은 본능적으로 위험을 감지하기 때문이다.

사실 우리의 마음은 수많은 세대에 걸쳐 조상들이 올바른 결정을 내린 덕분에 얻은 결과물이다. 즉 거친 원시 환경 속에서 용하게도 살아남은 조상들이 유전자뿐만 아니라 생존에 도움이 되는 결정을 내리는 성향까지도 후세에 전달했던 것이다. 오늘날 우리의 뇌 회로는 바로 이렇게 형성되었다.

이는 곧 우리의 의식 아래 들끓는 마음이 실은 원시 환경에 적합한 원시적인 마음이라는 말과 같다. 그래서 마음은 겁이 많고 자극에 민감하며 늘 안전을 철저히 추구하는 것이다.

우리 조상들은 만만찮은 환경의 위협 속에서 살았다. 조상들이 초원에서 점심거리를 찾아 헤매는 모습을 상상해 보자. 그때 어디선가 나뭇잎이 바스락거리는 소리가 들린다. 그저 바람이나 날아오르는 새처럼 별일 아닌 소리일 수도 있다. 그러나 그 소리를 뭔가 위험한 것이 존재한다는 암시로 받아들이는 편이 생존 확률을 높인다.

우리의 마음은 이와 같은 원시 시대에 여전히 접속되어 있다. 그래서 마음은 옛 초원의 바스락거리는 나뭇잎 소리만이 아니라 다른 어떤 예기치 못한 소리에도 한결같은 방식으로 반응한다. 즉 안전을 철저히 확보하기 위해서 뭔가 위험한 것이 존재한다고 가정하고는 우리를 극도로 민감한 상태로 몰아넣는다. 이때 마음은 아드레날린 분비를 유발해서 우리의 시각과 청각을 날카롭게 하고 몸을 긴장시킨다. 이렇듯 마음은 원시적이고 본능적으로 위험의 낌새를 탐색한다. 그런 이유로 인간은 사나운 육식동물의 생각을 읽을 수 있으며, 심지어 갓난아기일지라도 어떤 이가 악덕을 저지르면 그것을 알아차릴 수 있다.[017]

고작 나뭇잎이 바스락거리는 소리에 대한 반응이라고 하기에는 과도하다고 여겨질지도 모른다. 그러나 안전이라는 실리를 추구하지 않는다면 마음이라고 할 수 없을 것이다. 설사 그 소리가 새의 날갯짓으로 밝혀진다고 해도, 심각한 위협이 도사리는 것처럼 대응했다고 해서 잃는 것은 아무것도 없다. 반면 차분하고 느긋한 태도로 대응하다가는 자칫 화를 당할 수도 있다. 실제로 위험한 짐승이라도 있었다면 해만 입을 뿐 득 될 일은 없다.

외부 환경의 위협은 마음이 걱정하는 문제의 일부에 지나지 않는다. 인간 사회에는 그보다 더 복잡한 위험이 존재한다. 바로 사회적 지위, 자원, 배우자를 쟁취하기 위한 전쟁이다. 당시 조상들에게는 생존, 생식에 직결된 문제였다.

조상들에게 사람을 상대하는 일만큼 까다롭고 늘 곁에 있는 위협은 없었을 것이다. 가령 부족 사람으로부터 조롱을 받고도 그것을 깨닫지 못하거나 적절히 대응하지 못한 사람은 인생이 암울해진다. 그는 기껏해야 사회 위계에서 하층민이 되거나 최악의 경우 암울한 미래밖에 남지 않은 낙오자가 될 수도 있다.

마음이 점차 위험한 환경에 적응했듯이, 조상들도 인간들 사이에서 살아가는 까다로움과 위험에 적응했다. 그 결과 오늘날 우리는 태어날 때부터 자신을 남과 비교하고, 부족한 자원을 절약하며, 속임수를 찾아내거나 폭력을 동반할 수도 있는 만남을 피할 줄 안다.[018*]

지금까지 마음이 인간의 생존을 돕기 위해 형성되었다는 것을 보여주는 사례를 몇 가지 살펴보았다. 우리는 이 점에 대해 조상들에게 감사해도 좋을 것이다. 특히 자식을 낳을 수 있을 만큼 오래 살아남았던 조상들에게 말이다. 그들로부터 상속받은 우리의 마음에는 어떤 인생관이 깃들어 있다. 어쩌면 그것을 '쓸모 있는 편집증'이라고도 부를 수 있을 것이다. 복잡한 세상에서 살아남기 위해 마음은 이 '쓸모 있는 편집증'을 끊임없이 유발한다.

마음이 말하는 방식

마음이 온갖 위험이 존재하는 이 복잡한 세상에 대해 말하는 방식은 미묘한 동시에 분명하다. 마음의 메시지는 때로는 종소리처럼 명료하게 울려 퍼지기도 하고 때로는 비교적 완곡하게 우리 행동에 영향력을 끼치기도 한다. 비행기 궤도에 영향을 미치는 감지하기 어려운 미풍처럼 말이다. 이 미풍은 감지하기가 너무 어렵기 때문에 어쩌면 이 글을 읽는 여러분 중에도 어느 순간 궤도를 이탈해서 비행했다는 사실을 불현듯 깨닫고 깜짝 놀라는 사람이 있을지도 모른다.

나는 어린 시절, 마음이 때로 적극적이고 분명한 메시지를 준다는 것을 배웠다. 이웃집의 독일산 셰퍼드가 목줄이 풀린 채 그 집 잔디밭을 어슬렁거리고 있을 때였다. 동물을 매우 사랑하는 나는 당시 활짝 웃으며 그 개에게 다가갔다. "안녕, 멍멍아!"

그저 친구가 되어 주고 싶은 마음뿐이었지만, 그 개는 헤벌쭉 웃는 안경잡이 어린애에게 위협을 느낀 것이 틀림없었다. 그 개는 내가 인사하자마자 한달음에 달려와서는 내 종아리를 덥석 물었다. 마음은 이렇게 충격적인 사건을 잊지 못하는 법이다. 덕분에 나는 어린 시절 내내 목줄이 풀린 개들을 피해 다녔다.

마음은 이와 같은 쓰라린 교훈을 그냥 흘려보내지 않는다. 심지어 지금도 큰 개를 보면 내 마음은 섬광처럼 번쩍하며 그날의 기억을 선명하게 떠올린다. 그게 무려 35년 전의 일이라는 사실을 마음은 깨닫지 못하는 것 같다. 그래서 마음은 가끔 예전과 똑같은 메시지를 전해 준다. '가까이 가지 마! 저 개는 이빨이 날카로워!' 사실 어떤 개는 위험하지만 또 어떤 개는 그렇지 않다. 그게 진실이다. 거기에는 여러 가지 요인이 영향을 끼치기 때문이다. 그러나 나의 마음은 그런 불분명한 태도를 취하지 않는다. 확실하게 안전한 쪽만을 택한다.

때로 마음은 의사를 에둘러서 완곡하게 전달하기도 한다. 직감을 예로 들어 설명해 보자. 직감은 우리가 주변 환경의 변화와 타인의 의도를 정확히 간파함으로써 고난을 겪지 않도록 돕는 존재다. 가령 운전을 하다가 옆 차선의 운전자가 느닷없이 내 차선으로 방향을 홱 틀 것임을 직감적으로 알아차리는 경우처럼 말이다. 그러나 직감은 마력이나 불가사의한 현상이 아니다. 겉으로 드러나지 않게 문제 해결에 관여하는, 분업화된 뇌의 한 기능이다.

직감은 의식하지 못한 채 복잡한 정보를 학습하는 '암묵적 학습implicit learning'과 관련이 있다.[019*] 캐럴 시거는 암묵적 학습과 상관관계가 있는 뇌의 구체적인 부위와 함께 이런 정보처리 방식의 몇몇 구체적인 형태를 밝혔다.[020*] 이에 따르면 마음은 우리가 의식하지 못하는 어떤 현상의 일정한 패턴을 익히고 그에 대응하는 일에 능수능란하다. 이는 우리가 환경의 미묘한 변화에 주의를 기울이지 않는 순간에도 마음은 그렇게 한다는 뜻이다.[021*] 또한 다른 운전자가 갑자기 방향을 틀어 내 차선으로 불쑥 끼어들 것이라는 '직감'이 대체 어떻게 생기는지를 설명하는 데도 좋다. 즉 마음은 경미한 속도 변화나 옆 차선 운전자의 미세한 움직임, 또는 거의 감지할 수 없는 자동차의 흔들림 같은 미묘한 신호를 포착해서 그것을 자신의 미묘하고 비언어적인 의사소통 방법인 '느낌', 즉 직감으로 우리에게 전달하는 것이다.

직감이 떠올랐을 때는 마음이 우리를 위해 알아서 대응하도록 그냥 두는 것이 가장 좋다. 예를 들면 운전을 하다가 위험을 느낄 때 우리는 무의식적으로 핸들을 꺾는다. 하지만 상황이 덜 급박한 때라면 그 직감을 말로 표현해 보는 것이 도움이 된다. 이를테면 이렇게 표현하는 것이다. '이 상황에서 어떻게 해야 할지 망설여져. 대체 왜 이렇게 된 거지?' 때로는 내면의 느낌을 인식하고 그것을 언어화하는 것만으로도 사태를 분명히 파악할 수 있다.

암묵적 학습과 미묘한 메시지 전달은 마음이 빈번히 하는 일이다. 물론 좀 더 실천적인 접근 방식을 취할 때도 있다. 즉 마음은 우리가 위험에 처하면 훨씬 적극적으로 조처를 취한다.

불안과 우울: 현대에 쓰이는 고대의 도구

살다 보면 어깨를 톡톡 두드리는 조용한 직감의 손길만으로는 부족할 때가 있다. 그럴 때면 마음은 우리의 멱살을 부여잡고 힘껏 흔들어 고통스럽게 우리를 일깨운다. 그러나 알아두어야 할 점은 마음이 우리를 이렇게 아프게 하는 데는 다 이유가 있다는 것이다. 그리고 이러한 마음의 특성은 일면 우리 인간에게 큰 도움이 되어 왔다.

쓸모 있는 불안감

불안감은 마음이 가진 도구 중에서 부작용이 따르는 원시적이고 뭉툭한 연장이다. 여러분이 잠시 A라는 인물의 마음 역할을 대신한다고 가정해 보자. 여러분은 A에게 과거에 개에게 물린 적이 있으니 개를 피하라고 명령할 수도 있고, 남들의 가혹한 평판을 피해야 하니 연설을 하지 말라고 재촉할 수도 있다. 마음은 바로 이러한 일을 걱정하니 말이다. 다시 말해 마음은 우리가 위험을 피하기를 바란다.

문제는 여러분은 마음이기 때문에 A에게 말로 경고할 수 없다는 점이다. 이메일이나 노래로도 불가능하다. 그러나 여러분은 A의 감정과 신체 증상을 조종할 수 있다. A가 개나 연단에 다가가면 그렇게 하지 못하게 하려고 두려운 감정을 불러일으키거나 참혹한 결말을 떠올리게 할 수 있다. 또는 심장 떨림이나 호흡 곤란, 위경련 등을 일으키거나, 공황 상태에 빠뜨려 얼어붙게 할 수도 있다.

이때 중요한 것은 A가 여러분의 요구에 부응할 때, 지금까지의 벌을 거두어 보상해 주어야 한다는 점이다. A가 위험한 곳에 다가가면 여러분이 가진 불안감이라는 커다란 방망이로 때리고, 여러분의 뜻에 따르면 그만 때리면 된다. 간단하면서도 효과적이다!

그러나 사실 어떻게든 피해야 할 만큼 생사가 걸린 위험은 그리 많지 않다. 마음도 그 점을 이해하는 듯하다. 그래서인지 불안감은 위험을 피하게 하는 일 외에도 쓸모 있는 데가 하나 있다. 바로 지나치게 높지도 낮지도 않은 적정한 수준의 불안감은 일의 성과를 향상시킨다.[022•]

불안감이 성과에 미치는 효과를 측정하기에 가장 좋은 장소는 아마도 통계학 시험이 치러지는 강의실일 것이다. 학생들은 대부분 시험에 대한 불안감을 어느 정도 안고 시험에 임한다. 이에 재러드 킬리는 불안감이 통계학 시험 점수에 미치는 효과를 조사하기로 했다.[023•] 조사 결과 불안감이 지나치게 높거나 낮은 학생은 점수가 좋지 않았고, 불안감이 적정 수준인 학생이 가장 높은 점수를 받았다.

우리 조상들은 통계학 시험을 치르진 않았지만 운동 능력은 꼭 있어야만 했다. 생존하려면 때로 사냥, 창던지기, 빨리 달리기를 해야 했기 때문이다. 존 라글린과 폴 터너는 스포츠 기록 연구에서 통계학 시험 점수 연구와 비슷한 결과를 얻었다.[024•] 즉 적정 수준의 불안감을 가진 사람이 최고의 신체 기능을 발휘한 것이다. 실제로도 불안감이 너무 높거나 낮으면 신체 기능이 저하된다는 것을 알 수 있다.

설사 어떤 일에 형편없는 성과를 내더라도 우리는 원시 환경에 처한 조상들에 비하면 훨씬 더 작은 대가를 치른다. 물론 그 반대급부로 수명이 긴 우리는 조상들보다 불안 증세를 더 오랫동안 겪어야 하지만 말이다. 그러나 불안감이 장애 수준으로까지 악화된 질환인 강박 장애조차도 근원적으로는 원시 환경에 대한 정상적인 적응에서 비롯되었을 것이다. 강박 장애란 고통스러운 생각이 지속되는 증상으로, 대개 문이 잠겼는지 재차 확인하거나 손을 자꾸 씻는 등 원치 않는 행동을 끊임없이 반복하게 하는 억누를 수 없는 충동을 동반한다. 그러나 강박 장애는 사실 인간에게 앞날의 문제를 예측하고 그에 대비하기 위해 온 힘을 쏟는 특별한 재능이 있다는 증거이기도 하다.[025•] 즉 유용한 생존 기술이라고도 할 수 있다. 이는 전혀 과장된 말이 아니다. 가령 사자는 배가 부르면 사냥하지 않지만 인간은 배가 불러도 미래에 다가올 힘든 시기에 대비해 식량을 비축한다는 점만 보아도 알 수 있다. 결국 문이 잘 잠겼는지를 확인하려는 마음의 강박은 사실 문이 잠겨 있지 않을 때 벌어질 수 있는 사건으로부터 우리를 미연에 보호하려는 기도인 셈이다.

마음이 우리의 안전에 집착한다는 사실은 '외상 후 스트레스 장애'에서도 드러난다. 외상 후 스트레스 장애란 대단히 충격적인 사건을 반복해서 회상하면서 고통과 극심한 불안 증세에 시달리는 병이다. 보통 이를 장애로 분류하지만, 나는 충격적인 해당 사건에 대한 일련의 적응으로 보는 것이 더욱 유용하다고 생각한다. 외상 후 스트레스 장애의 증상 중 하나인 과각성 상태, 즉 자극에 과민하게 반응하는 상태는 마음의 관점에서는 매우 당연한 현상인 셈이다. 뭔가 끔찍한 일을 겪은 다음, 주변을 경계하는 것은 자연스러운 일이 아닐까? 외상 후 스트레스 장애의 다른 증상으로는 자기 안으로 침잠하는 경향, 해당 사건을 없었던 일처럼 취급하거나 반대로 생생하게 떠올리는 행동 등이 있는데, 이러한 증상도 마찬가지로 위험을 역설하여 우리를 보호하려는 마음의 작용으로 볼 수 있다.[026•]

이렇듯 우리를 고통스럽게 하는 마음의 작용 대부분은 사실 환경이나 뜻밖의 사건에 대한 정상적인 적응 과정이라고 할 수 있다. 문제라면 우리가 진짜 위험에 처해 있지 않은 때라도 마음이 우리를 구하려고 한다는 데 있다.

유익한 우울증

이제 불안감이 우리의 생존에 도움이 된다는 사실을 어렵지 않게 받아들일 수 있을 것이다. 그렇다면 우울증은 어떨까? 자신을 무가치하고 가망이 없다고 느끼게 하며 때로는 자살 충동까지도 들게 하는 우울증이 과연 어떻게 유익하다는 것일까?

최근 연구 결과에 따르면 우울증은 또 다른 형태의 적응 과정이다. 앤드루스와 톰슨은 마음이 천천히 지속적으로 풀어 가야 하는 복잡한 문제를 반추(부정적인 생각에 병적으로 집착하는, 우울증의 기본적인 증상 가운데 하나)함으로써 해결한다고 밝혔다.[027*]

우울증에 걸린 사람은 뚜렷한 해결책이 없는 문제, 가령 삐걱거리는 인간관계 같은 문제에 매달리는 경향이 있는데, 앤드루스와 톰슨에 따르면 이런 현상은 병이 아니라 마음의 적응 행위다. 한편 우울증은 마음을 사로잡아서 어떤 문제에 지속적으로 주의를 기울이도록 강요하기도 한다. 여기에는 대화 요법이 특효약이다. 대화 요법은 골치 아픈 상황, 구체적으로 말해 마음이 부정적인 생각을 반추함으로써 만들어 내려는 상황에서 벗어나 그 상황을 다른 측면에서 살펴보게 해 주기 때문이다.

한편 적정한 수준의 우울증은 기억력을 높여 주기도 한다. 포가스, 골덴버그, 운켈바흐는 우울증이 때로 기억력을 향상시킨다는 것을 입증했다.[028*] 또한 우울증에 빠진 사람들은 정보를 더욱 효과적으로 처리한다고 한다. 예를 들면 자기 생각을 더욱 구체적으로 설득력 있게 표현할 수 있다고 한다.[029*] 우울증은 우리 존재를 위협할 가능성이 있는 모든 문제에 우리가 주의를 기울이도록 돕는 존재다. 적어도 마음의 관점에서는 그러하다.

어떤 관점에서 보면 마음은 항상 합리적이다

적정한 수준의 불안감과 우울증이 집중력과 성과를 높이는 것은 사실이다. 그렇다고 해서 불안감과 우울증이 항상 쓸모 있다는 뜻은 아니다. 과하면 진이 빠진다.

그러나 마음은 우리를 보호하는 일에 주저하지 않는다. 안전에 경보가 울리면 과격한 방법을 취해서라도 우리를 보호하려고 한다. 즉 앞날을 대비하는 현실적인 계획 대신 강박 장애를, 충격적인 경험을 통한 깨달음 대신 외상 후 스트레스 장애를, 이로운 심사숙고 대신 자기혐오와 우울증을 우리에게 안길 가능성이 있다.

원시적인 마음이 오늘날의 세상에서는 마치 물 밖에 난 고기와 같이 제 능력을 발휘할 수 없는 처지에 몰렸기 때문이다. 우리 조상들은 식량 비축이나 사냥과 같은 실질적인 문제를 걱정한 반면 우리는 현관문 잠그기와 같은 보다 더 사소한 문제를 걱정하는 사치를 누리고 있다. 그러나 마음은 아직도 원시적인 시대에 접속해 있기 때문에 지금과 같은 좀 더 세련된 세상에서도 원시적이고 뭉툭한 도구를 사용할 수밖에 없는 것이다. 이렇게 과민 반응하고 과잉보호하는 마음 탓에 우리는 루크처럼 의도와 정반대되는 결과를 얻기도 한다. 마음은 구석기 시대부터 그런 식으로 작동했고 앞으로도 그러할 것이다.

그런데도 어떤 관점에서 보면 마음은 항상 합리적이다. 다만 생각, 감정, 신체 증상이 나타나는 순간 마음이 원하는 바를 알아채기는 무척 어렵다. 그러나 연습을 통해 마음이 원하는 바를 알아챈다면 자유자재로 마음에 순응하거나 불응하기를 택할 수 있다. 믿기지 않을 수도 있지만 항상 마음에 순응해야 하는 것은 아니다.

3장

마음이 자기 임무를 수행하게 놓아두기

문제는 마음이 언제나 우리의 생존을 위해 일하기 때문에 곰에게 쫓기는 상황과 엘리베이터에 갇힌 상황을 잘 구분하지 못한다는 점이다.

바로 이 지점이 골치 아픈 부분이다. 우리의 고등하고 합리적인 자아는 생각과 실제 벌어지는 일 사이의 불일치를 인식한다. 즉 곰에게 쫓기는 것 같다는 '느낌'과 엘리베이터에 갇혔을 뿐 곰은 없으므로 전적으로 안전하다는 '사실'의 불일치를 안다. 이러한 불일치는 마음의 오해라고 할 수 있으며, 자신을 미친 사람처럼 느끼게 한다. 따라서 우리는 마음이 오해하지 못하도록 하기 위해 애쓴다.

이렇게 해서 우리는 이중고를 겪는다. 먼저 영문도 모른 채 원치 않는 생각과 감정에 얻어맞은 다음, 그렇게 얻어맞았다는 이유로 자신을 호되게 야단치는 것이다. '과민 반응해선 안 돼. 우울해해서도 안 돼. 지금 나는 지나치게 슬퍼하고 불안해하고 있어.'

이는 인간만이 걸려드는 진정 인간다운 덫이라 할 수 있다. 사실 원치 않는 상황을 피하기란 생각만큼 어려운 일이 아니다. 가령 비행기를 타기가 무섭다면 기차를 타면 된다. 그로써 문제는 해결된다. 그러나 마음의 작용을 막으려는 생각은 심장 박동을 막으려는 것이나 마찬가지다.

아무리 애를 써도 마음의 작용에서는 벗어날 수가 없다.

예를 들어 공황 발작이 일어나면 감정적으로만 고통스러운 것이 아니라 신체적으로도 불편한 증상을 겪는다. 그런데 그것이 당연한 현상인데도 사람들은 대부분 난처해하고 부끄러워한다. 또한 자신이 공황 상태에 잘 빠진다고 판단하는 것은 어떤 측면에서는 분명 필요한 일이다. 하지만 실상은 발작이 일어날 가능성을 가중시킬 뿐이다.

우울증과 관련해서도 마찬가지다. 나의 상담 고객 중에는 뇌가 고장 나서 자신에게 우울증이 생겼다고 믿은 사람이 있었다. 그 사람은 나중에 그것이 곤경에 처한 사람의 정상적인 반응이라는 것을 안 후 상담을 받지 않아도 될 정도로 회복되었다. 여기에서 짐작할 수 있듯이 마음을 비정상이라고 판정하는 것은 우울해할 거리만 더 보탤 뿐이다. 그야말로 이중고가 되는 셈이다.

마음의 작용을 가리켜 병이라고 하는 사람들이 많다 보니 마음에 대항하는 것을 돕는 약도 무수히 개발되었다. 적절하게 처방된 약물이니만큼 폐단이라고 일컬을 수야 없겠지만, 그만큼 마음의 움직임을 억누르거나 통제함으로써 고통을 완화하기란 힘든 일이라는 사실을 짐작할 수 있다.

물론 음주, 쇼핑, 과식, 도박, 성적 충동 등으로 마음을 다루는, 권장하기 어려운 수단도 있다. 이런 수단으로 생각, 감정, 기억, 걱정을 다루려고 하다 보면 수단 자체에 중독되기 쉽다. 또한 짧은 시간 동안은 마음으로부터 잠시 벗어날 수 있을지 몰라도, 벗어나려 했던 그 생각과 감정은 시간이 흐른 뒤 이전보다 더 강렬해져서 되돌아온다.

이렇듯 마음을 통제하려는 시도는 곤경을 불러일으킨다. 원치 않는 생각과 감정은 털어 내려고 하면 할수록 더욱 강렬해지는 것이다. ('원숭이 생각하지 않기' 실험을 기억하는가?) 가령 실연의 고통에서 벗어나기 위해 술을 마시면 일시적으로는 그 고통을 잊을지도 모르지만, 결국 실연의 기억과 아픔이 더욱 선명하게 되살아난다. 결국 술을 더 많이 마시게 되고, 그럴수록 고통에서 벗어나고자 하는 욕구만이 한층 더 강렬해진다. 이런 양상은 수습할 수 없으리만치 반복될 가능성이 있다.

그런데도 골치 아픈 생각과 감정이 떠오르면 우리는 흔히 마음을 외면하거나 굴복시키려고 한다. 역효과가 날 때가 많은데도 말이다. 쉬운 예로, 자기 비판적인 생각에 빠진 사람에게 그 생각이 틀렸다고 설득해 본 적이 있는가? 그렇다면 그때를 떠올려 보자. 어쩌면 그 사람이 여러분의 뜻을 이해하고 고맙게도 수긍했을지도 모른다. 하지만 대부분은 수긍하기보다는 아마 여러분에게 반박하면서 기존의 자기 비판적인 생각을 옹호하는 주장을 펼쳤을 것이다.

마음을 억누르려고 해도 이와 비슷한 상황이 펼쳐진다. 즉 원치 않는 결과를 더 많이 얻게 될 뿐이다. 왜냐하면 마음은 계속해서 자기 의견이 옳다는 증거를 내놓기 때문이다. 가령 이런 식이다. '내 삶은 엉망진창이야.' 왜냐하면 '나는 취업하지 못했으니까.' 또 '친구가 별로 없으니까.' 게다가 '남부럽잖은 집도 없으니까.'

때로는 이런 식으로 어두운 면을 보는 것도 나쁘지 않은 일이다. 오히려 도움이 되기도 한다. 그러나 마음과의 싸움에 휘말리는 것은 전혀 보탬이 되지 않다. 마음은 자기 의견을 옹호하기 위해 끊임없이 증거를 찾아내기 때문이다.

마음은 생존을 최우선으로 삼는다

우리는 마음에 대항할 필요가 없다. 다른 방법이 있기 때문이다. 다른 방법으로 대처하려면 우선은 마음이 그저 설계된 대로 자기 할 일을 할 뿐이고, 그 일이 그리 나쁜 일도 아니라는 것을 인정해야 한다.

조금 특이한 퀴즈쇼에 참가한다고 상상해 보자. 여러분이 할 일은 원시적이고 방어적이며 감정적인 마음인 척 가장을 하고 주인이 퀴즈쇼에서 이길 수 있도록 정답을 맞히는 것이다. 퀴즈쇼 제목은 '내가 당신의 마음이라면'이다. 자, 이제 활기찬 퀴즈쇼 주제곡이 울려 퍼진다!

무대로 올라가자 진행자가 첫 번째 문제를 낸다. "지금 당신은 마음으로서 주인의 입사 면접에 동행하고 있습니다. 주인은 꽤 오랫동안 실직 상태였기 때문에 돈이 필요합니다. 그렇다면 마음인 당신은 어떻게 하겠습니까?"

A. 조용히 면접 예상 질문에 대한 대답을 연습한다.

B. 면접에 합격하든 말든 생존에는 문제가 없으므로 느긋하게 대기실에 놓인 잡지를 읽거나 화초를 구경함으로써 주인으로 하여금 그 순간을 즐기도록 한다.

C. 주인이 면접에 실패하지 않도록 계속해서 불안감을 들쑤신다. 만일 취직하지 못한다면 주인의 인생이 무너질 것이라는 온갖 근거를 주입한다. (그러면 주인은 면접을 망치지 않으려는 의욕에 넘칠 것이다.) 그리고 면접관이 주인을 지원자로서뿐만 아니라 한 인간으로서도 받아들일 수 없다고 판단할 만한 대답 내용을 걸러 낸다. (그러면 주인은 조심스럽게 발

표해야겠다고 생각할 것이다.) 또한 과거에 실패한 면접 경험을 떠올리면서 당시 무엇을 실수했는지 곱씹는다. (그러면 주인은 똑같은 실수를 반복하지 않겠다고 다짐할 것이다.)

만약 C를 골랐다면 정답이다. 내가 마음이라고 해도 C안처럼 주인을 성공시키기 위해 힘닿는 데까지 최선을 다할 것이다. 더 정확히 말하면 실패하지 않도록 최선을 다할 것이다. 이렇게 마음은 미래에 주인이 실패할 경우 벌어질 일을 염려하고, 과거에 큰 대가를 치렀던 실패를 기억한다. 그러므로 주인이 높은 성과를 올릴 수 있도록 불안감, 즉 '곰이 쫓고 있다는 느낌'을 조장하는 것이다. 곰을 피하는 기술이 대부분의 입사 면접에서 쓸모가 없다는 사실에 대해서는 개의치 않아도 된다. 마음은 그다지 섬세하지 못하니까 말이다.

이제 다음 문제에 도전해 보자. '마음인 당신은 중역 회의에서 프레젠테이션을 앞둔 주인과 동행하고 있습니다. 당신이라면 어떻게 하겠습니까?'

A. 가까운 미래에 걱정거리가 전혀 없으므로 주인이 한가롭게 쇼핑 목록이나 작성하는 것을 돕는다.
B. 주인에게 발표 준비가 완벽하며 이 발표 내용 덕분에 장차 회사가 더 나은 방향으로 발전할 것이라고 자신감을 불어넣는다.
C. 발표에 실패한다면 직장 생활이 망가질 것이라고 믿게 한다. 먼저 예산 삭감에 관한 소문을 들먹이면서 발표를 잘하지 못하면 해고될지도 모른

다고 지레 겁을 준다. 그리고 발표를 망치면 틀림없이 동료들이 얕잡아 볼 것이라고 말한다. 또한 아드레날린 분비가 발표에 도움이 될지도 모르므로 '곰이 쫓고 있다는 느낌'을 불러일으킨다.

C를 택했다면, 다음 시간에 퀴즈쇼 본선에 진출하기 바란다!

생각은 사실이 아니다

모든 정신적 고통은 결국 생존을 위한 것이다. 즉 마음은 단지 우리의 생존을 도와주려는 의도를 가졌을 뿐이다. 따라서 마음에 공감하는 것이 반감을 갖는 것보다 더 유리하다. 게다가 마음은 우리를 보호하는 임무를 영원히 관두지 않을 것이므로 이에 대해 고마워하는 것이 옳지 않을까?

마음의 움직임에 고마워하기 위한 첫걸음은 간단하다. 마음이 움직이는 순간 그것이 무엇을 하는지 알아차리는 것이다. 물론 말처럼 그리 쉬운 일은 아니다. 만일 마음이 우리를 일생 동안 따라다니는 분리된 독립체라면 손쉽게 외면할 수도 있을 것이다. 그러나 중계 방송하듯 재잘대며 졸졸 따라다니는 사람을 괴짜 취급하기는 쉬워도 우리 자신의 마음을 그렇게 쉽게 무가치한 것으로 치부하기는 어려운 일이다. 누워서 침 뱉기가 될 테니까 말이다.

지금까지의 논의를 통해 여러분의 마음이 정상이며 그저 원시적인 환경을 가정하고 작동하는 체계일 뿐이라는 사실을 받아들였기를 바란다. 이제부터는 우리가 마음의 의도를 이해할 수 있는지 알아보도록 하자.

인간의 흥미로운 특성 가운데 하나는 자기 자신의 마음을 들여다 볼 수 있는 능력이 있다는 점이다. 이는 마치 서로 다른 장소에 동시에 존재하는 일과 비슷하다. 레이싱 카를 타고 자동차 경주로를 달리면서 동시에 관중석에 앉아 내가 탄 레이싱 카를 바라보는 일처럼 말이다. 물론 이런 일은 현실에서는 불가능하겠지만, 생각과 감정을 겪으면서 동시에 그것을 겪는 자신을 바라보는 일은 가능하다.

단, 그러기 위해서는 연습이 필요하다. 우리는 레이싱 카를 전속력으로 몰며 모퉁이에 부딪히지 않으려고 애써야 하기 때문에 객관적으로 뚜렷하게 마음을 관찰하기가 쉽지 않다. 매일매일의 삶은 이렇게 우리를 운전석에 앉히며 운전에 집중하라고 요구한다. 그렇게 해서 우리가 더 이상 마음을 살펴보지 않고 생각과 감정이 그저 생각과 감정일 뿐이라는 사실을 까맣게 잊은 순간이 되면, 생각과 감정은 불시에 우리를 습격해 괴롭힌다. 그러나 일단 생각과 감정의 정체, 즉 마음의 의도를 파악하고 나면 우리는 그에 따를지 말지를 선택할 수 있다.

두 번째 어려움은 생각이 사실처럼 느껴진다는 점이다. 공포나 슬픔 같은 강렬한 감정 탓에 생각이 많아질 때 특히 그러하다. 이때 마음은 이렇게 말한다. '나는 분명 실패할 거야. 불안감이 느껴지는 걸로 봐서 틀림없이 그럴 거야.'

감정은 억누르기 어렵기 때문에 강렬하게 느껴지며 도무지 통제가 되지 않는다. 이에 대해 우리는 정말 다행이라고 생각해야 한다. 마음이 감정에 휘둘리지 않는다면 우리 안전의 수호자로서는 자격 미달일 테니 말이다. 예컨대 마음이 다음과 같이 말한다고 생각해 보자. '사자가 달려

오는 것 같은데? 글쎄, 두려움을 느낀 다음 도망가야 할지도 모르겠군. 뭐 꼭 그래야 한다고 생각한다면 말이야. 나? 나는 이러나저러나 상관없어.' 다행히 이런 일은 일어나지 않는다. 감정은 우리에게 복종하라고 강력히 요구한다.

그러나 생각은 그저 생각일 뿐 사실이 아니다. 심지어 아주 정확하다고 해도 사실이 되지는 않는다. 여전히 생각에 불과할 뿐이다. 이와 같은 견해는 정신 건강에 매우 중요하므로 다음과 같이 단락 하나를 차지할 만한 가치가 있다.

'생각은 사실이 아니다.'

생각은 기껏해야 세상에 대한 상당히 정확한 묘사일 뿐이다. 아니 세상을 부정확하게 묘사해서 우리를 오도하는 경우도 많다. 흔히 사람들은 누군가 자기를 미행한다거나 지구가 평평하다거나 오븐을 껐으면서도 켜 놨다고 착각한다. 이렇듯 생각이 곧 사실이 될 수는 없다. 사실이라고 착각하게 하는 아무리 강렬한 느낌이 스친다고 하더라도 생각은 한낱 생각일 뿐이다. 이 역시 다음과 같이 하나의 단락을 차지할 만하다.

'아무리 강렬한 감정이라도 생각을 사실로 바꿀 수는 없다.'

이 견해를 다소 철학적으로 살펴볼 수도 있다. 즉 생각 같은 것은 아예 존재하지 않는다고 가정하는 것이다. 심장 박동이나 고민이 물체가 아닌 것처럼 생각도 물체가 아니다. 생각, 심장 박동, 고민은 전부 일시적인 움직임일 뿐이다. 우리에게 도움이 되는 방향으로 기능할 때도 있고 그렇지 않을 때도 있지만, 어느 쪽이든 새로운 생각, 심장 박동, 고민이 계속해서 생겨날 뿐이다. 그중 '사실'인 것은 아무것도 없다. 전부 '움직임'일 뿐이다.

처음에는 이런 방식으로 마음을 바라보기가 불편할 것이다. 우리 대부분은 당연하다는 듯 마음을 신뢰하므로 마음이 만들어 내는 생각과 감정도 신뢰할 수 있다고 결론 내리기 때문이다. 그러나 이 논리에는 오류가 있다. '내 차는 고장 난 적이 한 번도 없어요. 따라서 내 차는 절대 고장 나지 않을 거예요.'와 다를 바 없는 논리이니 말이다.

처음에는 이상하게 여겨질지라도 생각이 사실이 아님을 깨닫는 것은 매우 중요하다. 그리고 일상생활 속에서 그 작은 깨달음을 반복해서 구할수록 정말 그렇다는 것을 깊이 이해하게 되며 결국 마음의 강압에서 자유로워질 수 있다. 언제나처럼 내 말을 믿어 달라고 부탁하지는 않으련다. 다음 연습 과제로 직접 실험해 보기 바란다.

EXERCISE 이 생각은 사실을 얼마나 담고 있나?

어느 정도 사실을 담은 것으로 보이는 생각 하나를 골라 보자. 자신에 대한 생각이면 더욱 좋다. 가령 '나는 일을 그다지 잘 못해.' 또는 '나는 훌륭한 애인이야.'처럼 말이다. 그 생각이 얼마나 사실에 가까운지에 따라 1에서 10까지 점수를 매겨 평가해 보자. 그 생각이 명백히 거짓으로 보인다면 1점, 전적으로 진실해 보인다면 10점이다. 생각과 거기에 매긴 점수를 종이에 적은 다음 주머니에 넣어 두자.

다음 날부터 며칠 동안 정기적으로 그 생각에 다시 점수를 매겨 보자. 특히 관련된 일을 겪은 후에는 각별히 주의를 기울여 점수를 매긴다. 이를테면 '나는 일을 그다지 잘 못해.'라는 생각에 점수를 매긴다면 직장 상사나 동료와 대화를 나눈 직후에 점수를 매겨 보는 식이다.

그러면 한 가지 생각이 어떤 때는 사실에 가까워 보이고 또 다른 때는 멀어 보인다는 것을 금세 발견할 것이다.

이 실험을 반복할수록, 어떤 생각이 사실이라는 느낌이 반드시 신뢰할 만하지 않다는 것이 분명해진다.

그것이 아무리 고집스럽고 설득력 있다 하더라도 특정한 종류의 인식, 특히 자기에 관한 인식일 경우 마음은 믿을 만한 것이 못 된다. 따라서 직장에서나 침실에서의 여러분의 영향력에 관한 신뢰할 만한 증거를 확보하고 싶다면, 마음이 생성하는 '사실'보다는 타인의 의견에 귀 기울이는 편이 낫다.

그러나 2장에서 논의한 '경험에 근거한 직감'이 그런 것처럼 때로는 마음이 옳을 때도 있다. 그렇다면 마음을 언제 믿고 언제 믿지 말아야 할까? 이를 알려면 우선 마음이 불시에 습격하지 못하도록 막는 한편 우리의 생존을 걱정하기 시작하는 순간 마음의 의도를 살펴보아야 한다. 그렇다면 마음의 의도는 어떻게 알 수 있을까? 먼저 생각을 관찰해 보자.

생각 관찰하기

영화 〈뷰티풀 마인드〉에서 수학자 존 내쉬는 환각과 망상 때문에, 더 정확히 말하면 환각에 맞선 자신의 대응 때문에 극심한 고통을 겪는다. 요컨대 그는 환각을 사실로 여기며 거기에 대응해야 한다고 생각한다.

이런 상황에서 벗어나려면 마음의 움직임을 관찰하고 이해하는 수밖에 없다. 그래야만 환각의 실체가 다름 아닌 마음의 작용이라는 것을 받아들일 수 있기 때문이다. 영화에서 존 내쉬는 환각을 끌어안고 사는 법을 배운다. 이러한 전략은 환각뿐만 아니라 불안감이나 우울증처럼 더 흔한 증세를 완화하는 데도 효과적이다.[030•]

이렇듯 마음이 생성하는 생각과 감정을 관찰하고 받아들인다면 더 이상 그것들을 통제하거나 없애려는 노력을 기울이지 않아도 된다. 원숭이 실험을 기억하는가? 그 실험 결과에서 알 수 있듯이 원숭이들이란 좀처럼 통제되거나 없어지지 않기 때문이다.

생각을 관찰하는 일은 기도나 명상과 비슷하다. 각자 원하는 만큼 철학적으로 깊게, 아니면 그냥 단순하게 할 수 있다. 이 책의 목적을 위해서라면 반드시 깊게 관찰할 필요는 없다. 사실 생각을 관찰한다는 것은 지극히 쉬운 일이다. 실제로 생각이나 감정이 나타났다 사라지는 것쯤은 누구나 느낄 수 있지 않은가? 다음 연습 과제를 통해 그러한 능력을 더욱 향상시켜 보자.

EXERCISE 행진하는 장난감 병정

먼저 조용한 장소에서 편안한 자세를 취하고 눈을 감자. 반복을 통해 점차 익숙해지면 일상생활 속에서도 연습할 수 있다.

편안한 상태에서 여러분 앞에 장난감 병정이 행진하고 있다고 상상해 보자. 병정들은 모두 손에 피켓을 들고 있고, 그 피켓에는 여러분의 여러 가지 생각들이 하나씩 적혀 있다. 행렬이 끝없이 이어지는 가운데 그들의 손에 들린 피켓마다 계속해서 새로운 생각들이 나타난다. 피켓에는 글자뿐만 아니라 이미지, 소리 등 여러분의 마음에 떠오르는 것은 무엇이든 담겨 있다.

만일 자기도 모르게 그중 어떤 한 가지 생각에 깊이 빠져든다면, 다시 관중석에 올라가서 병정들이 행진을 시작하도록 하면 된다.[031*]

지금까지는 쉽다. 이제부터는 피켓, 즉 여러분의 생각을 관찰해야 한다. 관찰하면서 그것을 바꾸거나 쫓아내지 않아야 한다는 데 주의한다. 아무리 그 생각이 강압적이더라도, 또는 뭔가 조치를 취해야 할 것처럼 느껴지더라도 (이를테면 행진을 더 빠르게 해서 원치 않는 생각이 빨리 지나가게 한다든지) 그 어떤 생각도 사실이 아니라는 것을 스스로 일깨워야 한다.

또한 여러분은 자기도 모르게 생각들을 평가하게 될 것이다. '그런 생각을 하면 안 돼.' 또는 '미친놈만이 그런 생각을 하지.' 그러나 이런 평가들도 있는 그대로 받아들이고, 피켓에 적은 다음 행렬에 포함시키자. 이런 평가 역시 사실이 아니므로 대응할 필요는 없다.

이런 연습은 꾸준히 정기적으로 해야 효과가 좋다. 마음에 든다면 명상하듯이 해도 좋고, 나처럼 명상을 자학이라고 느낀다면 그냥 홀가분하게 상상해도 좋다. 어느 쪽이든 관계없지만, 이쯤에서 한물간 농담도 새겨들을 만하다는 사실을 새삼 떠올리게 된다. 뉴욕에 처음 방문한 어떤

이가 "카네기 홀에 어떻게 가죠?"라고 행인에게 물었더니 "연습, 연습, 연습밖에 방법이 없답니다."라는 대답을 들었다는 그 일화를 아는지? 연습이 필요하다.

감정 관찰하기

1960년대에 의사이자 신경학자인 폴 맥린은 인간의 뇌가 대략 세 개 층으로 이뤄져 있다고 주장했다. 이에 따르면, 바깥층인 대뇌피질은 고도의 추론 능력을, 중간층 구조는 기억, 감정, 호르몬 조절 등의 기능을, 안층 구조는 호흡, 심장 박동, 혈압 조절 등 생명 유지에 필요한 기능을 담당하고 있다.

당시 폴 맥린은 지층에 따라 고고학 발굴지를 연구하듯이 이렇게 층위에 따라 인간의 뇌를 살펴보는 것이 합리적이라고 생각했다. 또한 가장 최근에 발달된 뇌 바깥층은 인간 특유의 행동과 자질을 유발하며, 오래되고 원시적인 뇌 안층은 파충류의 뇌와 동일하다고 주장했다.[032•]

이 이론은 지나치게 단순하게 기술된 면이 있기는 하지만 일반적으로는 옳다. 실제 우리도 동물처럼 원초적이고 강렬한 충동을 느끼며, 도마뱀도 인간과 마찬가지로 먹기, 도망치기, 싸우기, 짝짓기라는 삶의 네 가지 충동에 이끌린다는 점에서 그렇다. 그리고 이렇게 단순한 감정일수록 통제하기가 더욱 어렵다. 다시 말해 우리에게는 공포와 같은 감정을 마음대로 껐다 켰다 할 수 있는 스위치가 없다.

감정도 신체 증상을 일으킨다. 심장이 고동친다거나 소변이 마렵다거나 머리카락이 쭈뼛 곤두서거나 괜히 들뜨는 기분을 느낀다. 이런 증상을 통제할 수 없는 것과 마찬가지로 우리는 이런 증상을 낳는 감정 역시 통제할 수 없다. 게다가 통제할 수 없는 것들이 대개 그러하듯이 감정은 때때로 우리에게 지독한 좌절감을 안겨 주기도 한다. 그러나 생각의 지배에서 벗어날 수 있는 것처럼 우리는 감정의 지배에서도 벗어날 수 있다.

우선, 앞서 생각을 관찰한 것처럼 파충류 뇌(지나치게 단순화한 표현이지만 우리의 논의에는 잘 들어맞는다)라 불리는 뇌 안층을 관찰하면 도마뱀다운 원초적인 감정이 몰래 다가오는 것을 막을 수 있다.

그다음, 감정을 말로 표현해 보아야 한다. '감정 마음emotion mind' 전문가인 심리학자 마샤 린네한에 따르면 '감정 마음'에 억눌리지 않으려면 감정을 말로 표현해 보는 것이 중요하다.[033•] 생각과 마찬가지로 감정 역시 '사실', 즉 세상을 있는 그대로 해석한 것처럼 느껴질 수 있는데, 이때 감정을 말로 표현해 보면 거리를 두고 객관적으로 볼 수 있다.

가령 시험을 앞두고 두려움에 사로잡힌 사람이라면 속으로 이렇게 말해 볼 수 있다. '입술이 바싹 마르고 심장이 빨리 뛰는 것 같아.' 두려운 감정, 즉 낙제 점수를 받고 학교에서 쫓겨나 친구를 잃고 말 것 같은 감정을 사실로 받아들이는 대신 이렇게 말해 보는 것이 도움이 된다. 실제로 낙제 점수를 받을 수도 있겠지만, 그렇다고 해서 마음이 예상한 것처럼 그의 인생 전체가 쫄딱 망하는 것은 아니지 않은가.[034•]

생각을 관찰할 때도 그렇지만 감정을 관찰할 때도 감정을 있는 그대로 받아들이는 일이 가장 어렵다. 감정을 바꾸거나 몰아내려는 노력은 무의미하다. 사실 영원히 지속되는 감정은 없기 때문이다. 그러니 원치 않는 감정이 몰려올 때는 그저 그것이 곧 지나갈 것이라는 사실을 떠올리기만 하면 된다.

감정을 관찰하는 것은 생각을 관찰하는 것과는 조금 다르다. 감정은 때로 순식간에 변하기도 하고 또 대체로 아주 희미하게 느껴지기 때문이다. 다음 연습 과제를 통해 감정의 숨은 의도를 밝혀내는 방법을 배워 보자.

EXERCISE '파충류 뇌' 관찰하기

감정은 기습적으로 들이쳐서 우리 행동을 조종하므로, 특히 감정적으로 힘든 시기에는 감정 상태를 유심히 살펴보아야 한다. 가령 이렇게 자문해 보는 것이 좋다. 나의 '파충류 뇌'가 내게 어떤 감정을 불어 넣는 것일까? 두려움? 불안감? 화? 만족감? 그 강도에 따라 감정에 1에서 10까지 점수를 매겨 볼 수도 있다. 이때 1점은 거의 느껴지지 않는 희미한 감정이고 10점은 떠올릴 수 있는 가장 강렬한 감정이다.

감정을 식별하고 나면 그 감정이 어떻게 행동하는지, 즉 '파충류 뇌'가 여러분에게 무엇을 하도록 요구하는지 알아보자. 두려움이나 불안감이라는 감정은 머리로는 안전하리라는 것을 아는 어떤 상황으로부터 도망가라고 요구하는 것일 수 있다. 반대로 의기양양함과 갈망이라는 감정은 안전하지 않은 어떤 상황으로 접근하라고 명령하는 것일 수 있다.

어떤 감정이든 간에 말로 표현해 보는 것이 유익하다. 종이에 적어 보면 훨씬 더 좋다. 그런 다음 '파충류 뇌'에게 이렇게 말해 보자. "내게 말을 걸어 주다니 고마워. 꼭 그래야만 한다면 두려워해도 돼. 이제부터는 내가 수습할게."

오랜 시간을 두고 마음에서 흘러나오는 감정의 메시지를 살펴보면 그 패턴을 알 수 있다. 예를 들어 누군가 위협적인 행동을 할 때는 적대적으로 대해야 한다고 느끼고, 발표를 앞둔 상황에서는 도망가야 한다고 느낄 수 있다. 어떤 특정한 상황에서는 쉽사리 분노나 우울함에 휩싸이는 패턴을 보일 수도 있다(이에 대해서는 12장에서 논의할 것이다). 이렇게 감정의 패턴을 분명히 파악하면, 감정의 기습 공격을 당하는 일은 현저히 줄어들 것이다. 또한 감정이 다가오는 것을 인식하고 무슨 짓을 하려는지 눈치 채서 그에 신중하게 대응할 수도 있게 된다. '파충류 뇌'도 가끔 필요할 때가 있다. 하지만 우리를 지배하게 해서는 안 된다.

'파충류 뇌'에서 벗어나기

때로 우리는 감정이라는 덫에 빠져서 자기도 모르는 사이에 그 감정에만 몰두한다. 두려움에 사로잡혀 완전히 무기력할 때, 극도의 불안감에 빠져 인간의 기본적인 욕구마저 못 느끼는 때가 그러하다. 이럴 때는 주의를 다른 곳으로 돌릴 필요가 있다.

다시 말해 내면을 살펴보는 대신 소리, 방 안의 색깔, 손에 쥔 물건의 감촉 등 외부 자극에 집중함으로써 주의를 바깥으로 돌려 보는 것이다. 감정에서 벗어나 쉬고 싶다면 이렇게 오감에 집중하면 된다.

이때 마음, 감정, 생각을 연민에 찬 눈빛으로 바라보는 것이 중요하다. 그리고 생각과 감정을 억누르지 않아야 한다. 앞서 밝혔듯이 생각과 감정은 억누르면 역설적으로 더 강렬해지기 때문이다. 그러므로 마음에서 발생하려는 것들을 그대로 내버려 두고 주의를 바깥으로 돌리자. 그러면 생각과 감정은 여러분이 다른 일에 집중하는 동안 배경음악처럼 희미하게 흘러가 버릴 것이다.

마음은 생각에 감정을 불어넣음으로써 집요하게 우리의 주의를 빼앗으려고 한다. '행진하는 장난감 병정'을 연습해 보았다면 생각과 거리 두기가 얼마나 어려운지 알 것이다. 강렬한 감정이 얽힌 생각이 떠오를 때마다 우리는 어느새 거기에 사로잡히고 뭘 하고 있었는지 잊어버린다.

이렇듯 마음이 불안감, 두려움, 기쁨과 같은 강렬한 감정을 생각에 불어넣을 때면 마음을 관찰하는 일이 특히 어려워진다. 바로 우리의 복종을 요구하는 순간이기 때문이다. 자, 2부로 넘어가기 전에 마지막 연습 과제를 해 보자.

EXERCISE 지금 나는 이러저러한 생각이 드는구나

어떤 생각이 떠오르거나 강렬한 감정이 느껴지면 '지금 나는 이러저러한 생각(느낌)이 드는구나.'라는 문장 형태로 표현해 보자. 가령 버스를 탔는데 그 안의 누군가에게 거부감이 든다면 속으로 '나는 지금 저 사람이 싫다는 생각(느낌)이 드는구나.'라고 말해 보자. 훌륭한 만찬을 즐긴다면 이렇게 말하면 된다. '나는 지금 이 음식이 맛있다는 생각(느낌)이 드는구나.'[035•]

이는 마음의 메시지를 객관적으로 바라볼 수 있는 아주 단순하면서도 효과

적인 방법이다. 많이 연습할수록 좋다. 너무 간단해서 잊어버리기 쉬우므로 눈에 잘 띄는 곳에 이 문장을 적어 두자.

다음 2부에서는 우울증, 불안감, 중독 등에 쉽게 빠지는 인간의 정신적 특성에 대해 살펴본다. 그러나 2부로 넘어가기 전에 여기 3장에 제시된 연습 과제들을 며칠 동안 연습해 보자. 그러면 마음을 더욱 객관적으로 볼 수 있게 될 것이다. 다시 강조하지만 항상 이 점을 명심해야 한다. '당신의 생각을 전부 믿지 마라.'

2부

행복은 마음의 소관이 아니다

이른 아침, 어느 목장 주인이 부서진 울타리를 수리하려고 집을 나섰다.
그는 우선 소들이 다치지 않도록 소들을 목초지 한쪽 구석으로 몬 다음
부서진 울타리 쪽으로 돌아왔다. 그런데 뒤돌아보니 소들이 사방으로
흩어지고 있었고 몇 마리는 부서진 울타리 쪽으로 다가왔다.
목장 주인은 다시 소들을 한쪽 구석으로 몰았다. 그러나 울타리로
돌아와서 뒤돌아보니 또다시 소들이 뿔뿔이 흩어지며 제멋대로
돌아다니는 것이었다. 그럴 때마다 주인은 거듭 소들을 한쪽으로
몰아넣었다.
해가 저물어 목장 주인은 집으로 돌아왔다. 그의 아내가 울타리를 다
고쳤느냐고 묻자 그는 이렇게 대답했다.
"아니. 소들이 가만히 있질 않아서 울타리에 손을 댈 틈도 없었지 뭐야."
생각과 감정이 가지런히 정리될 때까지 어떤 일도 할 수 없다고
믿는다면 목장 주인과 같은 곤경에 빠지고 말 것이다. 실제로 많은
사람이 어지러운 마음을 잘 가다듬은 후에야 뭔가를 할 수 있다고
믿는다. 긴장이 풀려야만 발표할 수 있고, 기분이 좋아야만 데이트할 수
있으며, 확신이 서야만 이직할 수 있다고 믿는 것이다.
그러나 마음은 늘 제멋대로이고 우리를 과잉보호하려고 하기 때문에,
행동할 준비가 되었다고 느껴질 때까지 마냥 기다리다가는 자칫 평생을
낭비할지도 모른다.

4장

마음이 과거의 경험을 이용하는 방법

한 가지 분명한 것은 마음이 과거의 경험을 닥치는 대로 긁어모아 기억한다는 사실이다. 인간의 경이로운 학습 능력도 바로 여기에서 기인한다. 학습 능력도 대가를 치러야 얻을 수 있기는 마찬가지지만 말이다. 마음은 우리가 고통스러웠던 지난 일을 되풀이해서 겪는 것을 원치 않기 때문에 때로는 우리의 행동을 지나치게 제한한다. 이 장에서는 이렇게 우리 삶을 압도하는 과거의 경험을 어떻게 바라보는 것이 좋을지 논의할 예정이다. 먼저 페넬로페에게 일어났던 일을 함께 살펴보자.

페넬로페는 어쩌다가 자기 인생에서 가장 소중한 것을 잃었을까?

언제부턴가 페넬로페는 자기 인생에서 가장 중요한 것을 잃었다. 페넬로페는 원래 대담하고 주관이 뚜렷한 사람이었고 자신의 그런 모습에 긍지를 갖고 있었다. 어릴 때는 짝짝이 양말을 신거나 점심시간에 캠프용 간식인 스모어(구운 마시멜로를 초콜릿과 함께 크래커 사이에 끼워 먹는 간식 – 옮긴이)를 먹는 별난 취미로 유명했고, 어른이 되어서도 남들과 다른 길을 갔다. 친구들이 회계사나 치과의사 같은 일반적인 직업을 얻기 위해 노력할 때 그녀는 마술을 공부했고 결국 마술사가 되어 꽤 많은 팬을 얻었다.

마술 일은 고되지만 그만큼 보람도 컸다. 촘촘하게 구성된 마술 연기를 정확한 순서에 따라 선보여야 했지만 그러한 중압감이 싫지 않았고 무대 공포증도 느끼지 않았다. 게다가 공연할 때마다 큰 보람을 느꼈다. 특히 박수를 받는 순간이 가장 뿌듯했다. 관객에게 기쁨을 주었다는 것을 느낄 수 있었기 때문이다.

그녀에게 삶이란 아침에 눈을 떠 사람들에게 기쁨을 안겨 주는 것이었다. 이러한 소신을 갖고 살던 그녀이기에 2년 전에 일어난 일이 더욱 고통스러울 수밖에 없었다.

발단은 작은 사고였다. 어느 날 아침, 차를 타고 가다가 교차로에서 빨간불이 켜져서 브레이크를 밟았는데 뒤차가 그녀의 차를 들이받았다. 다행히 다친 사람은 아무도 없었지만 그녀는 놀란 나머지 그날의 공연에 집중할 수 없었고 급기야 실수로 마술의 비밀 하나를 누출하고 말았다. 공연이 끝나고 관객들이 박수를 쳤지만 평소와 달리 시들했다. 그녀는 괴로웠다.

다음 날, 그 교차로에서 빨간불이 켜져서 정차한 순간 페넬로페는 이상한 감정을 느꼈다. 그녀의 마음이 그녀를 보호하기 시작했던 것이다. '조심해! 뒤차가 들이받을지도 몰라! 어제 공연 망쳤던 일 기억나지? 다시는 그러지 말라고!' 그뿐만 아니라 두려움과 가슴이 죄는 것 같은 통증까지 느꼈다. 파란불로 바뀌기까지 짧은 시간 동안, 그녀는 자기도 모르게 사이드미러로 연신 뒤차를 살펴보았고 공연을 또 망칠지도 모른다는 생각에 조마조마했다. 그 순간이 마치 영원처럼 느껴졌다.

다시는 그런 일을 겪고 싶지 않았던 페넬로페는 그 교차로를 피해 다니기 시작했다. 그러려면 먼 길로 우회해서 다녀야 했기 때문에 운전 시간이 길어졌다. 그렇지만 교차로에서 나쁜 기억을 다시 떠올리는 것보다는 낫다고 생각했다.

이로써 페넬로페는 문제를 해결했다고 여겼다. 교차로를 피해 다니기만 하면 불안감을 느낄 일이 없으리라고 생각했던 것이다. 그러나 그 전략에는 흠이 있었다. 교차로가 연상시키는 생각과 감정을 피하기 위해서 교차로를 피한다는 것을 스스로 인식하고 있었기 때문이다. 실제로 그 교차로를 피해 우회하려고 할 때마다 과거에 교차로를 지날 때 느꼈던 생각, 감정, 불안감이 희미하게 느껴졌고, 머지않아 교차로를 피한다는 생각만으로도 거의 교차로를 지날 때만큼의 불안감을 느끼게 되었다.

그래서 페넬로페는 다른 방법을 찾아냈다. 공연 횟수를 점차 줄여서 아예 운전 횟수를 줄이기 시작했던 것이다. 자동차에 올라타는 것만으로도 수많은 유료 관객 앞에서 공연을 망친 끔찍한 기억이 떠올랐기 때문이다. 집에 머무는 동안에는 그런 기억을 떠올리지 않을 수 있었다.

불행하게도 이러한 논리는 한 번 더 페넬로페를 오도했다. 불쾌한 생각과 감정을 피하기 위해서 자동차를 피한다는 것을 스스로 인식하고 있다는 것이 문제였다. 그녀는 한층 더 불안감을 느꼈고, 그 불안감 때문에 자기 세계가 점점 축소되고 있음을 감지하기 시작했다.

마지막으로 페넬로페는 한 번 더 가장 논리적으로 보이는 일을 했다.

즉 불쾌한 기억을 떠올리지 않기 위해 아예 밖에 나올 생각조차 하지 않고 집에 틀어 박혀서……. 이쯤이면 여러분도 그다음 이야기를 예상할 수 있을 것이다.

그때부터 페넬로페는 수치스러움이라는 전혀 다른 종류의 고통을 느끼기 시작했다. 자기 삶에서 가장 중요한 일을 하지 않고 있다는 사실을 마침내 자각한 것이다. 이제 더 이상 남들을 기쁘게 하겠다는 의욕으로 매일 아침 잠자리에서 일어나지 않는다. 대신 두려움에 떨며 더 작고 안전한 세계에 숨어 살고 있다.

그녀는 자기 삶을 뒤덮은 불안감에 대해서는 크게 당혹스러워했지만—마치 흉한 잡초가 그녀의 아름다운 정원을 뒤덮은 것처럼 느껴졌다—마음에서 일어나는 다른 변화는 잘 알아차리지 못했다.

가령 그녀는 그 모든 공연, 어떤 팬의 미소, 낯선 이와 슈퍼마켓에서 나눈 모든 사소한 눈짓과 대화가 그녀의 삶에 큰 의미가 있었다는 점을 잊어버렸다. 불안감에 시달리다가 결국 고립되고 아무런 행동도 할 수 없는 상태가 된 나머지 그러한 수많은 만남이 영혼의 자양분이 되어 주었다는 사실을 까맣게 잊은 것이다.

따라서 상담 과정에서 그녀는 예전 삶이 그립다는 말과 그런 삶을 포기했다는 사실이 부끄럽다는 말만 되풀이했다. 요즘에는 우편함까지 나가는 일도 힘겹다고 말한다.

이렇게 해서 한때 대담했던 이 여성은 외톨이가 되어 우울함과 수치스러움에 빠졌다. 그리고 자신에게 가장 중요한 것을 잃었다. 그녀는 그저 조금 두렵고 울적한 기분을 느꼈을 뿐인데 왜 이렇게까지 외톨이가 되어야 했는지 자문하면서도, 막상 집 밖으로 나서지를 못한다. 지금은 교통사고가 발생했던 그날로 돌아가 일말의 과거를 지울 수 있기만을, 이 모든 상황을 끝내고 예전 삶을 되돌릴 수 있기만을 바란다.

과거는 문제가 되지 않는다

심리학자들은 아무런 이유 없이 불현듯 나타나는 생각을 '침투 intrusions'라고 부른다. 사람들은 대부분 이렇게 침투하는 생각에 개의치 않는다. 왜냐하면 '우유를 사는 걸 깜박할 뻔했네.' '저 옷은 별론데.' '기린 인형을 갖고 싶어.' 같은 생각들은 그다지 욕되거나 불쾌하지 않기 때문이다.

그러나 어떤 침투는 썩 반갑지 않다. 우리를 더 할 수 없이 혼란스럽게 만들기 때문이다. 페넬로페가 떠올린 교통사고와 실패한 공연에 대한 기억도 바로 그러한 침투다. 그래서 그녀는 우리 대부분이 그렇듯이 침투가 사라지기를, 과거의 단편을 기억에서 떼어 버릴 수 있기를 바라는 것이다.

가족 모임에서 만취해 추태를 부린 사람이 있다고 해 보자. 그는 그 민망한 기억을 잊고 싶어서 오히려 술을 더욱 자주 찾게 될 것이다. 그러면서 애초에 술에 입을 대지 않았더라면, 애초에 술을 마시게끔 했던 어떤 일이 일어나지 않았더라면 하고 부질없는 생각을 할 것이다.

아니면 어린 시절에 학대를 받으며 자라서 타인을 믿지 못하는 사람이 있다고 해 보자. 그는 타인에게 가까이 다가가면 불편해지고 불신감이 생긴다. 그래서 과거에 집착하는 자신을 원망하는 한편 과거에 학대를 겪지만 않았더라면 별 탈 없이 살 수 있었을 텐데 하고 생각한다.

그런가 하면 믿고 기댈 만한 가족 없이 외롭게 자라서 자신은 그런 사람을 만날 자격이 없다고 믿게 된 한 여성을 떠올려 보자. 그녀는 배우자를 만나 가정을 꾸리고 싶어 하지만 아무도 자신을 원하지 않을 것이라는 생각을 머릿속에서 지우지 못한다. 그래서 과거의 아픈 경험을 잊지 못하는 자신을 원망하는 한편, 사랑 따위는 바라지 않았더라면 좋았을 텐데 하고 생각한다.

이렇듯 마음은 과거의 경험에서 얻은 정보를 결코 잊지 않는다. 또한 과거의 경험은 뇌가 손상되지 않는 한 지워지지 않으며, 애석하게도 흔히 가장 좋지 않은 순간에 떠오른다. 가령 새로운 이성과의 첫 번째 데이트를 준비하는 동안 불현듯 과거에 겪었던 최악의 연애 경험이 떠오르기도 하고, 발표를 시작하려고 하면 지난번 발표에서 가장 치명적이었던 실수가 떠오르기도 한다. 또 새로운 사람들을 사귀기 위해 칵테일파티에 참석하면 지난 사교 모임에서 범했던 가장 수치스러운 결례가 떠오르는 것이다.

마음이 고통을 회피하는 방법

마음은 '맥락 기계'다. 즉 서로 다른 상황 사이의 유사점을 가려 인식하도록 프로그램되어 있다. 마음의 이러한 특성은 우리를 안전하게 보호하도록 설계된 원시 뇌 작동의 일부라고 할 수 있다. 예를 들어 '보랏빛 열매를 먹고 배탈이 났으니 그걸 먹으면 또 아플 거야.' 같은 지식으로 무장한 마음은 보랏빛 열매를 보는 순간 별안간 역겨움이나 두려움을 일으켜 우리를 보호한다. (이런 종류의 학습된 음식 기피 현상은 고등동물 사이에서 보편적이다.[036*] 뇌는 다른 정보보다 생존에 직접적으로 관계된 정보를 습득하도록 설계된 것이 분명하다.)

그런데 안타깝게도 마음은 이렇게 과거의 경험을 이용하다가 때로 우리를 위기에 빠뜨린다. 페넬로페가 집 밖으로 나가지 않은 이유도 동일한 교통사고가 재발할 것처럼 마음이 반응했기 때문이었다. 그러나 건강한 마음이라면 무작정 숨는 대신 과거에 위험했던 일이 되풀이되려고 할 때마다 상황에 맞게 대처하려고 노력할 것이다. '저 덤불에 있는 게 보랏빛 열매지? 먹지 마!'

실험용 쥐도 똑같은 방식으로 위험에 대처한다. 오래전에 밝혀진 대로, 신호음을 들으면 지렛대를 밟도록 쥐를 훈련할 수 있다. 이렇게 훈련하려면 신호음을 들려준 직후에 전기 충격을 가하기만 하면 된다. 우연히 지렛대를 밟았다가 전기 충격을 받지 않는다는 사실을 알게 된 쥐는 그때부터 신호음이 들릴 때마다 지렛대를 밟으면 된다는 맥락을 결코 잊지 않는다. 특정한 신호를 반복해서 접함으로써 그에 따라 상황을 조정할 수 있게 된 것이다.

게다가 흥미롭게도 신호음 없이도 일정한 간격으로 지렛대를 밟도록 훈련할 수 있다. 전기 충격을 일정한 간격으로, 이를테면 20초 간격으로 가하고 전기 충격이 가해지기 직전에 쥐가 지렛대를 밟을 경우 가하지 않으면 된다. 그러면 쥐는 매우 정확한 타이밍에 맞춰 지렛대를 밟는다.[037*] 이 경우 쥐는 외부 환경의 신호가 아닌 내면, 즉 시간이 흘렀다는 감각에서 나온 맥락상의 신호에 대처한 것이다. 우리와 크게 다르지 않다.

페넬로페가 집에 틀어박힌 것도 정확히 쥐가 했던 행동과 같다. 고통스러운 불안감이 습격하는 것을 막으려고 지렛대를 밟고 전기 충격을 피한 셈이다.

전기 충격을 피하려는 것은 당연한 행동이다. 고통스럽기 때문이다. 과거의 기억 또한 그 나름대로 고통스럽다. 페넬로페는 교통사고의 기억을 떠올릴 때 사고 당시의 두려움은 물론이고 마술 공연을 망쳤을 때의 수치스러움과 당혹감도 동시에 느낀다.

이때 마음은 신체 고통을 피하려는 것과 마찬가지로 내면의 고통도 피하려고 노력할 것이다. 예컨대 신체 고통에는 '보랏빛 열매를 먹고 배탈이 났으니 다음에는 안 먹을 거야.'라고 말한다면, 내면의 고통에는 '만일 어떤 사고에 대한 기억이 나를 불안하게 만든다면 나는 그 기억은 물론 그 기억을 떠올리게 하는 모든 것을 피할 거야.'라고 말할 것이다.

그런데 페넬로페의 행동은 앞으로 일어날 사고를 피하려는 것이라기보다는 이미 겪은 사고에 대한 '생각'을 피하려는 것이라고 할 수 있다.

이는 어떻게 보면 완벽하게 논리적인 행동으로 보일 수도 있다. 그러나 그다지 효과적이지는 않다. 가령 내면의 고통을 피하기 위해 무언가(가령 그녀의 자동차)를 피하려고 할 때마다 필연적으로 교통사고의 기억이 떠오르기 때문이다.

더구나 자동차를 타지 않으면 불안감을 느끼지 않을지도 모르지만 차고, 도로, 슈퍼마켓 등 자동차를 떠올리게 하는 것은 주변에 너무나도 많다. 그녀가 자동차(교통사고를 연상시키는)를 희미하게 연상시키는 더 많은 것을 피하면 피할수록 교통사고는 점차 직접적으로 연상될 것이다. 그리고 그 모든 것이 애초에 교통사고를 유발시킨 맥락의 일부로까지 여겨질지도 모른다. 이것이 바로 마음만이 창조할 수 있는 점점 움츠러드는 세계의 실상이다.

그러나 정말 아이러니한 점은 차고, 거리, 슈퍼마켓이 페넬로페를 직접적으로 위협할 수는 없다는 데 있다. 그런데도 그녀는 단지 고통스러운 생각과 감정, 아니 더 정확히 말하면 앞으로 고통스러운 생각과 감정을 겪을지도 모른다는 두려움에 반응한다.

물론 앞서 살펴보았듯 생각을 피할 수 있는 다른 방편도 있다. 술이나 마약은 잠깐일지라도 생각을 잊게 해 준다. 섹스나 쇼핑도 일시적으로 관심을 다른 곳으로 돌리게 해 준다. 과식, 도박, 인터넷 서핑도 얼마간의 유예 기간을 선사한다. 그러나 이러한 방편들이 그 자체로 파멸적인 행동인 것은 아닐지라도 과거, 생각, 감정을 잊기 위해 이런 방편을 사용한다면 정체성을 잃기 쉽다.

요컨대 생각을 피하기 위해 애쓴다는 것은 따분한 일이다. 원치 않는 생각이 사라지기를 기다리자면 한평생이 걸릴 수도 있기 때문이다.

마음의 가짜 딜레마

'생각과 감정이 나를 괴롭히지 않는다면 그때라야 온전히 내 삶을 살 수 있을 것 같습니다.'

많은 상담 심리학자들이 틀림없이 이 문장의 다양한 변종을 들어 보았을 것이다. 이 문장의 밑바탕에는 원하는 삶을 살기 위해서는 고통스러운 생각과 느낌을 단단히 가둬 둔 채 마음을 잘 통제해야 한다는 가정이 깔려 있다. 상황에 따라 이 문장은 셀 수 없을 정도로 많이 변형된다.

- 진정한 사랑을 찾기 전에 이런 자기 비판적인 생각을 없애야 할 것 같습니다.
- 자기 회의를 그만두지 않으면 시험을 망칠 것입니다.
- 살을 빼려면 음식에 대해 생각하지 말아야 합니다.
- 자신에 대해 긍정적인 생각이 들어야만 헬스클럽에 가서 운동할 수 있습니다.

진실을 말하면 이는 전부 가짜 딜레마다. 다시 말해 생각과 감정에 시달리거나 자기 인생을 살거나 둘 중 하나만 할 수 있을 것이라는 믿음은 착각이다. 하지만 그렇게 믿는다고 해서 누가 우리 인간을 비난할 수 있겠는가? 논리적이고 문제 해결을 즐기는 생물체라서 그런 것일 뿐인데 말이다. 일상생활에 관한 문제를 논의할 때는 물론 다음과 같은 접근 방식을 취해야만 한다.

- 고장 난 자동차를 수리하기 전에는 쇼핑하러 갈 수 없습니다.
- 개수대를 고치기 전에는 설거지를 할 수 없습니다.
- 여기에 있는 나무를 다 베야 이 자리에 집을 지을 수 있습니다.

인간은 장애물을 쓰러뜨리는 데 뛰어나다. 그런데 생각과 감정 또한 장애물을 만들어 내기 때문에 그런 마음의 장애물도 쓰러뜨려야만 삶을 살아갈 수 있다고 착각한다. 가령 페넬로페의 마음이 만들어 낸 장애물은 불안감이다. 그녀의 마음은 안전을 지키는 임무를 완벽히 완수했다. 즉 불안감을 일으킴으로써 과거에 위험했던 장소에 가는 것을 막았다.

교통사고가 일어난 날, 페넬로페의 마음은 교차로가 위험할 수 있다는 새로운 정보를 얻었다. 페넬로페가 고통스럽게 그 점을 알게 된 만큼 마음은 그 사실을 결코 잊지 않을 것이다. 천만다행으로 '잊는 것'은 선택 사항에 들어 있지 않다. 생존을 걱정하는 '걱정 기계'인 마음이 어렵게 알게 된 정보를 경시할 이유가 어디 있겠는가?

한 원시 인간이 초원에서 고통스러운 얼굴로 저벅저벅 걷는 모습을 상상해 보자. 그는 독이 든 열매를 먹은 친구의 죽음을 목격했다. 그리고 그 순간부터 독이 든 열매, 아니 어떤 종류의 열매를 보기만 해도 친구의 죽음이 떠올랐다. 의지하던 사람의 죽음을 떠올리는 일은 실제 죽음을 목격하는 일만큼 고통스럽다. 그러나 그런 일이 실제로 다시 발생하는 것보다야 기억으로 떠오르는 게 좀 더 견딜 만할 것이다.

다시 말해 아무리 생각과 감정이 고통스럽다고 하더라도 결국 마음의 활동일 뿐이다. 고장 난 자동차도 아니고 집 지을 터를 마련하기 위해 베어져야 하는 나무도 아니다. 실재하는 장애물이 아니라는 말이다. 마음은 우리가 부여하는 만큼만 힘을 얻을 수 있는 존재일 뿐이다.

경험 자아

심리학자 스티븐 헤이스는 인간이 자기 생각에 대응하는 방식을 오랫동안 연구해 왔다. 그는 마침내 생각을 사실처럼 보이도록 하는 요인을 발견했다. 바로 과거의 경험에 대한 우리의 견해다.[038•]

페넬로페는 매우 일반적인 방식으로 자기 자신을 바라본다. 즉 자신을 과거, 생각, 감정의 총합이라고 인식한다. 그녀는 인간이란 인생을 살아가면서 좋고 나쁜 다양한 경험으로 채워지는 그릇과 같다고 믿는다.

우리 대부분도 그렇겠지만, 만약 누군가가 그녀에게 그녀 자신에 대해 말해 달라고 부탁한다면 그녀는 자신이 과거에 한 일에 대해 들려줄 것이다. "저는 회계사이신 엄격한 부모님의 뜻을 거슬러 마술사가 되었죠." 그녀의 대답은 확실히 시간적 구성을 갖고 있다. '나(지금 여기)는 더 젊었을 때(그때 거기) 있었던 일의 결과다.'라는 의미를 내포하는 것이다.

헤이스는 자기 자신을 바라보는 이러한 관점을 '경험 자아self-as-content'라고 부른다. 이에 따르면 나라는 존재는 경험을 위한 그릇이고 어떤 경험이 채워지느냐에 따라 규정된다.

이러한 관점에는 장점이 있다. 예를 들어 서로 대화를 나눌 때 일관된 준거를 제공한다. 칵테일파티에서 낯선 사람과 대화를 할 때도 상대방이 나와 똑같은 방식으로 자신에 대해 말할 것이라고 기대할 수 있는 것이다. 가령 서로 '나(지금 여기)는 이러저러한 일을 했다(그때 거기).'는 식의 대화를 나눌 수 있다.

그러나 이러한 관점에는 위험한 면도 있다. 부정적인 방향으로든 긍정적인 방향으로든 자신을 매우 제한적으로 규정하기 때문이다. 가령 페넬로페는 어느 순간 다음과 같은 생각을 믿었을 것이다. '나(지금 여기)는 훌륭한 마술사야. 왜냐하면 관객이 크게 박수를 쳤으니까(그때 거기).'

한편 다른 순간에는 정반대의 생각을 믿었을 것이다. '나(지금 여기)는 형편없는 마술사야. 왜냐하면 나는 교통사고를 당한 다음 공연을 망쳤으니까(그때 거기).'

둘 중 어떤 생각이든 그것을 마치 틀림없는 사실인 것처럼 받아들인다면 행동에 제약을 받는다. 가령 페넬로페가 자신에 대해 '훌륭한 마술사'라는 생각을 품고 있을 때 누군가가 점심 식사를 하러 나가자고 청하면 그녀는 선뜻 응할 것이다. 훌륭한 마술사라면 어디든 마음껏 다닐 수 있다는 자신감으로 말이다. 그러나 '형편없는 마술사'라는 생각을 품고 있을 때라면 청을 거절할 것이다. '사람들의 이목을 받아서 좋을 일이 뭐가 있겠어? 나는 낙오자인데.'라고 생각할 것이기 때문이다.

이런 때가 바로 생각이 절대적인 사실인 것처럼 느껴지는 순간이다. 하지만 한 발짝 물러나 보면 페넬로페의 생각이 매우 임의적임을 알 수 있다. 단지 하나의 정보만을 가지고 일시적인 기분에 따라 결론을 내리는 탓이다. 그 결과 경험의 폭이 점점 더 좁아지고 자신의 고유한 특성도 잃어 가고 있다. 더 심각한 문제는 진정으로 하고 싶은 대로 결정하기보다는 덧없이 스쳐 가는 생각에 근거해 결정을 내린다는 점이다.

오랜 시간에 걸쳐 '경험 자아'의 관점으로 사고하다 보면 자기 존재가 경험으로 규정된다고 믿기 쉽다. 또는 원래의 경험이 다른 경험으로 대체되지 않는 한 앞으로 나아갈 수 없다고 믿기 쉽다. 페넬로페 역시 교통사고와 뒤이은 모든 사건의 기억이 사라져야만 훌륭한 마술사가 될 수 있다고 믿는다. 그 모든 사건이 자기 경험의 일부가 아닐 때라야만 예전의 자기 자신으로 돌아갈 수 있다고 믿는 것이다. 그러나 분명한 문제는 과거는 결코 사라지지 않는다는 것이다.

맥락 자아: 다른 선택지

다른 선택지가 있다. 자신을 과거의 경험이 담긴 그릇으로 보는 대신 순식간에 많은 일이 벌어지는 매개체로, 즉 수많은 경험, 생각, 감정이 펼쳐지는 배경으로 보는 것이다. 헤이스는 이를 '맥락 자아self-as-context'라고 부른다. 이러한 관점은 칵테일파티에서 사람을 사귈 때는 그다지 유용하지 않겠지만 정신 건강에는 아주 좋다.

'맥락 자아'의 관점은 자신을 이렇게 인식한다. '나는 경험의 총합이 아니다. 지금 여기에 살아 숨 쉬며 부지런히 할 일을 하는 존재다. 과거를 회상할 때도 있지만 그렇지 않을 때도 있다. 또 나는 항상 생각하고 느끼지만 나라는 존재는 그저 생각과 감정이 아주 잠시 동안 뛰노는 놀이터일 뿐이다. 그리고 생각과 감정은 눈 깜짝할 새에 다른 것들로 바뀐다. 심장 박동이 나를 규정하지 못하는 것처럼 생각과 감정도 나를 규정하지 못한다. 생각과 감정은 그저 마음의 일시적인 움직임일 뿐이다.'

헤이스, 스트로살, 윌슨은 맥락 자아를 사방팔방으로 펼쳐진 체스 판 위에서 백색 말과 흑색 말이 전쟁을 벌이는 모습에 비유했다.[039*]

생각과 감정을 체스의 말이라고 간주해 보자. 체스에 백색 말과 흑색 말이 있는 것처럼, 생각과 감정에도 자신감과 행복감처럼 '좋은' 감정이 있고 불안감, 두려움, 슬픔처럼 '나쁜' 감정이 있다. 우리는 물론 좋은 감정이 나쁜 감정을 무찌르기를 원하므로 좋은 감정 편에 서서 나쁜 감정이라는 적에 맞서 전쟁에 돌입할 것이다. 그리고 체스 판에서 적을 제거하려고 노력할 것이다.

문제는 생각과 감정을 제거하려고 하면 할수록 그것들이 더욱 강렬해진다는 점이다(원숭이 실험을 기억하는가?). 즉 싸우면 싸울수록 상대편 말이 더 강해지는, 이길 수 없는 게임인 셈이다. 이에 헤이스는 의문을 제기한다. "만일 당신이 어느 편도 아니라면, 즉 말도 선수도 아닌 체스 판이라면 어떨까?"

일단 어느 한쪽 편에 서면 마치 삶이 전적으로 승패에 좌우된다는 듯이 맹렬히 싸워서 이겨야만 한다. 그러나 체스 판이라면 이기려고 노력할 이유가 없다. 그저 말들이 놓인 곳, 즉 게임이 힘차게 펼쳐지는 맥락이기 때문이다. 체스 판의 입장에서는 좋은 팀도 나쁜 팀도 따로 없으므로 어느 한쪽 편을 지지할 필요가 없다.

이렇듯 맥락 자아란 체스 판의 관점에서 마음의 작용을 바라보는 것을 의미한다. 자신을(지금 여기) 몇몇 지나간 경험(그때 거기)을 근거로 좋거나 나쁘게 판단하는 것이 아니라, 오직 생각하고 느끼고 기억하는 나(지금 여기) 그대로를 보는 것이다.

다음 연습 과제를 통해 맥락 자아의 관점으로 자신을 바라볼 수 있는 힘을 키워 보자. 이 실험으로 평소 자신의 생각에 대해 어떻게 판단하는지를 알 수 있다.

EXERCISE 생각에 대한 판단

생각에 대한 판단은 다른 생각과 마찬가지로 마치 사실인 것처럼 우리 마음을 관통해 행진한다. 그러나 생각의 체스 판 위에서 '이 생각은 좋으니 머물러도 좋아. 저 생각은 나쁘니 저리 치워야 해.'라는 식으로 한쪽 편에 선다면 내면의 갈등에 빠지는 꼴이 될 뿐이다.

다음과 같이 실험해 보면 우리가 자신의 생각에 대해 어떻게 판단하고 반응하는지를 알 수 있다. 또한 체스 판 위에서 언제 한쪽 편에 서는지, 즉 언제 생각을 판단하는지 알 수 있다.

먼저 낱장의 종이에 두 가지 생각을 적는다. 한쪽에는 여러분이 좋다고 믿는 생각, 가령 자신감을 느꼈던 순간이나 목적한 바를 이룬 기억 등을 적는다. 예를 들면 '나는 직장에서 까다로운 고객을 상대로 일을 잘 처리했다.' 또는 '오늘 내 옷차림은 내게 잘 어울린다.' 같은 생각을 적으면 된다.

다른 쪽에는 나쁘다고 믿는 생각을 적는다. 지나치게 나쁜 생각일 필요는 없다. 가령 '고등학교에 다닐 때 숙제를 잘 해 갈 걸 그랬다.' 또는 '나는 춤을 잘 못 춘다.' 같은 가벼운 것들을 택한다. 단, 반드시 조금이라도 부정적인 감정이 느껴지는 생각이어야 한다.

하루나 이틀 동안 그 종이를 지갑에 넣고 다니거나 눈에 잘 띄는 장소에 붙여 두자. 그리고 틈이 날 때마다 종이에 적힌 생각 중 하나를 골라 읽어 보자. 그런 다음 자신의 반응을 관찰하자. 미소를 짓는가? 아니면 종이를 지갑에 도로 집어넣은 다음 잊어버리고 싶은 마음이 드는가?

자신이 그 생각을 어떻게 판단하는지, 그리고 어떻게 반응하고 싶은 마음이 드는지 주의 깊게 살펴보자. 어쩌면 종이를 도로 지갑에 넣었다가 다음번에 다시 꺼내 보았을 때는 '좋은' 생각을 읽기를 바랄지도 모른다.

마지막으로 그 판단을 그저 장난감 병정 행진에 하나 더 추가된 생각으로 받아들이고, 하던 일을 계속 하며 살아가자. 여느 생각과 마찬가지로 판단 역시 생각에 불과할 뿐, 그 외에 아무것도 아니기 때문이다. 판단은 그저 우리가 우연히 평가를 덧붙인 생각들에 지나지 않는다. 따라서 판단을 하면서도 판단에 조종당하지 않을 수 있다.

만약 페넬로페가 마음의 움직임을 평가하거나 판단하지 않고 있는 그대로 바라볼 수 있다면, 즉 체스 판이나 맥락 자아의 관점에서 세상을 바라볼 수 있다면 자유로워질 수 있을 것이다. 그러나 살펴보아야 할 측면들이 여전히 더 남아 있다. 다음 장에서 페넬로페의 마음이 왜 그렇게 반응했는지 살펴보자.

5장

마음의 편향된 기억

마음의 중요한 임무 중 하나는 두려움을 유발하는 것이다. 적기에 유발된 두려움은 우리에게 구세주가 되기도 하지만, 그렇지 않은 시기에는 우리를 고통스럽게 한다.

페넬로페 같은 상황에 처한 사람이 겪기 쉬운 공황 발작을 보면 알 수 있듯이, 마음은 지나치다 싶을 정도로 학습과 기억을 잘한다.

공황 발작이란 최소 15초에서 최대 몇 분간 강렬한 두려움이 지속되는 질환이다. 공황 발작이 일어나면 흔히 심장이 멎을 것 같거나 정신을 잃을 것 같은 느낌을 받는다. 그뿐만 아니라 심장 두근거림, 과다 호흡 같은 신체 증상이 일어나고, 설상가상으로 다른 사람들이 자신을 우습게보거나 무능하다고 생각할 것 같은 불안감도 든다. 공황 발작이야말로 마음이 유발할 수 있는 가장 고통스러운 경험일 것이다.

보고되지 않은 사례가 많아서 공황 발작의 발생률을 정확하게 산출하기는 어렵지만, 공황 장애라 진단할 수 있을 정도로 빈번하게 심한 공황 발작을 겪는 인구는 적어도 50명당 1명꼴이다.[040•] 그리고 지역마다 명칭은 달라도 공황 증상은 모든 문화권에서 발생한다.[041•] 이렇게 보면 공황은 인간 사회에서 유례없이 기회가 균등한 경험이라고도 할 수 있다.

또한 공황은 엄청난 환각을 불러일으키기도 한다. 즉 발작이 일어나는 동안 주변에 위협을 가하는 것이 없는데도 마치 죽음을 목전에 둔 것처럼 반응한다. 그래서 공황 발작을 겪는 이들은 흔히 자신이 미쳐 가는 것은 아닐까 걱정한다. 어째서 뇌 바깥층의 진화된 마음은 마땅한 이유도 없이 고통스러운 환각을 불러일으키는 것일까?

그 원인은 분업화된 뇌의 각 신경계가 때때로 서로 상충한다는 사실에서 찾을 수 있다. 공황은 뇌의 가장 안쪽 구조인 편도체가 자기 방어 장치를 활성화할 때 발생한다.

편도체는 아몬드 모양의 기관으로, 동기와 감정을 담당하는 뇌 깊숙한 안쪽 변연계의 일부분이다. 편도체는 이산화탄소 과잉으로 말미암은 혈액 산성화를 감지하면 공황을 유발한다.[042*] 혈액 산성화는 우리가 긴장하거나 숨을 멈추면 발생한다. 편도체가 혈액 산성화를 감지하기만 하는 것이 아니라 다시 숨을 쉬게도 해 준다면 좋겠지만, 위기 시에 그만큼 정교하게 작동하지는 못하는 것으로 알려져 있다. (참고로 어떤 사람들은 혈액 중 이산화탄소 증가로 발생하는 공황에 다른 사람들보다 더욱 취약하다.)

편도체는 '단일 시행 학습'이라 불리는 지식 습득 유형과도 관련이 있다. 이는 단 한 번의 경험으로 그에 대한 정보와 감정을 계속해서 기억하는 것이다. 가령 우리는 난로에 손을 한 번 데면 그 순간부터 영원히 난로가 뜨겁다는 사실을 잊지 않는다.

단 한 번 학습한 다음 그 지식을 평생 필요할 때마다 즉각 기억해 낸다는 건 아주 편리한 일이 아닐까? 의학 공부나 컴퓨터 프로그래밍, 세금

신고도 식은 죽 먹기가 될 것이다. 그러나 불행히도 단일 시행 학습은 오로지 두려움과 같은 강렬한 감정이 결부된 지식만 학습할 수 있다. 이처럼 편도체는 단 한 번의 학습으로 위험을 기억할 수 있다. 페넬로페가 단 한 번의 교통사고 후에 그것을 잊지 못한 것처럼 말이다. 이러한 기억을 형성하는 시냅스(신경세포들이 서로 상호작용하는 접합 지점)는 두려움과 관련이 없는 기억을 형성하는 시냅스보다 더욱 강력하고 민첩하게 기능한다.[043•]

마음이 두려워하는 것들

왜 이 같은 생리학을 알아야 할까? 원시적인 마음이 고등하고 합리적인 마음에 대립하는 방식을 설명해 주기 때문이다. 페넬로페는 교통사고를 겪었던 교차로가 그 자체로는 위험하지 않다는 사실을 잘 안다. 그러나 그녀의 원시적인 마음은 단일 시행 학습과 같은 생존 기술을 통해 습득한 전혀 다른 지식을 바탕으로 작동한다. 그녀의 원시적인 마음이 '알고' 있는 것은 교차로가 생명을 위협한다는 사실이다.

신체에 직접적으로 가해지는 위협을 제외하면, 마음은 역사적으로 인간 종을 위태롭게 했던 위험을 가장 강력하게 경고한다. 예를 들어 어린아이는 배운 적이 없어도 거미와 그와 비슷하게 생긴 다른 위험한 벌레, 가령 바퀴벌레를 구분할 줄 안다.[044•]

비슷한 맥락에서 마음은 사회 속에서 받는 고통과 고립을 꺼린다. 홀로 남겨지는 것은 사람에게 일어날 수 있는 일 중 최악이고 할 수 있다. 특히 원시 시대에 어린아이가 그런 일을 당한다면 죽음에 이를 수도 있다. 이때 마음은 고립되지 않기 위해 일부 전문화된 뇌의 작용 원리를 차용한다. 즉 사회적 관계가 나빠지거나 끊기면 신체 고통과 관련된 뇌의 신경계가 활성화된다.

이는 우리가 껄끄러운 인간관계에서 느끼는 감정적 고통 뒤에 숨은 뇌의 작용으로 보인다.[045*] 이런 감정적 고통은 불안감과 우울증이 뒤섞인 고통이다. 어쩌면 버려진 개가 구슬프게 짖는 이유도 신체 고통과 관련된 신경계가 활성화되기 때문일지도 모른다. 개의 울음소리는 사회적 고립에 비참함을 느끼는 마음의 소리인 셈이다.

게다가 인간은 다른 동물은 느끼지 못하는 특별한 종류의 고통도 겪는다. 특이하게도 우리는 과거의 기억이나 상상에 괴로운 감정을 덧붙임으로써 고통스러워한다.

가령 내가 동물 병원에 고양이를 데려가 주사를 맞혔다고 해 보자. 고양이는 다음번에 다시 주사기를 보면 떨거나 울면서 괴로움을 표시하고 저항할 것이다. 주삿바늘이 유발한 고통을 기억하기 때문이다. 따라서 주삿바늘이 자기 몸을 뚫고 들어오기 전에 도망치려고 무슨 짓이든 할 것이다.

그러한 반응으로 미루어 보았을 때 고양이가 주삿바늘을 보고 따끔한 고통을 연상한다는 것을 확실히 알 수 있다. 인간도 예전에 고통을 유발했던 대상 앞에서 똑같은 방식으로 반응한다. 그 자체에는 별다른 특이점은 없다.

그러나 동물과 인간에게는 흥미로운 차이점이 있다. 우리는 고통을 호소하도록 동물을 훈련할 수 있다(가령 지렛대를 밟도록 한다든지). 그러나 훈련을 받은 동물들은 고통스러운 경험을 호소할 때 괴로움을 드러내지 않는다. 울부짖지도 않고 심장을 고동치지도 않는다. 동물은 고통을 떠올리면서도 마치 좋았던 날을 회상하는 것처럼 담담한 모습이다.

반면 인간은 과거의 고통스러운 경험을 이야기할 때 마치 그 경험에 대한 기억이 아니라 경험 자체가 눈앞에 존재한다는 듯이 괴로워한다.[046*]

때로는 고통스러운 경험의 기억이 실제 경험보다 더욱 괴롭게 느껴지기도 한다. 페넬로페의 경우도 그러하다. 심지어 인간은 전혀 겪어보지 않은 일을 상상할 때도 괴로워한다. 자기 자신의 죽음에 대해 생각해 본 적이 있는 사람이라면 내 말뜻을 이해할 것이다.

원시적인 마음은 바로 이러한 것을 두려워한다. 그리고 이러한 고통과 두려움에 단순하게 대응한다. '피해!'라고. 그렇다면 마음은 어떻게 우리를 피하도록 설득하는 것일까? 바로 불안감과 슬픔이라는 고통을 주어 설득한다. 우리가 위험한 것(교차로, 사회적 고립, 또는 고통스러운 상상)에 다가가면, 마음은 하나 또는 여러 가지 고통으로 우리를 괴롭힌다. 안전에 관한 문제라면 마음은 당근 없이 오로지 채찍만을 휘두른다. 일례로 편도체 같은 기관은 우리를 안전하게 보호하기 위해 공황이라는 채찍을 휘두른다.

이쯤이면 여러분도 눈치 챘으리라 여기지만, 원시적인 마음은 세상을 있는 그대로 바라보지 못한다. 이는 우리가 존재하지도 않는 위험 때문에 고통을 겪는다는 의미다. 마음이 세상을 이렇게 편향된 시각으로 바라보는 데는 이유가 있다.

생존에 기여하는 편향된 기억

나는 되도록 타인의 마음을 반박하지 않는다. 나 자신의 마음도 마찬가지다. 마음은 설득하기가 어렵기 때문이다. 마음은 좋지 않은 경험을 떠올리는 데 선수이며, 언제든 자기가 옳은 이유를 하나 이상 댈 수 있다. 논리적이고 타당한 이유를 들어 상대방을 격려하는데도 상대방의 마음이 그것을 받아들이지 않았던 상황을 떠올려 보면 분명하게 알 수 있을 것이다.

나: "왜 그렇게 침울해?"

친구: "내가 아무짝에도 쓸모없다는 걸 마침내 깨달았어."

나: "뭐? 그게 무슨 바보 같은 소리야. 넌 내가 아는 사람 중에서 가장 훌륭해. 하버드대를 졸업했고 남부럽잖은 직장도 구했고, 또 내 입으로 말하기는 좀 그렇지만 잘생기기까지 했잖아."

친구: "잘생겼다고? 이 코로? 그럴 리가. 난 하버드대를 간신히 졸업했고, 직장에서도 완전히 무의미한 일을 하고 있다고. 이룬 게 하나도 없어. 그게 바로 내가 무능하다는 증거지. 같이 졸업한 동기들은 전부 대단한 일을 해내고 있는데 말이야."

나: "네가 뉴욕에서 진행했던 프로젝트는? 그건 정말 대단한 일이었잖아!"

친구: "제발 그만해. 난 그 프로젝트에서 허드렛일이나 했을 뿐이야. 다른 사람들이 일을 성사시켰지. 나라는 인간은 순 엉터리야."

마음과의 싸움에 말려들면 대화는 이런 식으로 계속될 뿐이다.

마음이 이런 태도일 때는 아무리 설득해도 소용이 없다. 터무니없는 판단을 내려놓고도 계속해서 그것을 뒷받침할 증거를 들어 보이며 급기야 하버드대 졸업장마저도 실패의 증거로 둔갑시킨다. 마음은 어떤 결정을 내리고 나면 꿈쩍도 하지 않는다. 이것이 내가 마음을 반박하지 않는 이유다.

다른 사람의 마음이나 자신의 마음에서 이런 종류의 사고방식과 마주치면 무척 절망스럽지만, 마음이 고집을 피우는 데는 그럴 만한 까닭이 있다. 마음은 단순히 싸우려고 그러는 것이 아니라 상황을 '통제'하려고 그러는 것이다.

가령 가족에게 학대를 당한 아이는 자라서 가까운 사람들과의 관계에 불행이 닥치리라고 믿는다. 전적으로 믿고 기대야 할 사람의 손에 신체적, 감정적 고통을 당하고 나면 아무리 건강하고 정상적인 마음도 이런 걱정을 시작한다. '이런 일을 다시 당하지 않으려면 어떻게 해야 할까?'

마음은 모든 일의 결과를 통제하기를 좋아한다. 문제가 되풀이되지 않도록 문제를 해결하는 것도 좋아한다. 바로 그렇기 때문에 마음은 '반추'와 같은 전략, 즉 해결하기 어려운 복잡한 문제에 집착하는 방식을 취한다. 가령 가족에의 학대 같은 일부 문제들은 그 이유를 해명하기가 쉽지 않다. 가족을 학대한다는 건 일반적으로 이해할 수 없는 일이기 때문이다.

이런 문제 앞에서 마음은 진퇴양난에 빠진다. 해당 문제를 분명히 해명하기가 어렵다 보니 앞으로 그 일을 예방할 만한 믿음직한 방법을 찾을 수도 없기 때문이다. 이럴 때 마음은 어떻게 할까?

뚜렷한 해결책이 없을 때, 마음은 내면에 주의를 기울이게 마련이다. 바깥세상에서 수긍할 만한 해명을 찾지 못하면 내면에 문제가 존재하리라고 여기는 것이다. 그에 따라 '앞으로 이 문제를 어떻게 예방할 수 있을까?'라는 질문은 '내가 이 문제를 어떻게 발생시켰고, 어떻게 해야 다시 발생시키지 않을 수 있을까?'로 변한다. 통제하기를 갈망하는 마음은 문제가 우리 안에 있고 그것을 찾아서 고칠 수 있다고 생각한다.

여기서 자기를 부정하는 증거를 끊임없이 찾아내는 마음의 천부적인 재능을 다시 보게 된다. 물론 내면에서 해결책을 발견할 수 있다고 생각하면 자신을 통제할 수 있다는 희망이 느껴지는 것도 사실이다. 특히 학대를 당하며 자란 사람이라면 평생을 자기 내면을 관찰하고 비판하면서 지금껏 평화롭고 안전한 관계를 가로막아 온 어떤 문제라도 찾아내서 바로잡기를 희망할 것이다.

사람들은 대부분 자기비판을 하되 끊임없이 하지는 않는다. 그런 생각은 나타났다가도 금세 사라지기 때문이다. 그러나 마음이 끊임없이 비판적인 정보만을 골라낸다면, 그에 반박하는 일은 공황 발작을 일으킨 사람에게 "진정해."라고 말하는 것만큼이나 무의미하다.

만일 여러분에게 그런 성향이 있다고 해도 소침해질 필요는 없다. 인간은 일반적으로 입맛에 맞는 정보만 골라내는 경향이 있기 때문이다. 이런 경향은 학계에서도 나타난다. 특히 사회과학 분야는 특정한 결과를 도출하기 위해 무심코 정보를 거르는 '서류함 효과'라는 결함으로 가득하다.[047•]

'서류함 효과'는 이런 식으로 발생한다. A라는 연구자가 독심술이 가능한지 알아내기 위해 연구를 수행한다. 그는 독심술이 가능하다는 연구 결과를 발표해 학계의 관심을 받는다. 그런데 그 사이 B, C, D, E, F라는 연구자가 비슷한 연구를 수행해 독심술이 가능하다는 증거가 없다고 결론 내린다. 하지만 그들의 연구 결과는 발표되지 않는다. 노골적으로 말해 흥미롭지 않기 때문이다. 따분한 연구 결과는 학계에서 살아남지 못하기 때문에 결국 서류함에 보관된 채 빛을 보지 못한다.

요컨대 인간은 생존에 유리한 정보만 중시하고 그렇지 않은 정보는 경시한다. 학계는 돈과 관심을 끌어들일 수 있는 흥미로운 연구 결과만 출판하고, 개인은 고통스러운 경험에서 얻은 불쾌한 정보에만 집중한다는 의미다.

연구자들은 서류함 효과를 잘 알아차리지 못하고,[048*] 우리 각자도 기억의 편향성을 잘 알아차리지 못한다. 그래서 의기소침한 친구를 격려하기 위해 언쟁해 봐야 소용이 없는 것이다. 그것은 인간 본성, 즉 마음의 고유한 형태와 기능에 맞서 싸우려는 것이나 마찬가지이기 때문이다.

페넬로페의 마음도 서류함 효과의 희생물인 셈이다. 수백 번이나 무사히 그 교차로를 지났던 사실은 모른 체하고 단 한 번 발생한 가벼운 교통사고만 기억한 것이다.

그러나 그녀는 단일 시행 학습과 나무랄 데 없는 기억력에 대해 변연계에 감사해야 한다. 다시 말해 생존에 가장 기여하는 정보에 주력한 데 대해 마음에 감사해야 하는 것이다. 페넬로페의 마음은 자기 할 일을 완수해 냈으니 말이다.

우리의 안전을 위해 마음이 규칙을 만드는 방법

단일 시행 학습은 뛰어난 생존 전략이다. 조상들도 무사했던 숱한 나날들을 기억하기보다는 가까스로 도망쳐 목숨을 건졌던 단 한 순간을 기억했을 것이다. 그것이 생존에 더 유리하기 때문이다.

생존이 관건인 원시 세계에서는 심각한 문제가 아니었을 서류함 효과와 관련해서도 마찬가지다. 사회적으로 냉랭한 관계 속에 있는 조상은 서류함 효과를 이용해 자신이 실수했던 때만을 기억해 냄으로써 따돌림 당하는 일을 피했을 것이다.

세상에 공짜는 없다. 우리는 조상들이 우리를 위해 힘겹게 발달시켜 온 이러한 생존 기술을 가진 특권에 비용을 지불해야 한다. 그것은 페넬로페 역시 지불한 두려움과 회피다. 마음은 우리가 더 많이 두려워하고 피할수록 안전해진다고 믿는 것 같다.

이러한 생존 유지 전략은 한때는 잘 기능했겠지만 환경은 더 이상 예전만큼 위험하지 않다. 마음에게 한 가지 이해시켜야 할 것이 있다면 바로 이 점이다. 이제 생사가 걸린 심각한 문제는 거의 없다는 사실 말이다. 그러나 좋든 싫든, 이는 마음이 받아들이기 원하거나 받아들일 수 있는 메시지가 아니다. 마음은 계속해서 우리를 보호하는 본연의 임무를 수행할 것이다. 따라서 우리가 주의를 기울이지 않는다면 자칫 마음이 하는 말을 그대로 믿기 시작할 수도 있다. 그리고 마음이 우리 행동을 통제하도록 방치하면 할수록 두려움, 불안감, 우울감에 젖은 생각에 더욱 빠져들 것이다.

마음은 마치 다람쥐가 지나갈 때마다 미친 듯이 짖어 대고 울타리를 박박 긁어 개구멍을 만드는 뒷마당의 예민한 개와 같다. 개는 방치하면 시간이 감에 따라 더욱 시끄럽게 짖고 거칠어진다. 우리에게는 매우 짜증스러운 일이지만 개의 입장에서는 합리적인 행동이다. 위험을 감지한 데 대한 반응이기 때문이다. 여기서 '감지'라는 말에 유의하기 바란다. 사실 개가 짖는 대상, 즉 다람쥐, 새, 행인 등은 대부분 그리 위협적이지 않다. 그런 것과는 상관없이 개는 단지 자기 강화(자신이 통제할 수 있는 보상을 자기에게 주어서 자신의 행동을 유지하거나 변화시키는 과정 – 옮긴이)를 위해서 짖는 것이다.

개가 발작하듯이 짖는 것은 감지한 위협이 사라지는 현상과 자기의 짖는 행동 사이에 연관성이 있음을 인식했기 때문이다. 즉 자기가 짖었기 때문에 침입자가 떠났다고 판단하는 것이다. 실상은 자신의 짖는 행동과 침입자가 사라진 현상 사이에 아무런 연관성이 없었다고 하더라도 말이다.

마음도 이와 유사하게 행동한다. 페넬로페가 밖에 나가는 일을 피하는 이유는 그녀의 마음이 회피와 그에 따르는 보상, 즉 사고를 당하지 않으리라는 보상 사이에 불가피한 연관성이 있음을 인식했기 때문이다. 따라서 회피는 두 방향으로 자기 힘을 강화한다고 할 수 있다. 즉 불쾌한 기억에서 벗어나는 동시에 안전이라는 안락함을 얻도록 하는 것이다.

이런 일은 좀 더 감지하기 어려운 방식으로 발생하기도 한다. 가족에게 학대를 당해서 '내가 무슨 짓을 했기에 이런 일이 발생한 거지?'라는 생각과 싸우고 있는 한 여성의 예를 다시 떠올려 보자. 그 생각의 밑바탕에는 '내가 그 일을 저질렀어.'라는 믿음이 마치 사실인 것처럼 깔려 있으며, 그 믿음은 뒷마당의 사나운 개와 같은 존재가 된다. 그리고 점차 거칠어진다.

'내가 무슨 짓을 했기에 이런 일이 발생한 거지?'와 같은 생각은 대개 위험을 피하기 위해 다음과 같은 규칙을 부과한다. '누구도 깊이 사귀지 마. 너의 진짜 본모습을 보여 주지 마. 그렇지 않다고 밝혀질 때까지 모든 사람은 학대자일 가능성이 있으니까. 게다가 그 사람이 학대자인지 아닌지 밝힐 방법도 없어.'

페넬로페의 마음도 비슷한 규칙을 내놓았다. '교차로 근처에 가지 마. 밖에 나가지도 마. 자동차도 타지 마. 집 안에만 머물러 있어.'

이 두 가지 예, 즉 불안감을 점점 크게 느끼는 페넬로페와 학대의 원인을 자신에게서 찾는 여성은 언뜻 보기에는 서로 달라 보일 수도 있다. 그러나 두 사람의 마음은 아주 비슷한 일을 하고 있다. 즉 위험을 감지하고, 위험에 노출되지 않기 위해 규칙을 부과하며, 그 규칙을 지키지 않으면 벌로 불안감과 우울증을 느끼게 한다.

끊임없는 자기 부정과 결합된 두려운 감정은 이러한 규칙을 점차 늘림으로써 세상을 축소시킨다. 넓은 들판에 난입한 잡초처럼 규칙은 마음을 점령하고 마침내 삶을 망가뜨린다.

다행스러운 것은 뒷마당에서 개구멍을 뚫는 개를 그렇게 하지 못하도록 훈련할 수 있듯이, 우리도 마음을 훈련할 수 있다는 점이다. 개의 본성이 변할 수 있다는 말은 아니다. 자기 영역을 사수하려는 개의 충동은 제거될 수도 없고 그래서도 안 된다. 개를 포함한 모두를 편하게 하려는 목적으로 개의 행동을 변화시키는 데 개의 본능을 꺾을 필요는 없다.

그렇다면 어떻게 해야 할까? 페넬로페는 어떻게 하면 다시 예전 삶을 되찾을 수 있을까? 학대를 당하며 자란 여성은 어떻게 해야 다른 사람과 올바른 관계를 맺을 수 있을까?

우리는 마음을 꺾으려고 하면 공포, 회피, 불안감, 우울감이 더 커진다는 사실을 이미 안다. 그렇다고 해서 규칙이 바뀌기만을 기다린다면 너무 긴 시간이 걸릴 것이다.

다른 선택지가 있다. 바로 규칙을 깨는 것이다.

마음의 규칙을 깨는 것은 힘겹고 불편하다. 그러나 규칙을 깨면 자기 행동의 이유를 깨닫게 되고 그에 따라서 자기의 가치관을 발견할 수 있다. 다음 장에서 뚜렷한 가치관이 마음으로부터 우리를 어떻게 자유롭게 하는지 살펴보자.

6장

가치관과 행동

마음은 우리를 안전하게 보호하려고 규칙을 만든다. 규칙 생성의 원리는 대개 꽤 잘 작동한다. 가령 처음 뜨거운 난로에 손을 데면 마음이 곧바로 다음과 같은 유용한 규칙을 만들어 내는 식이다. '뜨거운 난로에 손대지 마.'

그러나 마음이 도를 넘는 순간들이 있다. 페넬로페의 경우가 그렇다. 그녀의 마음은 세상이 매우 위험하니 안전한 집에 머물러야 한다고 말하기 시작했다. 세상이 위험하다는 마음의 주장은 옳지만, 그렇다고 아예 밖에 나갈 수 없을 정도로 위험한 것은 아니다. 더욱이 모든 것을 회피하라고 하는 것은 현실적이지 않다. 적어도 페넬로페에게는 말이다. 그녀는 작은 거실에서 헛되이 시간을 소모하기보다는 밖에 나가 다른 사람들에게 기쁨을 주고 싶어 한다.

페넬로페에게는 너무도 큰 고통이다. 그녀는 자기 삶을 살고 싶어 하지만 마음은 그녀가 숨기를 바라니 말이다. 그렇다 보니 그런 상황에 처한 사람들이 자기 마음과 끊임없이 싸우는 것처럼 느낀다고 토로하는 것도 당연한 일이다.

어떤 면에서 이 말은 진실에 가깝다. 실제로 분업화된 뇌의 각 기관은 서로 상충한다. 말 그대로 뇌의 각 신경계가 때로 서로 싸우는 것이다. 한 예로 공황 장애를 들 수 있다. 고등하고 합리적인 마음은 우려스러운 일이 전혀 없다는 것을 알고 있는데도, 원시적인 마음은 비상벨을 울리며 매우 초조한 상태에 빠져 버린다.

서로 상충하는 마음의 다른 예로, 아주 복잡한 문제에 정신적 에너지를 쏟게 하는 '반추'가 있다. 중독도 서로 상충하는 마음으로 볼 수 있다. 중독은 장기적으로는 출혈이 크다는 것을 알면서도 일시적인 위안을 얻으려는 강렬한 욕구에 사로잡히는 증상이다(이에 대해서는 10장에서 논의할 것이다).

원시적인 마음과 싸워 이기기는 쉽지 않다. 그러려면 강렬한 감정과도 싸워야 하기 때문이다. 그래도 희망은 있다. 우리는 강렬한 감정이 휘몰아쳐도 계속 살아갈 수 있으며, 그러한 강렬한 감정 너머를 내다보고 해결책을 찾을 수도 있는 존재이기 때문이다. 만약 그렇지 않다면, 여러분은 이 책을 더 이상 읽을 필요도 없을 것이다.

가치관을 추구할 수 있도록 마음을 훈련하기

마음과의 싸움을 탈피해야 할 다른 이유가 있다. 마음은 이미 저들끼리 서로 싸우고 있기 때문이다. 단순한 비유가 아니다. 뇌에는 우리가 원시적인 마음의 메시지를 도외시하도록 돕는 것으로 보이는 기관이 있다. 바로 전두 대상 피질이라 불리는 기관으로 공황을 유발하는 변연계와 고등하고 합리적인 마음의 자리인 대뇌피질 사이에서 중재자 역할을 한다.

감정적이고 과잉 반응하는 변연계와 조용하고 냉철하며 논리적인 대뇌피질이 법정 다툼을 벌인다고 상상해 보자. 전두 대상 피질은 판사로서 둘 사이에 앉아 누구에게 유리한 판결을 내릴지 결정한다.[049*] 실제 법정에서와 마찬가지로, 전두 대상 피질도 판례를 기준으로 삼기 때문에 변연계, 즉 원시적인 마음이 과거에 여러 번 승소했을수록 변연계가 다시 승소할 가능성이 크다.

그러나 다행히 좋은 소식이 있다. 우리는 전두 대상 피질을 더욱 튼튼하게 함으로써 원시적인 마음이 아닌 가치관(우리를 의미 있는 행동으로 이끄는 기준) 쪽으로 결정을 더 자주 내릴 수 있기 때문이다. 실제로 불안 장애를 치료하는 과정에서 전두 대상 피질이 튼튼해지기도 한다.

그러나 전두 대상 피질을 강화한다고 해서 원시적인 마음이 우리에게 불안감을 주입하는 것을 멈출 수는 없으며 멈출 필요도 없다. 대신 원시적인 마음이 우리에게 요구하는 것과 다르게 행동하는 방법만 연습하면 된다. 이러한 연습을 통해 점차 원시적인 마음에 좌지우지되지 않고 고등하고 합리적인 마음의 메시지를 택할 수 있다.

원시적인 마음이 우리에게 말을 건다는 사실 자체가 반드시 문제가 되는 것은 아니다. 문제는 그것이 엉뚱한 방향으로 과하게 움직일 때다. 반추, 불안감, 꾸물거림 등을 묵인할 때마다 우리는 그런 행동을 강화하는 셈이다. 또한 생각을 그대로 믿을수록 사실을 꿰뚫어 보는 능력이 약해진다.

뒷마당의 사나운 개를 기억하는가? 그 개는 울타리에 개구멍을 만들고 감지한 위험에 발작적인 반응을 일으키면서 모두를 괴롭힌다. 문제란

눈덩이처럼 점차 불어나게 마련이므로 시간이 흐를수록 개는 더욱 불안해지고 공격적으로 변할 것이다.

잘 훈련된 개는 자신의 히스테리를 잘 억누른다. 조용하고 냉정한 행동이 자신의 충동과 어긋날 때도 조용하고 냉정하게 행동하도록 훈련받기 때문이다. 사람뿐만 아니라 개도 충동이나 감정에 따라 행동하는 것은 정신 건강에 좋지 않을 것이다.

우리 집 개가 초인종 소리를 듣고 광적으로 짖어 댈 때면 우리 가족은 그 히스테리를 방치하지 않는다. 그렇다고 개의 보호 본능을 없애려고 하지도 않는다. 그럴 이유가 없기 때문이다. 대신 우리는 외부인을 잘 감시해 준 데 대해 칭찬한 다음, 상황이 잘 통제되고 있다는 것을 확인시켜 준다. 이제 우리 집 개는 인간들이 상황을 수습하도록 물러날 줄 안다.

이는 상의하달식 관리와 비슷하다. 개는 생물학적 특성 때문에 자연스럽게 주변을 경계하고, 우리는 그에 대해 감사하지만, 그렇다고 무해한 일에까지 발작적으로 광분하도록 내버려 두지는 않는 방식이다.

원시적인 마음 또한 이와 비슷한 방식으로 훈련할 수 있다. 만약 마음이 우리 행동을 통제하도록 내버려 둔다면(가령, 페넬로페가 그랬듯이 위협이 실재하지도 않는 상황을 회피함으로써) 마음은 우리에게 더 큰 영향력을 행사할 것이다.[050•]

그러나 우리는 가치관에 따라 앞으로 나아갈 수 있고, 자신이 마음의 어떤 요구에도 굴복하지 않도록 훈련할 수 있다. 경찰, 군인, 소방관들 역시 정확히 그렇게 한다. 그들은 충동에 따라 행동하지 않도록 훈련하는 것이 아니라 가치관에 따라 가장 유용한 방식으로 대응할 수 있도록 훈련한다.

뇌 역시 이런 종류의 훈련을 한다. 가령 편도체 같은 기관 탓에 두려웠던 기억이 평생 지속될 수도 있지만, 뇌는 우리와 원시적 마음의 충동 사이에 완충제 역할을 하는 전두 대상 피질을 강화해서 그러한 기억의 충격을 줄여 주기도 한다.[051*] 다시 말해서 우리는 충동을 조절하도록 자신을 훈련할 수 있다. 자기 충동을 조절하도록 개를 훈련할 수 있듯 말이다.

이는 연습할수록 익숙해지지만 분명 많은 노력이 필요하다. 먼저 가치관이 우리를 이끌 수 있는 안내자가 될 수 있도록 가치관을 분명히 세우자. 그러면 가치관은 마음에 복종하는 대신 무슨 일을 해야 할지 알려줄 것이다. 이처럼 가치관은 마음에 불복할 빌미를 제공하는 동시에 우리가 의사 결정을 하는 데 필요한 지침도 제공해 준다.

합리적인 마음

지금까지 원시적인 마음을 다루는 방법에 대해 살펴보았다. 이제부터는 가치관이 형성되는 자리인 합리적인 마음에 대해 살펴보기로 하자. 원시적인 마음이 공황에 빠질 수밖에 없고 우울해질 수밖에 없으며 반추하거나 화내야 할 대상이 있다는 듯이 움직일 때면, 고등하고 합리적인 마음은 그런 생각과 감정이 별로 대수롭지 않다는 듯이 행동하도록 한다. 이를 '심리적 유연성psychological flexibility'이라고 한다.

심리적 유연성은 마음속에서 일어나는 일이 아닌 주변 환경에서 일어나는 일에 반응하려는 정도를 표현하는 행동심리학 용어다. 마음은 선천적으로 과거에 고통을 줄여 주었던 행동을 바탕으로 규칙을 수립해 이를 엄격하게 지키고자 한다. 이러한 찰나에 심리적으로 유연한 반응을 하려면 중요한 가치관을 추구하는 데 따르는 마음의 불편함을 기꺼이 견뎌내야 한다. 심리적 유연성은 고집스러운 생각과 감정이 아닌 가치관과 지혜로 발휘되니 말이다.[052•]

그러니 원시적인 마음을 억누르는 대신 원하는 대로 삶을 살 수 있도록 심리적 유연성을 키우기 위해 노력하자. 마음이 제아무리 우리를 제약하려 하더라도 결코 제약될 필요가 없다는 것을 되새기면서 말이다.

일상생활에서도 얼마든지 심리적으로 유연하게 대처할 수 있다. 가령 칵테일파티에 참석했다고 상상해 보자. 파티는 사회적으로 거부당하지 않도록 마음이 여러분을 보호하려고 하는 장소이므로, 마음은 불안감을 불러일으키면서 사람들의 눈에 띄지 말라고 강요할 것이다. 다시 말해 안전을 위해 규칙을 부과할 것이다. '낯선 사람들과 말하지 마. 눈도 마주치지 마. 화장실에 숨어서 시간을 때워.' 그러나 원시적인 마음이 우리가 사교적으로 행동하면 '마치 커다란 위험에 빠질 것처럼' 설득하더라도 우리는 얼마든지 '마치 사교적인 사람인 것처럼' 행동할 수 있다.

문제는 마음이 규칙을 부과할 때 불편한 감정도 함께 준다는 점이다. 그래서 규칙을 어기면 기분이 그야말로 언짢고 불편해진다. 그렇다면 당연히 그런 불편함을 무찌르기 위해서 무기고에 쓸 만한 무기를 비축해야 한다.

무기고의 비밀 병기는 바로 우리의 가치관이다. 우리가 어떤 이상을 소중하게 간직하는지 분명히 안다면, 마음에 저항할 확고하고 납득할 만한 명분을 얻을 수 있다. 자신의 가치관만 똑똑히 안다면 마음이 아무리 우리를 통제하려고 하더라도 유연하게 대처할 용기를 얻을 수 있다.

가치관을 따르는 일은 결국 얼마간 불편함을 자아낼 수밖에 없다. 이를테면 불안감에 시달리는 중에 불안감에서 벗어나고자 하면 잠시 더욱 불안해진다. 혹은 우울증 때문에 작은 세상에 갇혀 있다면, 더 넓은 세상으로 나가려 할 때 잠시 우울증의 원인들이 떠올라 더욱 슬퍼진다.

살면서 흔히 떠올리는 근본적인 물음 가운데 하나는 바로 '자유를 추구할 것인가? 아니면 안전을 추구할 것인가?'이다. 둘 다 노력이 필요하고 각기 나름대로의 불편함이 있다. 하지만 인간이 기본적으로 염원하는 것은 어둠 속에 안전하게 숨기보다는 자유롭게 자신의 길을 선택할 수 있는 유연한 삶으로 나아가는 일이다. 여기서 유연한 삶이란 단순히 고통에서 벗어나 자유로워지는 것만을 의미하지는 않는다. 자유롭게 스스로 운명을 개척하는 것을 의미한다.

자유를 위해서 싸울 때는 정확히 어떤 자유를 위해 싸우는 것인지 아는 것이 중요하다.

가치관 찾기

여러분은 지구라는 이 행성에서 제한된 시간을 어떻게 보내고 싶은가? 가족과 함께 많은 시간을 보내겠는가? 일에 열정을 쏟으면서 보내겠는가? 아니면 종교나 정치적 대의를 위해 살겠는가? 만약 앞으로 딱 1년만 더 살 수 있다면 삶에서 어떤 부분이 가장 중요하겠는가? 이 세상을 떠난 뒤 사람들이 뭐라고 말해 주었으면 하는가?

이런 질문에 대답하는 데 애를 먹는 사람은 당신 혼자만이 아니다. 많은 사람이 대답을 찾지 못하고 있다.

사실 가치관을 세우기란 아주 쉽다. 그저 자신에게 가장 중요한 것을 밝히면 되기 때문이다! 그러나 실제로 해 보면 말처럼 쉽지만은 않다. 나의 심리 치료 경험을 떠올려 보면, 어떤 사람들은 여러 가지 중요한 것들 가운데서 가장 중요한 몇 가지를 가려내지 못했다. 그들은 "전부 중요해 보이는데요."라고 말했다. 그런가 하면 처음부터 자신에게 중요한 것들이 무엇인지 전혀 말하지 못하는 사람들도 있었다.

아무리 가치관이 분명하더라도, 삶은 여러 가지를 요구하며 우리를 가치관과 다른 방향으로 끌어당긴다. 마음이 그러하듯이 말이다. 원시적인 마음은 고귀한 가치관 따위에는 손톱만큼의 관심도 없을뿐더러 때로는 단호히 반대하는 것처럼 보인다. 가령 뛰어난 연극배우가 되는 것을 인생에서 가장 중요하게 여기는 사람에게 마음은 무대가 지독히도 무서우니 오르지 말라고 설득한다. 우리는 가치관을 중시하는 존재이다 보니 종종 이런 종류의 곤경에 직면한다. 즉 우리는 모두 가치관과 안락 사이에서 선택을 강요받고 있는 셈이다.

헤이스, 스트로살, 윌슨은 가치관을 지도 위의 화살표에 비유한다.[053] 우리는 서부로 여행을 떠날 수는 있겠지만 결코 '서부'라는 곳에는 도착할 수 없다. 서부의 끝 지점이 따로 없는 까닭이다. 그러나 어느 방향이든 가치관만 분명하다면, 그 순간 어디에 있든지 언제나 올바른 방향으로 한 걸음 더 내디딜 수 있다. 즉 가치관은 현재의 순간에 우리 행동을 좌우한다. 그와 대조적으로 목표는 미래에 역점을 둔 의지다. 따라서 살면서 여러 목표를 달성할 수는 있겠지만, 가치관을 따라 살아가는 일에는 결코 완료란 없다.

이렇듯 분명하게 정의된 가치관은 고압적인 마음에 대한 해독제로 작용한다. 한편 가치관은 우리가 무엇을 가지고 싶어 하느냐가 아닌 어떻게 행동하고 싶어 하느냐의 측면에서 가장 잘 설명될 수 있다.

가령, "훌륭한 엄마가 되고 싶어."보다는 "아이들이 나를 좋아하면 좋겠어." 또는 "정치적 대의를 이루기 위해 실질적인 지지자가 되는 일이 중요하다고 생각해."보다는 "나의 정치적 대의가 이뤄졌으면 좋겠어."와 같은 생각에서 가치관을 찾아볼 수 있다.

어떤 사람이 되고 싶은지 분명히 알면 시시각각 갈등이 발생해도 마음과 공존할 수 있다. 다시 말해 가치관이 뚜렷하면 고압적인 마음에도 어떻게 반응해야 할지 알 수 있다. 그러려면 우선 가치관이라는 거창한 길 위에서 작은 행동부터 시작해야 한다. 다음 연습 과제로 시작해 보자.

EXERCISE 삶은 세세한 것들 속에 있다

심리학자 켈리 윌슨은 가치관 찾기를 돕기 위해 많은 사람이 중요하게 여기는 열 가지 영역을 정리했다.[054•]

- 가족 관계 (결혼 생활, 육아 외)
- 결혼 / 연인 / 친밀한 관계

- 육아

- 교우 관계 / 사회적 관계

- 취업

- 교육 / 연수

- 휴양

- 종교

- 이웃과의 관계

- 신체 건강

- 기타

이 중에서 어떤 분야를 가장 가치 있게 여기는가? 이 목록에는 없지만 삶에서 중요하게 생각하는 것이 있는가? 윌슨 박사는 각 분야의 중요도를 수치로 나타낼 것을 제안한다. 1점은 '중요하지 않다'는 의미고 10점은 '지극히 중요하다'는 의미다. 그런 다음 여러분의 삶에서 어떤 분야가 가장 중요한지 생각해 볼 시간을 갖자.

각 분야 앞 빈칸에 점수를 적는다. 전체 또는 상당수의 분야에 높은 점수를 적었다면, 목록을 절반으로 줄이고 또 줄여서 가장 중요한 분야만 남기는 것이 좋다.

점수를 다 매겼다면, 그 분야와 관련해 어떻게 행동하고 싶은지 표현해 보자. 예를 들어 친밀한 관계를 가장 중요하게 여긴다면, 그 관계에서 어떤 이득을 보고 싶은지, 어떤 감정을 느끼고 싶은지, 또는 상대가 어떻게 해 주기를 바라는지에 대해서가 아니라, 그 관계에서 '나 자신이 어떻게 행동하기를 바라는지' 묘사해 본다.

목록을 줄여서 가장 중요하게 여기는 분야가 드러났다면 '현재 그러한 가치관에 따라서 살고 있는가?'라고 자문해 보자. 대답이 '아니요.'라면 그 이유는 무엇인가? 삶이 너무 많은 것을 요구하는가? 마음이 너무 많은 것을 요구하는가? 그래서 가치관을 잊을 수밖에 없었는가? 만약 그렇다면 다시 제자리로 돌아오려면 어떻게 해야 할까?

그렇다고 해서 가치관에 따라 사는 일을 거창하게 생각할 필요는 없다. 만일 탁월한 부모가 되는 것을 가치 있게 여긴다고 가정해 보자. 탁월한 부모가 되기 위해서 매일 동물원에 데려가거나 값비싼 장난감과 옷을 사 주는 것과 같은 대단한 행동이 필요한 것이 아니다. 그보다는 사소하게 관심을 기울여 주는 것이 훨씬 더 의미 있다. 가령 회사에서 아이들에게 전화하기, 동화책 읽어 주기, 또는 웃게 해 주기를 매일같이 하는 것이다. 삶은 이런 세세한 것들 속에 존재한다. 따라서 '탁월한 부모 되기'라는 가치관에 따른 육아란 어쩌면 그저 아이들과 사소한 관계를 맺는 일인지도 모른다. 그것이 가치관에 따른 행동인지 아닌지에 대한 판별은 다음 질문에 대한 대답에 달려 있다. "지금 이 순간 나는 내가 되고 싶은 사람인가?"

가치관 추구를 방해하는 함정

흔히 가치관과 모순되는 행동을 하는 자신을 인식하고 깜짝 놀란다. 그러나 이는 아주 정상적인 일이다. 조앤 달에 따르면 가치관 추구를 방해하는 흔한 함정이 세 가지 있다.[055•]

1. **불편한 생각과 감정을 피하는 것.** 의미 있는 일일수록 더 위험할 가능성이 높은 법이다. 가령 탁월한 연극배우가 되고자 하는 신인 배우는 실패에 대한 불안감을 감수하지 않고는 탁월한 배우가 되고자 하는 자기 가치관을 추구할 수 없다. 그러나 마음은 실패에 대한 불안감으로부터 그녀를 보호하기 위해 무대에 오르지 말라고 강요할 것이다. '불안감을 없애는 대로 연기를 시작할 수 있을 거야.'라고 속삭이면서 말이다. 그러면 배우는 불안감을 극복하는 데 몰두하게 되어 결국 연기력은 더욱 퇴보하고 말 것이다. 실로 마음의 비열한 수작이 아닌가? 그저 불편함을 피하려던 것뿐인데 가치관을 잊게 되다니 말이다. 따라서 삶에서 가장 중요한 것을 되찾으려면 불안감을 끌어안아야 한다. 그렇기에 가치관을 추구한다는 것은 쉽지 않은 일이다.
2. **존경이나 지위 같은 부차적인 보상을 추구하는 것.** 돈, 지위, 존경 등은 대단히 좋고 삶을 흥미진진하게 만들지만, 가치관과 같지는 않다. 예를 들어 교육받는 것을 중요시하는 사람은 높은 점수를 받으려고 노력한다. 하지만 높은 점수를 받는다고 해서 그가 훌륭한 학생이 될 수 있는 것은 아니다. 이 두 가지를 혼동하면 위험한데, 그 이유는 부차적인 보상(가령 점수)은 일시적인 현상이기 때문이다. 따라서 학업이 정체되는 시기가 오면 공허함이나 불만족스러움을 느끼게 되고, 마침내 가치관 추구라는 길에서 이탈해 순전히 부차적인 보상만 좇으며 살게 될 수도 있다. 반면 교육을 중요시하는 또 다른 사람은 훌륭한 학생이 되는 것과 높은 점수를 받는 것은 정확히 일치하지 않는다는 사실을 깨달을지도 모른다. 어쩌면 그렇게 생각하다가 성적이 떨어질지도 모른다. 하지만 결국에는 가치관

을 추구하는 일이 금세 잊힐 성적표보다 더욱 큰 의미가 있음을 알게 될 것이다. 조앤 달 박사는 가치관 추구와 부차적 보상 추구를 구별할 수 있도록 다음과 같은 질문을 제시했다.

"바라던 일을 전부 성취한다면 그다음부터는 어떻게 살 것인가?"

"만약 지금 높은 지위에 있다면 그 권한으로 무엇을 하겠는가?"

"갑자기 삶이 행복해지고 안정적이 된다면 무엇을 하겠는가?"

3. **체면 차리는 것.** 때로는 다른 사람들의 기대에 부응하는 데 사로잡혀 자신의 가치관을 까맣게 잊기도 한다. 이는 특히 타인을 기쁘게 하는 일이 기분 좋게 느껴질 때 빠지기 쉬운 함정이다. 타인을 기쁘게 하는 일이 마치 가치관에 부합하는 일처럼 보일 수도 있지만, 실상 그 기능은 완전히 다르다. 우리가 타인을 기쁘게 하려고 하면 우리의 행동이 타인의 영향력 아래 놓이기 때문이다. 그것은 더 이상 가치관을 추구하는 일이 아니라 그저 또 다른 '주인'을 위해 사는 것일 뿐이다.

물론 가치관과 다르게 행동한다고 해서 세상이 끝나는 것은 아니다. 오히려 가치관에 부합하게 행동하는 것보다 더 정상적이라고 할 수도 있다. 만약 가치관에 따라 행동하는 것이 쉽고 고통도 따르지 않는 일이라면, 누가 그렇게 하지 않으려 하겠는가? 재주껏 가치관에 따라 살 수 있으려면 충분히 자신을 돌아보고 관찰해야 한다.

이제 각자 가치관이라는 주제에 대해 얼마간 시간을 들여 생각해 보기 바란다. 가치관을 분명히 하는 일은 학술적인 활동이 아니니 편안한 마음으로 하면 된다. 3부에서는 마음이 우리를 억압하는 몇 가지 방법에 대해 구체적으로 논의할 것이다. 이렇게 마음이 우리를 억압하려고 할 때는 가치관을 추구하는 것이 최고의 해결책이다.

마음이 아닌 삶을 통제하라

일상생활의 많은 것이 가치관 추구를 방해한다. 그러나 내 경험에 따르면 가치관 추구를 막는 것은 대개 마음이다. 왜 그럴까? 가치관을 추구하는 데는 커다란 위험이 따르기 때문이다. 예를 들어 보자. 만일 아이를 낳아 좋은 부모가 되고자 한다면 아이가 기형일 위험을 무릅써야 한다. 또 이상적인 결혼 생활을 시작하고자 한다면 어느 날 갑자기 헤어질 위험을 각오해야 한다. 건강을 추구한다면 몸이 따라 주지 않을 위험을 각오해야 한다. 이처럼 가치관을 추구하다 보면 엄청난 두려움에 직면하게 된다. 특히 가치관을 잊었다가 다시 추구할 때는 더욱 그렇다.

다행스러운 것은 우리가 영원히 뭔가를 두려워하는 상태에 머물지 않는다는 점이다. 우리 인간은 익숙해지는 존재다. 실제로 위협적으로 보이는 대상에 가까이 다가갈수록 그 대상은 덜 위협적으로 느껴지며[056] 가치관을 추구할수록 그에 따르는 위험은 덜 위험해 보인다. 예를 들어 페넬로페가 마술 공연을 한창 하는 순간에는 그녀의 마음에 실패에 대한 불안감이 매우 작다. 관객과 교감하며 기쁨에 차 있기 때문이다. 물론 실수에 대한 두려움에 시달릴 때도 있겠지만 그건 어디까지나 자신의 가치관을 도외시하고, 공연하는 대신 집에 틀어박혀서 자신을 실패자로 여길 때만 그렇다.

페넬로페는 마음이 부과한 규칙을 깨뜨려야 한다. 자유롭기를 원한다면 마음에 맞서 싸우는 것이 아니라 가치관을 세우기 위해 싸워야 한다. 필요하다면 발을 구르거나 비명을 질러서라도 마음을 다시 세상 밖으로 끌어내야 한다. 일단 세상 밖으로 나오면 금세 적응할 테니 말이다. 설사 적응하지 못한다고 하더라도, 적어도 페넬로페는 다시 자기 삶을 시작할 수 있으며 마음을 더 수월하게 못 본 체 할 수 있게 될 것이다. 이처럼 자기 가치관을 확고히 파악하고 나면, 즉 마음의 규칙을 '왜' 깨뜨려야 하는지 이해하고 나면 원시적인 마음의 요구를 한층 더 잘 이겨낼 수 있다.

먼저 페넬로페는 앞서 소개한 관찰 방법(레이싱 카를 운전하면서 동시에 관중석에서 레이싱 카를 바라볼 수 있다는 메타포, '나는 이러저러한 생각을 경험하고 있구나.'라고 말하기, 자신을 체스 판이라고 상상하기 등)으로 자기 마음을 멀찍이 떨어져 있는 대상처럼 바라보는 법을 연습해야 한다. 그런 다음 얼핏 직관에 어긋나는 것처럼 보이는 방법을 이용해 예전의 삶을 되찾을 수 있다. 바로 행동을 먼저 바꿈으로써 마음이 그에 따라오도록 하는 것이다. 가령 '운전하지 마!'라는 마음의 규칙을 어기고 운전을 하는 순간 페넬로페는 불안해질 것이다. 그러나 불안감은 곧 가라앉고 마음은 마지못해 그녀의 행동에 끌려가기 시작한다. 이처럼 가치관에 따라 산다는 것은 때로 불편해진다는 것, 그리고 마음의 요구와 반대로 행동한다는 것을 의미한다.

여러분은 이미 '삶은 세세한 것들 속에 있다.'라는 연습 과제에서 가치관을 세우고 그에 따라 어떻게 행동하고 싶은지 발견했다. 이제 조금 더 까다로운 질문을 해 보겠다. 현재 여러분은 가치관에 따라 행동하고 있는가? 만약 그렇다면 얼마나 일관되게 그렇게 하는가?

지난 한 주 동안의 활동을 돌이켜 보자. 어떤 점이 발견되는가? 가치관에 따라 행동했는가? 아니면 다른 무언가에 의해 행동이 조종당했는가?

만일 지난 한 주 동안의 행동이 가치관에 부합하지 않았다면, 단언컨대 다른 습관에 빠진 것이 분명하다. 원시적인 마음이 만들어 낸 규칙을 따르는 습관 말이다. 누구나 한 번쯤은 그런 습관에 빠진다. 그렇지만 우리 인간은 가치관대로 삶을 이끌며 생생히 살아 있음을 느끼기를 갈망하는 존재다.

페넬로페가 자기만의 작은 세상 속으로 숨어들 때도 가치관을 따르던 습관에서 마음의 규칙을 따르는 습관으로 바뀐 것이었다. 그리고 규칙의 수가 점점 늘어났다. 그녀의 마음은 끊임없이 '교차로는 위험해.'라고 주장했고 '밖에 나가면 안 돼.'라고 강요했다. 그 결과 페넬로페는 가장 중요시하는 것으로부터 멀어지게 되었다. 그녀가 다시 예전 삶을 되찾고자 한다면 이러한 규칙을 깨뜨려야 한다. 그러나 걱정할 필요는 없다. 규칙을 깨뜨린다는 것은 결코 우리가 생각하는 만큼 나쁜 일이 아니기 때문이다.

몸무게를 줄여 건강해지고 싶지만 '내가 헬스클럽에 다닐 위인이 아니지.'라는 생각 탓에 발목이 잡힌 여성이 있다고 상상해 보자. 그녀가 실제로 헬스클럽에 다닐 위인이 될 수 있는 가장 쉬운 방법은 다름 아닌 몸소 헬스클럽에 몇 차례 가 보는 것이다. 처음에는 어색하기도 하고 여유로운 사람들이나 누리는 사치라는 생각에 부자연스럽다고 느낄 수도 있다. 하지만 얼마 안 있어 그녀는 헬스클럽에서 친구를 사귀고 그곳 분위기를 파악해서 스스로 헤쳐 나갈 수 있게 될 것이다. 그런 식으로 조금씩 꾸준히 마음의 규칙을 깨뜨려 나가다 보면 어느새 그녀는 헬스클럽에 다니는 위인이 되어 있을 것이다.

안타깝게도 현재 페넬로페는 자신을 슈퍼마켓까지 운전해 갈 수 있는 위인으로 여기지 않는다. 운전을 한다는 것은 마음이 부과한 규칙을 위반하는 일이기 때문이다. 그러나 규칙을 여러 차례 어겨 보면 규칙을 위반하는 일은 점점 더 쉬워질 것이다. 특히 그녀의 가장 소중한 가치인 다른 사람들에게 기쁨을 주는 방식으로 규칙을 계속 깨뜨려 보면 말이다.

가치관을 따른다는 것은 마음으로 하여금 자기 의지에 반하여 새로운 행동을 하도록 끌어들인다는 의미다. 그러면 마음은 불안감, 슬픔, 불쾌한 생각, 신체 증상을 불러일으키면서 저항할 것이다. 그러나 마음이 할 수 있는 일이라곤 고작 저항일 뿐, 실제로 여러분을 다치게 할 수는 없다. 게다가 마음은 금세 적응할 것이다. 다음은 가치관에 따른 행동을 시작하기 위한 몇 가지 방안이다.

- 가치관을 적어 보라. 가치관을 적어 보고 그것에 대해 이야기하자. 자신에게 중요한 것을 적어 보는 것만으로도 타성에 젖은 마음에 맞서 충분히 행동을 시작할 수 있다.[057*] 가치관을 분명히 알수록 마음의 규칙을 깨는 것이 옳다는 점을 밝히기가 더욱 쉬워진다.
- 작은 일부터 시작하라. 가령 당신이 건강을 중요하게 여긴다면 처음부터 마라톤을 할 필요는 없다. 현재의 역량을 확신하지 못하는 상태에서 목표

를 너무 높게 잡으면 실패할 가능성이 높기 때문이다. 따라서 매일 10분씩 러닝 머신에서 걷는 것처럼 부담스럽지 않은 운동부터 시작하자. 마음은 점차 그 운동에 적응할 것이고 심지어는 즐거운 마음으로 운동하기를 기다리기까지 할 것이다.

- 천천히 한 걸음 한 걸음씩 행동을 시작하라. 가치관에 따라 행동한다는 생각이 거창하고 짐스럽게 느껴질 수 있으므로, 전체적인 상황을 분석하지는 말자. 예를 들어 만일 헬스클럽에 다니려고 노력 중이라면 그저 신발을 신는 것으로 시작하자. 그런 다음 몸을 일으켜 현관문 밖으로 나가자. 계속 그런 식으로 한 걸음씩 전진하다 보면 어느새 헬스클럽에 도착해서 땀을 흘리게 될 것이다. 그리고 마음은 그런 일이 있어 난 줄도 모를 것이다.
- 메모나 자명종을 사용하라. 일관성 있게 가치관에 따른 행동을 하려면 습관을 들여야 한다. 그러므로 메모, 자명종 등을 활용해서 잊지 않고 행동할 수 있도록 하자.
- 기분대로 하지 말고 계획대로 하라. 마음은 특히 기분이 좋지 않을 때 여러분이 가치관을 따르도록 내버려 두지 않는다. 그럴 때는 내키든 안 내키든 계획을 세워서 그것을 따르자. 내킬 때까지 가만히 기다려서는 안 된다.[058]
- 생각과 행동을 혼동하지 마라. 헬스클럽에 가는 것에 대해 생각하거나 헬스클럽에 가려고 멋진 운동복을 사는 일은 헬스클럽에 '가는' 일과 아무런 관계도 없다. 마음은 종종 생각을 행동으로 착각하니 주의하자.
- 가치관을 추구할 때는 원하지 않는 것('뚱뚱해지고 싶지 않아')이 아닌 어떻게 되고 싶은지('나는 건강한 생활 습관을 갖고 싶어')를 생각하라.
- 마음이 변화에 저항하리라는 점을 잊지 마라. 여러분은 안전을 내던지고

위험을 껴안으려 하고 있으며, 마음이 안전, 안정감, 기분 좋은 예측 가능성을 구실로 부과한 규칙을 깨뜨리려 하고 있다. 당연히 마음은 이에 저항할 것이다. 아주 잠깐 동안은 말이다.

- 새로운 습관을 들이는 일을 실험으로 생각하라. 만약 원하는 것을 얻지 못했다면, 그 이유를 묻고 다른 방법으로 행동을 조정해 보자.[059*] 헬스클럽에 가지 않았다면 무엇 때문이었는가? 그 원인을 밝히고 다시는 그에 방해받지 않도록 하라.
- 명심해야 할 점은 가치관에 따른다고 해서 반드시 행복이 보장되지는 않는다는 것이다. 의미 있는 삶이 보장될 뿐이다.
- 가치관에서 벗어난 행동을 하는 것은 정상적인 일임을 기억하자.
- 마지막으로 행동을 통제하라. 마음을 통제하기는 어렵지만 행동을 통제하는 일은 보다 용이하다. 그러니 마음이 행복을 허락하지 않는 순간에도 가치관의 방향으로 한 걸음 더 움직여라. 또한 마음이 어디로 가야 한다, 무엇을 해야 한다고 요구해도 맹종하지 마라.

마음의 규칙을 깰라치면 자부심, 수치심, 유쾌한 기분, 불안감 등 여러 감정이 혼란스럽게 뒤섞인다. 다음 연습 과제를 통해 그러한 어지러운 감정을 넘어 가치관을 추구하는 데 몰입할 수 있도록 해 보자.

EXERCISE 마음의 규칙 위반하기

마음의 규칙을 어기면 혼란스러워질 수 있다. 이 연습 과제를 통해 가치관에 따라 행동할 때의 여파(긍정적인 여파와 부정적인 여파 모두)를 파악함으로써 계속해서 가치관을 추구해 나갈 수 있도록 해 보자. 그 여파는 눈에 잘 띄지 않으므로 가치관에 따른 행동을 하나씩 실행에 옮기면서 그에 따른 결과를 살펴보아야 한다.

가령 파티에 참석했다고 가정해 보자. 이때 여러분의 가치관은 사람들과 더 많이 대화하라고 요구하는 데 반해 마음은 안전하게 벽 쪽에 가만히 서 있을 것을 강요한다. 이때 마음이 구체적으로 어떤 규칙을 부과하는지 살펴보자. 잡지를 훑어보라고 하는가? 욕실에 숨으라고 하는가? 전부터 알던 사람과만 대화하라고 하는가?

일단 규칙을 확인했으면 그중 하나를 위반해 보자. 작은 것부터 시작해 본다. 규칙의 종류는 별로 상관없다. 중요한 것은 마음에 대항할 때 어떤 일이 발생하는지 확인하는 일이다.

먼저 규칙을 위반하려고 할 때 발생하는 생각과 감정을 말로 표현해 보자. 그다음 규칙을 위반하는 동안 어떤 감정을 느끼는지 확인해 보자. 마지막으로 가장 중요한 일은 규칙을 위반한 이후에 어떤 감정을 느끼는지 확인하는 것이다.

가치관에 따라 규칙 가운데 하나를 깬 후에는 기분이 꽤 좋을 가능성이 높지만, 때로는 그 기쁨이 불편한 감정에 가려 퇴색되기도 된다. 그러나 서로 상반되는 감정이 함께 느껴지는 것은 정상적인 일이다. 그러므로 시간을 좀 흘려보낸 다음 최종적인 판단을 내리자. 이 모든 것을 감안할 때 규칙 위반은 할 만한 가치가 있는 일인가? 다시 규칙을 위반할 용의가 있는가?

생각과 감정이 변할 때까지 기다린다는 것의 함정

무엇보다도 페넬로페가 벗어나기를 원한 것은 불안감이라는 함정이었다. 많은 사람이 그런 함정에 빠져 있으며, 마음이 지은 온갖 감옥에서 벗어나 자유롭기를 원한다. 그런데 그런 함정에 빠진 많은 사람은 기분, 생각, 불안감 등을 바꾸지 않으면 삶을 되찾을 수 없으리라는 일반적인 관념 때문에 고통받는다. 심지어 자신에 대해 좀 더 긍정적인 생각이 들 때까지는 함정에 빠진 채로 '머물러야' 한다고 믿거나 원치 않는 생각이나 감정을 완전히 뿌리 뽑은 뒤라야 전진할 수 있다고 믿기도 한다.

그러나 실제로 생각과 감정이 바뀌기를 기다리는 일은 오히려 문제를 더욱 심화시킬 뿐이다. 페넬로페라면 아마 불안감을 느낀다는 점을 인식하면서 더욱 불안해지고 가치관에 따르지 못하고 있다는 점 때문에 더욱 우울하고 수치스러워 할 것이다.

이는 아주 서서히 빠져드는 함정이라서 이러한 생각과 감정이 바뀌기를 기다리다가는 평생을 소비하게 될지도 모른다.

불행히도 페넬로페는 고통을 겪지 않고서는 그 악명 높은 늪에서 빠져나올 수 없을 것이다. 그러나 다행스럽게도 그 고통은 일종의 환각이다. 즉 마음이 저항하면서 어떤 감정을 쏟아 붓더라도 그녀를 실제로 해칠 수는 없다. 페넬로페가 자기 삶을 되찾으려 할 때 아마도 마주치게 될 '생각의 저항'에 대해 자세히 살펴보기로 하자.

생각의 저항

페넬로페는 마음에게서 더 이상 마술로 세상을 깜짝 놀라게 할 수 없으리라는 저항의 말을 들으면서 가치관을 방관한 기간 동안 자라난 마음의 타성을 없애는 일을 해야만 한다.

우리는 자신의 말을 듣고 믿으며 자신의 행동을 보고 믿는다. 집에 틀어박혀 있는 동안 페넬로페는 세상이 위험하다는 생각을 수도 없이 여러 번 되풀이했다. 그래서 이상하게 들릴 수도 있지만 가치관에 따라 행동하는 것이 옳지 않은 일이라는 생각을 어렴풋이 하고 있을지도 모른다.

또한 마음은 과거의 경험을 가치관으로 착각하는 경향이 있다. 즉 태어나서 지금까지 수십 년 동안 해 온 일들을 가장 중요하다고 믿는다. 아마도 편안하고 친숙하며 예측 가능하기 때문이 아닐까 한다. 따라서 가치관을 추구하고자 한다면 페넬로페는 새로 시작한 행동이 불편하다는 생각을 있는 그대로 받아들여야 한다.

그런데 이렇게 심리적으로 유연해지려고 하다 보면 지난 행동이 실수였다는 창피함에 괴로워질지도 모른다. 이미 행동에 많은 투자를 하고 난 뒤라서 마음이 그것이 틀렸다는 것을 인정하고 싶어 하지 않기 때문이다.

또한 마음은 그녀를 더욱 긴장시킬 요량으로 교통사고의 기억을 불러일으킬 것이다. 그 결과 불안감 등 감정의 저항이 생긴다.

감정의 저항

페넬로페는 여태껏 피해 왔던 것들을 접함으로써 틀림없이 불안감을 느낄 것이다. 마음은 생존이 위태롭다고 필사적으로 경고할 것이며, 그 결과 불안감은 더욱 치솟는다. 그러나 아무리 불안감이 치솟더라도 그녀를 해치지는 못할뿐더러 오래 지속되지도 못한다.

이처럼 마음을 불안감을 유발하는 자극에 노출시키는 일은 어린 아이의 짜증 내는 버릇을 고쳐 주는 일과 조금 비슷하다. 짜증을 냄으로써 원하는 것을 얻는 데 익숙해진 아이는 다음번에도 짜증을 내면 전처럼 원하는 것을 다시 얻으리라 기대한다. 만일 짜증을 내도 효과가 없다면 아이는 한층 더 거칠게 짜증을 부릴 것이다. 그러나 주변의 어른들이 꾸준히 훈육한다면 아이는 금세 그런 행동이 효과가 없다는 것을 이해하고 짜증 내기를 그만 둘 것이다. 물론 아이가 상황에 따라 저도 모르게 또 짜증을 부릴 때도 있겠지만 일관된 반응을 얻는 한 금세 진정한다.

그런데 만약 아이가 짜증을 부릴 때 훈육을 포기한다면 문제가 된다. 아이가 점점 더 격렬하게 짜증을 부릴 때 어른이 이를 내버려 두면, 아이는 '짜증을 조금만 부려서는 더 이상 효과가 없구나. 원하는 것을 얻으려면 이제 크게 짜증을 내야지.'라고 인식하게 된다. 그렇게 되면 다음에 아이가 짜증을 부릴 때는 그것을 만류하기가 훨씬 더 힘들어진다.

페넬로페 역시 이 점을 반드시 기억해야 한다. 불안감이 치솟을 때 그것을 잘 이겨내면 한층 나아질 테지만, 불안감이 치솟는 사이 포기한다면 다음번에 시도를 할 때는 훨씬 더 힘들어질 것이라는 점을 말이다.

세상을 다시 마주하는 순간 페넬로페는 어쩌면 지난날 포기했던 모든 것이 떠올라 슬퍼질 수도 있다. 아마 주변 사람들과의 관계가 소원해졌으며, 너무 오랫동안 마술 공연을 하지 않았다는 사실, 그리고 다른 사람들에게 기쁨을 주는 그 일을 얼마나 그리워했는지 등의 생각이 떠오를지도 모른다. 그런 생각은 자칫 그녀의 마음을 다시 예전과 똑같은 반추의 길로 끌어내려 아무 활동도 하지 못하게 만들 수도 있다. 어쩌면 마음은 무엇이 잘못되었는지를 알아내는 데만 엄청난 에너지를 낭비하려고 할지도 모른다.

마지막으로 페넬로페에게는 아마도 더 많이 계획하는 일이 필요할 것이다. 이제 무엇이 잘못되었는지는 중요한 문제가 아니다. 다만 한 번 더 몸을 움직이는 일이 중요할 뿐이다. 앞서 살펴본 습관을 바꾸는 기술, 즉 가치관에 따른 행동을 시작하기 위한 몇 가지 방안을 활용하면 큰 도움이 될 것이다. 이 시점에서는 마음이 들려주는 그 어떤 말보다 행동하는 일이 훨씬 더 도움이 된다.

이제껏 외면했던 사람들과 장소를 다시 마주할 때 페넬로페의 슬픔은 어쩌면 극에 달할지도 모른다. 매번 사람들에게서 "그동안 어디 갔었어? 보고 싶었어!"라는 인사를 들으면서 순간적으로 부끄러움을 느낄 것이기 때문이다. 그러나 그녀의 삶이 다시 제자리로 돌아온 이상, 그 모든 작고 유쾌한 교류들은 조금씩 늘어나기 시작할 것이다. 또한 가치관을 추구하는 방향으로 한 걸음씩 내딛을수록 멈추지 않고 계속 나아가는 일은 더욱 쉬워질 것이다.

마음과 더불어 가치관에 따라 살라

무엇 하러 고생스럽게 마음과 싸우는가? 마음은 우리보다 힘이 세고 감정을 이용해 괴롭히며 언제나 새로운 근거 하나를 더 내놓으면서 허를 찌르는 데 말이다. 마음의 본래 임무는 우리의 생존을 보호하는 것이지 행복을 주는 것이 아니다. 그리고 이 점은 앞으로도 변하지 않을 것이다.

그러니 마음과 싸우는 대신 불안감, 반추, 걱정 등을 실은 마음을 그대로 데리고 살아가면서 의미 있는 생활을 하려고 노력하자. 가치관을 분명히 하면 마음과의 싸움을 그만 두고 의미 있는 삶을 창조할 수 있다.

이어지는 3부에서는 마음이 이길 수밖에 없는 상황, 즉 우리 스스로 마음과의 싸움에 말려드는 상황을 포함해서 마음의 더욱 정교한 여러 기술에 대해 살펴볼 예정이다. 이 세상에 왔다간 수많은 조상은 갖가지 위험을 피하는 과정에서 여러 생존 기술을 습득한 마음을 우리에게 물려주었다. 그러나 불행히도 그 생존 기술들은 때로 우리를 가치관으로부터 멀어지게 하고 마음과의 싸움이라는 늪으로 빠뜨린다.

그러므로 마음을 주의 깊게 살펴야 한다. 하지만 격파하려고 할 필요까지는 없다. 오히려 그 반대로 나는 우리를 보호하려는 마음의 의도에 감사해야 한다고 생각한다. 그리고 이와 '동시에' 가치관에 따라 원하는 대로 삶을 살아야 한다고 생각한다.

물론 유능한 마음은 우리의 불복종을 한가로이 두고 보지는 않는다. 모든 수단을 총동원해서 자기주장을 따르도록 요구할 것이다. 이것이 바로 3부의 주제이기도 하다. 자, 마음이 우리의 안전을 위해 사용하는 좀 더 치밀한 기술 몇 가지를 폭로할 테니, 원시적인 마음, 합리적인 마음을 모두 추슬러 데려가 보자.

3부

마음이 우리를 억압하는 네 가지 방법과 그 대처 방안

줄 끝에 추를 매단 물체를 '진자'라고 한다. 정상적인 환경에서 진자는 한쪽으로 흔들리는 만큼 다른 쪽으로도 동일한 폭으로 흔들린다. 그 폭은 좁을 수도 있고 넓을 수도 있다.

삶에서 좋은 일과 나쁜 일을 모두 경험하고자 하는 인간의 의향은 이 진자가 흔들리며 그리는 호의 모양과 비슷하다고 할 수 있다. 커다란 기쁨을 느끼고 싶다면 반드시 커다란 고통도 기꺼이 받아들여야 하며 다른 경험은 포기해야 한다. 진자가 양쪽 방향 모두 똑같은 폭으로 흔들리는 것처럼, 좋은 것을 얻으면 그에 대한 반작용으로 나쁜 것도 얻게 되는 법이다.

나는 인간의 정신이 자유와 의미 있는 삶, 그리고 풍부한 경험을 동경한다고 믿는다. 호기심 많고 모험심 강한 인간은 행복을 기대하며 기꺼이 진자를 양쪽으로 힘차게 흔드는 천성이 있다.

그러나 원시적인 마음은 다른 계획을 갖고 있다. 마음은 다양한 경험을 원하지 않는다. 가치관이나 행복에도 관심이 없다. 오로지 저울이 작은 호를 그리며 안전하게 흔들리기만을 바랄 뿐이다. 그런 상태로 머문다면 다칠 위험은 전혀 없을 테니 말이다.

그러나 인간의 정신은 안전한 곳에 머물면 침체되어 우울증, 반추, 회피, 불안감 등을 겪는다. 주의를 기울이지 않는다면, 유능한 마음은 오래도록 사용해 온 기술을 효과적으로 발휘해 이렇게 저울의 흔들림을 가라앉히고 우리 경험의 폭을 안전지대 안쪽으로 제한할 것이다.

이제부터 이러한 마음의 전략과 우리의 대처 방안에 대해 살펴보자.

7장

현재 상황을 과거와 관련짓기

"한때는 난로가 뜨거워진다는 사실을 알았지만 깜빡 잊었지 뭐야." 이렇게 말한 사람은 지금껏 단 한 명도 없었을 것이다.

물론 어린 시절에는 누구나 난로가 위험하다는 사실을 잘 모른다. 부엌 한쪽 구석에 놓인 크고 해로울 것 없는 상자 모양의 물체는 집안의 다른 가구와 마찬가지로 기어오르기에 좋다고 여겨질 뿐이다. 그다음 어느 순간에 우리는 직간접적으로 난로의 위험성을 학습한다. 그렇게 해서 한때 난로가 안전하다고 믿었던 우리는 이제 난로의 위험성을 안다. 즉 난로가 안전하다고 믿었던 것은 과거의 입장일 뿐이고 현재는 위험하다고 믿는다. 이렇게 마음은 고통스러운 경험을 겪으며 계속해서 새로운 믿음을 갖게 된다.

그런데 마음은 '과거는 과거일 뿐.'이라고 생각하지 못한다. 생존과 관련된 정보를 결코 잊지 않기 때문이다. 따라서 만약 세상의 모든 난로가 갑자기 고장 난다고 해도 마음은 여전히 난로에 손이 닿는다는 상상만으로도 깜짝 놀랄 것이다. 우리는 난로가 더 이상 위험하지 않다고 마음을 설득하겠지만 마음은 곧이곧대로 믿지 않을 것이다. 오히려 고집스러운 태도로 이렇게 말할 것이다. "현재 상황도 과거와 관련이 있어."

그러나 실제로 우리 삶의 어떤 것들은 이제 더 이상 위험하지 않다. 난로나 곰, 고속으로 달리는 자동차 등은 여전히 위험하지만, 사람 사이의 관계는 그렇지 않다. 세상은 변했고 한때 인간의 생존에 위협이 되었던 것들은 이제 안전하다. 그러나 원시적이고 위험한 환경에서 살아남도록 설계된 마음은 어떤 대상이 더 이상 위험하지 않다는 것을 알게 되었을 때도 '과거는 과거일 뿐.'이라는 생각을 쉽게 받아들이지 못한다. 마거릿과 앤드루에게 일어난 일을 살펴보자.

마거릿이 앤드루에 대해 미처 몰랐던 점

5년 전 결혼한 마거릿은 얼마 전부터 결혼 생활을 지속할 수 있을지 의문이 들기 시작했다. 남편 앤드루를 사랑하지 않는 것은 아니다. 아니 여전히 사랑한다. 다만 되풀이되는 부부 싸움의 유형에서 탈피할 수 있을지 의심스러울 뿐이다. 더구나 노년에 접어들어서까지 똑같은 다툼을 지겹도록 반복할 자신의 모습은 상상하고 싶지도 않다. 다투지 않을 때면 앤드루는 세상에서 가장 다정한 남편이지만, 이상하게도 싸움이 시작되기만 하면 마거릿을 철저히 외면하는 듯이 행동한다.

최근 들어 가장 크게 다툰 것은 개 때문이었다. 집이 비어 있는 동안 영리한 개가 조리대 모서리에 아슬아슬하게 올려진 신선한 바나나 빵 한 조각을 훔쳐 먹었던 것이다. 마거릿이 집에 돌아오자 접시는 깨져 있었고 바닥에는 빵 부스러기가 흩어져 있었으며 개는 혼날세라 침실에 숨어 있었다. 마거릿은 화가 났다. 빵이 없어져서라기보다는 앤드루의 방심한 행동 때문이었다.

집에 돌아온 앤드루는 마거릿이 화가 난 것을 눈치 챘다. 아마 미세한 신호를 감지했을 것이다. 가령 사라진 빵이라든지 개가 또 조리대에서 음식을 훔쳤을지도 모른다는 갑작스러운 예감, 또는 마거릿이 평소와 달리 그를 반기지 않는다는 사실 등을 말이다. 구체적으로 어떤 신호를 감지했는지는 몰라도, 앤드루는 이렇게 다툼의 초기 경고 신호를 알아채는 데 도사다. 그는 이제 곧 싸움이 시작되겠구나 싶어 즉시 불안감을 느꼈으며, 아내가 지나치게 까다로워졌다는 생각에 화가 치밀기까지 했다.

이미 앤드루는 부부 싸움의 유형에 익숙해졌다. 항상 마거릿이 앤드루에게 불만을 토로하는 것으로 다툼이 시작되며 그러면 앤드루는 언제나 듣는 둥 마는 둥 한다. 이날도 앤드루는 대화에 집중하지 않고 애매하게 대답하며 지겹고 짜증난다는 듯이 행동했다. 이에 마거릿은 불만을 느끼고 앤드루를 더 몰아붙였다. 이런 식으로 앤드루는 대화를 피하려 하고 마거릿은 계속해서 대화를 종용하며 다툼이 이어진다.

마거릿도 앤드루와 마찬가지로 그가 집에 들어오는 소리가 들리자마자 화가 치밀었다. 처음에는 빵에 대한 불만이었던 것이 앞으로 벌어질 다툼에 대한 불안감과 속아서 결혼했다는 분노로까지 증폭되었다. 다정하고 살가운 남편은 대체 어디로 사라져 버린 걸까?

결국 마거릿은 자기도 모르게 왜 개가 쉽게 집적거릴 수 있는 자리에 빵을 두었느냐고 앤드루에게 따졌다. 그러자 앤드루는 자신을 방어하느라 어정쩡하게 변명한 다음, 마치 그녀의 말에 전혀 신경 쓰지 않는다는 듯이 뚱하게 입을 다물어 버렸다. 그들은 몸에 깊이 밴 이런 다툼의 유형에서 헤어날 길을 찾지 못하고 있다.

이런 다툼의 유형 밑바탕에는 마거릿이 앤드루에 대해 잘 알지 못하는 면모가 숨어 있다. 겉보기에 뚱하고 무신경한 듯한 앤드루의 태도는 우연히 형성된 것이 아니었다. 결혼 후 처음 그런 행동을 한 것도 아니고, 마거릿을 절망시키려고 일부러 그러는 것은 더욱 아니다. 오히려 그 정반대다. 앤드루는 아주 어릴 때부터 화를 내는 사람들로부터 자신을 방어하기 위한 목적으로 그런 태도를 취해 왔던 것이다.

앤드루는 알코올 중독자인 어머니 손에 자랐다. 술에 취한 어머니는 언제 어떤 기분에 휩싸일지 도무지 종잡을 수 없었으며, 언제 벌컥 화를 낼지 짐작조차 할 수 없었다. 어머니는 때때로 앤드루의 아버지에게 소리를 지르기도 했고 앤드루에게 분노를 쏟아 내기도 했다. 또한 앤드루가 해서는 안 되는 일을 했다고 상상하며 그를 질책한 다음, 방에 가두기도 했다. 멍청하고 부주의한 놈이라고 앤드루를 욕한 적도 많았다.

다행히 앤드루의 마음이 그를 보호해 주었다. 그에게 귀중한 생존 기술 두 가지를 주었던 것이다. 첫째, 그는 초기 경고 신호를 알아채는 데 능숙해졌다. 식탁 위에 놓인 빈 와인 잔, 어머니 기분의 미묘한 변화, 어머니가 자신이 받았다고 상상하는 모욕과 부당함에 대해 곱씹을 때 감도는 팽팽한 적막 등을 재빨리 알아챘다. 둘째, 물러서는 법을 알게 되었다. 즉 어머니가 화를 낼 것 같은 예감이 들면 미리 방에 들어가 숨었다.

어린 앤드루는 자신이 이렇게 종잡을 수 없는 분노의 표적이 될 때마다 방어적인 태도를 점점 강화했다. 입을 다물고 눈길을 돌렸으며 더 심한 모욕을 들을까 봐 감히 말대답도 하지 않았다. 그리고 멍청하다고 불리는 것이 참을 수 없이 싫었으면서도 점차 어머니의 그 말을 믿게 되었다. 고분고분한 태도를 취하는 것이 자기 방으로 안전하게 피신할 수 있는 가장 빠른 길이었기 때문이다.

어린 앤드루의 마음은 정확히 해야 할 일을 한 셈이다. 즉 어머니의 화를 누그러뜨림으로써 생존 가능성을 높인 것이다. 그리고 이 모든 시절이 과거가 된 지금에 와서도 그의 마음은 여전히 마거릿의 불평에 옛날과 똑같은 방식으로 대응하고 있다.

그러나 마거릿은 그의 방어를 차갑고 무관심한 태도로 받아들였고 더욱 좌절감을 느꼈다. 그런 마거릿의 모습에 앤드루는 더 방어적인 태도를 취하게 되고, 그 결과 마거릿의 좌절감은 증폭되고……. 이런 식으로 악순환이 이어지고 있다. 앤드루의 마음이 선의로 한 행동이 제 무덤을 파고 있는 셈이다.

과거는 희미해질 뿐 결코 사라지지 않는다

과거의 생존 전략이 앤드루의 기대에 미치지 못하고 있음이 분명한데도 마음은 '과거에 그런 행동이 효과가 있었다면 지금도 마찬가지일 거야.'라고 생각하면서 과거의 경험에 의지한다.

실제로 상담을 하다 보면 과거를 지워 버리고 싶다고 토로하는 사람들이 많다. 더 구체적으로 말해 그들은 과거의 '일부'가 사라지기를 바랐다. 좋은 기억만 간직하고 고통스러운 기억은 잊고 싶은 것이다.

그렇지만 마음은 제멋대로 과거의 정보를 긁어모은다. 그리고 우리가 구체적으로 떠올리지 않더라도 모든 과거의 경험은 마음의 작용에 반영된다. 2장에서 살펴본, 우리가 인식하지 못하는 사이에 정보를 모으고 의사 결정을 이끄는 마음의 작용인 '암묵적 학습'이 한 예다. 이처럼 마음의 임무는 과거에 좋은 결과를 불러 온 행동을 장려하고, 과거에 고통을 유발했던 행동을 막는 것이다. 그래서 과거의 경험, 특히 고통스러웠던 경험을 결코 잊지 않는다.

이는 몇 가지 문제를 낳는다. 무엇보다 가장 큰 문제는 기억이 틀릴 수도 있다는 점이다. 마음이 사건들을 녹음기처럼 있는 그대로 기록하는 것이 아니라 가장 중요하다고 판단하는 일을 선별해서 재구성하기 때문에 잘못 기억할 가능성이 있다.[060•] 이를테면 마음은 가장 강렬한 감정을 느꼈던 과거 경험만을 근거로 (우리에게 해가 되는) 행동을 하도록 요구하기도 하고, 때로는 기억을 왜곡하기도 한다.

기억은 또한 기분의 영향을 받기도 한다. 가령 우울증을 앓는 마음은 특정한 경험을 지나치게 일반화하거나 사실과 다르게 기억하는 경향이 있다.[061•] 단지 몇 명의 이성만이 흐지부지한 태도를 보였을 뿐인데도 자신이 모든 잠재적인 배우자에게 매력이 없으리라고 판단하는 것처럼 말이다. 당연히 그런 기분 상태에서 형성된 기억은 오류투성이이고 부정확하기 쉽다.[062•]

그러나 앤드루가 직면한 문제는 이와 다른 것이다. 문제는 어머니와의 경험을 부정확하게 기억하는 것이 아니라, 거의 도움이 되지 않는 순간에도 그 경험을 통해 학습한 내용에 따라 행동한다는 점이다.

앤드루는 '암묵적 학습'의 부정적인 면을 경험하고 있는 셈이다. 그는 살아오는 동안 인간관계가 형성되는 과정에 대해 많은 것을 학습했을 것이다. 그렇게 학습한 것들은 자연스럽게 세상을 살아가는 규칙이 되었고, 유능한 마음은 그 규칙들을 이용해 복잡한 인간관계 속에 놓인 앤드루를 보호하고 있다. 즉 이제 더 이상 그런 보호가 필요하지 않은데도 앤드루의 마음은 여전히 화가 난 여성들로부터 그를 보호하려고 노력하고 있는 것이다. 복잡한 인간관계 속에서 마음은 예측 가능하고 원만하게, 아니 원만하게까지는 아니더라도 적어도 친숙한 방식으로 관계를 유지하도록 학습을 한다. 즉 과거의 인간관계 경험을 사용해서 현재의 인간관계를 유지하는 것이다. 일부 심리학자들은 이를 '내적 작동 모델internal working model'이라고 부른다.[063•]

내적 작동 모델을 박식한 조언자라고 상상해 보면 이해하기 쉽다. 내적 작동 모델은 친절한 조언자처럼 여러분이 현재의 관계 속에서 어떤 입장에 처해 있는지 뿐만 아니라 과거에 가장 효과가 뛰어났던 경험을 토대로 현재 상황에서 어떻게 대응해야 할지 알려 준다. 이를테면 가족들로부터 우는 행동에 대해 일상적으로 비난을 들으며 자란 아이는 어른이 되어서도 눈물을 흘리면 다른 가까운 사람들로부터 비난받을 것이라고 예상하게 되는 식이다.

이처럼 어떤 반응을 예상하는 것 역시 적응이라고 볼 수 있지만, 그것은 내적 작동 모델의 일부일 뿐이다. 내적 작동 모델의 진정한 가치는 마음이 타인의 말을 반복하기 시작할 때 생긴다. 울었다는 이유로 비난을 받은 아이는 시간이 흘러도 놀랍도록 똑같은 방식으로 자신을 비난하게 된다. 부모가 어릴 때 "어린애처럼 울지 마. 가진 것에 감사해야지."라고 다그쳤다면 나중에 그녀의 마음 역시 자기 자신에게 아주 비슷한 말을 들려줄 가능성이 높다. '어린애처럼 울면 안 돼. 가진 것에 감사해야지.'라고 말이다. 그러면서도 정작 가족에게서 들은 말을 똑같이 자기 자신에게 반복하고 있다는 사실을 전혀 알아차리지 못한다. 그렇게 자기도 모르게 가족을 대신해 자신을 꾸짖는 것이다.

물론 이는 아주 훌륭한 생존 전략이기도 하다. 화가 난 마거릿을 대하는 앤드루의 태도가 바로 이와 같다. 앤드루의 마음은 아마 이렇게 말할 것이다. '마거릿이 화가 난 걸 보니까 네가 뭔가 멍청하고 부주의한 짓을 한 게 틀림없어. 조용히 입을 다물어서 그녀가 더 화내지 않도록 해야 해.' 물론 앤드루는 극심한 불안감에 시달리는 나머지 그 순간 자기 마음이 어머니와 얼마나 똑같은 말을 반복하고 있는지 미처 알아차리지도 못할 것이다.

이는 때로는 문제를 악화시키기도 하지만 아주 훌륭한 생존 전략임에는 틀림없다. 마음은 아주 단순한 사실, '과거는 과거일 뿐.'이라는 점을 잘 이해하지 못한다. 앤드루는 마거릿이 어머니와는 아주 딴판이라는 것을 안다. 하지만 마음은 마거릿이 화를 낼 때면 오로지 위험만을 감지하기 때문에 그를 보호하기 위해 과거에 효과가 있었던 행동을 반복한다.

심리학자 사라 버가미에 따르면, 마음은 위기 상황에서 과거의 행동을 되살리는 경향이 있다.[064*] 사라는 이를 끈이 달린 신발을 예로 들어 설명했다. 아마 여러분도 삶의 많은 시간 동안 편안한 옷차림에 신었을 그런 신발 말이다. 따라서 이제는 눈을 감고도, 심지어 대화를 하면서도 신발 끈을 맬 수 있을 것이다. 그만큼 무의식적으로 하는 아주 익숙한 행동이니까 말이다.

사라가 더 효율적으로 신발 끈을 매는 새로운 방법을 가르쳐 준다고 상상해 보자. 그것은 새로운 방식이기 때문에 기존의 방식으로 맬 때보다는 더 많이 집중해야 한다. 적어도 여러 번 연습하기 전까지는 눈을 감고 신발 끈을 매지 못한다.

그런데 이때 신발 끈을 매려는데 훈련 교관이 내려다보며 이렇게 고함친다고 상상해 보자. "신발 끈을 매라, 이 굼벵이야! 지금 당장!" 이때 여러분의 마음은 어떤 방법에 의지하겠는가? 새롭게 배운 보다 정교한 방법일까, 아니면 오래전부터 사용해 온 믿을 만한 방법일까? 아마 대부분은 이미 알던 방식으로 끈을 맬 것이다.

우리가 세상에 대해 '안다'고 생각하는 것들 가운데는 부정확하거나 불완전한 것들이 많다. 그러나 마음은 온전한 앎에는 관심이 없다. 오로지 위기에서 우리를 구하는 데에만 관심이 있을 뿐이다. 사실 당장의 혼란 속에서 살아남기에 이미 학습한 교훈에 의지하는 것보다 더 좋은 방법이 어디에 있겠는가? 따라서 마음은 우리의 의지에 반하여 한때 효과적이었던 과거의 행동을 반복하라고 명령하는 것이다. 이제는 더 이상 효과가 없는 행동이라 할지라도 말이다.

그렇다면 우리는 왜 마음의 그런 행동을 묵인하는 것일까? 과거의 경험에 따라 행동하는 것은 결국 자기 강화이기도 하기 때문이다. 가령 앤드루가 아내와의 대화를 피할 때마다 마음은 그것을 성공, 즉 생존으로 간주한다. 또한 마거릿이 마음을 가라앉히고 그를 다그치는 것을 멈출 때마다, 앤드루의 마음은 입을 다무는 것이 효과적인 생존 전략이라는 증거 하나를 더 고이 축적한다.

만일 앤드루가 자신의 과거를 꿰뚫어 볼 수만 있다면 이처럼 과거에 속수무책으로 좌우되었을까? 첫 번째 단계는 항상 그렇듯이 마음의 움직임을 관찰해서 느닷없이 우리를 공격하는 일이 없도록 하는 것이다. 다음 연습 과제를 통해 배워 보자.

EXERCISE 삶의 '사실들'에 의문 던지기

여러분은 자신의 과거에 관해 아주 잘 안다고 생각할지도 모른다. 물론 우리 대부분은 과거에 일어난 일에 대해 얼마든지 어렵지 않게 이야기할 수 있다. 그러나 마음이, 특히 위기 시에 어떻게 과거를 이용해 우리를 조종하는지를 이해하려면 각별한 노력을 기울여야 한다.

우선 최근에 문제가 되었던 대화를 떠올려 보자. 연인과의 다툼도 좋고 직장 상사와의 충돌이나 낯선 이와의 언쟁도 좋다. 그다음 3장에서 소개한 기술을 사용해 자기 마음을 객관적으로 바라볼 수 있도록 해 보자. 즉 행진하는 장난감 병정을 상상하거나, "지금 나는 이러저러한 생각(느낌)이 드는구나."라는 문장으로 생각을 표현하거나, 생각과 감정이 사실인 것처럼 느껴질 때는 외부 자극에 집중함으로써 자기 마음을 객관적으로 바라볼 수 있도록 해 보자.

그러면서 특히 나 자신과 다른 사람들에 관해 사실인 것처럼 느껴지는 생각과 감정이 나타나기를 기다리자. '항상', '결코', '반드시'와 같은 정서를 불러일으키는 생각에 각별히 유의한다.

- 남자들은 결코 나를 소중히 대해 주지 않을 거야.

- 여자들은 반드시 날 이용하기만 할 거야.

- 동료들은 항상 내 공로를 빼앗아 가.

그다음 그에 대한 자신의 태도에 대해서는 어떤 생각이 떠오르는지도 살펴보자.

- 그렇게까지 화낼 필요는 없었는지도 몰라.

- 그렇게 감정적으로 굴다니 바보처럼 보였을 거야.

- 정상적인 사람이라면 결코 나처럼 반응하지 않았을 텐데.

이제 여러분의 마음이 이러한 '사실들'에 어떻게 반응하도록 요구하는지 살펴보자. 가령 앤드루는 자신이 공격받는다고 느끼면 입을 다물어 버린다. 마음이 조용히 있는 편이 더 낫다고 주장하기 때문이다. 그래서 말을 하고 싶을 때도 앤드루는 그것이 불가능한 것처럼, 마치 마음이 물리적으로 자신을 가로막고 있는 것처럼 느낀다. 여러분의 마음은 어떠한가?

이렇게 몇 주 동안 어려운 상황에 처할 때마다 마음의 움직임을 기록하면서 일정한 패턴이 드러나는지 살펴보자. 여러분의 마음은 세상과 자신, 그리고 관계에 대해 무엇이 사실이라고 말하고 있는가? 아마도 마음이 사실이라고 믿는 것의 밑바탕에는 과거의 몇 가지 중요한 사건이 깔려 있을 것이다. 그리고 그러한 사건들을 바탕으로 수년 동안 행동해 왔을 것이기 때문에 마음은 아마도 그 행동에 매우 익숙해져 있을 것이다.

마지막으로 마음이 사실로 믿는 것이 무엇인지, 그리고 그런 '사실들'에 어떻게 반응하기를 요구하는지 파악했다면, 이제는 그와 다른 사실들도 한번 검토해 보자. 또 마음이 과거의 경험을 바탕으로 전적으로 사실이라고 믿는 것은 과거에 극히 잠깐 동안만 옳았던 일임을 기억하자. 물론 여러분은 마음을 설득해 과거를 전체적으로 살펴보도록 할 수도 있겠지만 굳이 그럴 필요는 없다. 그저 마음을 잘 관찰하는 일만으로도 충분히 선택의 폭을 넓힐 수 있다.

마음이 과거에 의존하는 이유

마음은 과거의 경험을 귀중히 여길 뿐이다. 사실 마음이 그렇게 하지 않을 이유라도 있을까? 환경으로부터 학습한 것을 축적하고 적용하는 일은 마음의 최우선 임무이기도 한데 말이다. 그래서 우리 인간은 다른 동물보다 학습하고 적용하는 일에 능한 것이다. 앞서 여러 장에서 우리는 마음이 어떻게 우리를 사로잡아 조종하는지를 살펴보았다. 그리고 앤드루의 예를 통해서 마음이 과거에 효과가 있었던 행동을 반복해야 한다고 믿을 때 우리를 어떻게 현혹하는지 살펴보았다. 마음이 과거에 학습한 것을 따르라고 요구하는 경우는 두 가지다.

첫 번째는 앤드루의 아내가 화가 났을 때처럼 문제가 발생했을 때다. 과거에 학습한 대로 행동하는 것의 장점이라면 역효과가 날지도 모르는 낯선 행동을 하지 않는다는 점이다. 기존에 알던 대로 행동하는 것은 마음의 관점에서 보면 항상 확실하고 안전한 선택이다. 익숙하지 않은 새로운 행동은 예측할 수 없는 결과를 불러오며 자칫 큰 타격까지 입힐 수 있기 때문이다. 따라서 결함이 있더라도 익숙하고 오래된 행동이 믿음직스럽다. 행복보다는 생존을 우선시하는 마음으로서는 그것으로 충분한 것이다.

두 번째는 애매한 상황이 발생했을 때다. 애매모호한 상황에서는 이전과 다른 행동이 필요할지도 모르지만 그렇게 하면 위험할 수도 있다. 가령 전혀 알지 못하는 종교 사원에 들어간다고 상상해 보자. 여러분은 그 종교의 의례를 잘 모르기 때문에 자칫 어긋난 의례로 주변 사람들을 불쾌하게 할 수도 있다.

그럴 때는 그곳의 의례를 파악할 때까지 다른 비슷한 맥락에서 학습했던 것, 즉 친숙한 종교의 관습에 기대어 처신하면 된다. 이때 마음은 '목소리를 낮추고 몸가짐을 공손히 하면서 다른 사람들의 행동을 따라 해.'라고 요구할 것이다. 물론 그것이 완벽한 대처라고 할 수는 없겠지만, 뜬금없이 연단으로 뚜벅뚜벅 걸어간다거나 맥주를 달라고 하는 등 임의적으로 엉뚱한 행동을 하는 것보다는 낫다. 이처럼 애매한 상황에 처했을 때는 마음의 요구에 따르지 않으면 매우 불안해질 것이다.

마음이 과거에 집착할 때 심리적 유연성 갖기

마음은 우리의 생존을 지키는 방편으로써 과거를 이용한다. 그런데 앞서 살펴보았듯 이런 마음은 심리적 유연성을 잃게 한다. 가령 앤드루의 행동은 가장 원초적인 욕구만 해소할 뿐 더 좋은 결과를 불러오는 행동을 가로막고 있다. 또한 무작정 과거를 따르는 마음의 습성은 역설적이게도 마음이 꺼리는 문제를 유발하기도 한다. 앤드루가 입을 다물고 물러서는 이유는 마거릿의 화를 누그러뜨리기 위해서지만 오히려 그런 행동이 마거릿을 더욱 화나게 한다. 다툼을 피하고 싶어 하는 바로 그 마음이 다툼을 더욱 키우는 것이다.

위의 "삶의 '사실들'에 의문 던지기"라는 연습 과제를 통해 우리는 마음이 과거의 행동을 반복하라고 요구할 때 그것을 알아채는 법을 배웠다. 마음이 과거를 엄격히 따르는 순간을 점점 더 능숙하게 알아챌 수 있게 되면, 그때부터는 그토록 뛰어난 일을 하는 마음에 감사하기를 바란다. 그리고 마음의 말을 듣기는 하되 직접 최고의 대응 방식을 찾아 선택하도록 하자. 그것이 심리적 유연성을 키우는 첫 번째 방법이다.

심리적 유연성을 키울 수 있는 두 번째 방법은 마음이 익숙하고 오래된 방식에 따라 새로운 사건을 기억하도록 하는 대신 스스로 새로운 사건을 기억할 방법을 결정하는 것이다. 다음 연습 과제를 통해 배워 보자.

EXERCISE 나는 이 일을 어떻게 기억하고 싶은가?

'과거는 과거일 뿐.'이라는 말은 생존을 중시하는 마음에게는 가장 이해하기 어려운 개념이다. 마음은 선천적으로 행복이나 심리적 유연성을 위해서가 아니라 생존을 지키기 위해서 사건을 기억하기 때문이다. 그리고 우리를 보호하기 위해 과거의 경험을 되풀이하라고 종종 요구한다. 따라서 과거 상황을 온전히 떠올리려면 우리는 각별히 노력해 고등하고 합리적인 마음을 도와야 한다.

먼저 배우자와의 다툼, 상사와의 충돌, 데이트를 망친 일 등 최근 문제가 되었던 사건을 떠올려 보자. 그다음 마음이 이러한 경험을 어떻게 분류하는지 살펴보자.

예를 들어 데이트를 망친 사건을 떠올린다고 해 보자. 만일 이전에 데이트를 망쳐 본 적이 있다면(누가 안 그렇겠는가?) 여러분의 마음은 그 사건을 앞으로 배우자가 될 가능성이 있는 사람이 미덥지 않을 것이라는 증거로 분류할 것이다. '그 얼간이가 증명했듯이 어느 누구도 미덥지 않아. 두 번 다시는 다른 사람을 믿는 따위의 실수를 하지 마.' 마음은 이토록 단호하다.

마음은 다른 관점을 신중하게 고려하지 않고 우리를 그런 단순한 믿음으로 이끈 다음, 자기가 옳다는 것을 증명하려고 쐐기를 박는다. 가령 잠재적인 모든 배우자가 미덥지 않다는 것을 '사실'로 받아들이고 나면, 신뢰할 만한 사람들까지도 알아보지 못하는 일이 발생한다. 또한 신뢰할 만한 사람과 교제를 시작하더라도 지나친 의심으로 상대방을 낙담시킬 가능성이 크다. 놀랍지 않은가! 마음은 자기 완결적 예언(어떤 예측을 했는데 그 결과가 예측대로 되었을 때에 처음의 생각과 믿음 – 옮긴이)을 한 셈이다.

마음이 자기가 옳았다고 증명하는 것을 막을 가장 좋은 방법은 새로운 경험, 특히 고통스러운 경험들을 돌아보고 그것을 어떻게 기억하고 싶은지 직접 결정하는 것이다. 물론 마음은 생존을 지키기 위해 자기만의 버전을 따로 만들어 기억할 테지만 말이다. 나쁜 경험을 한 후에는 다음과 같이 자문해 보자.

– 이 경험을 어떻게 기억하고 싶은가?

– 이 일을 기억하는 데 가장 유익한 점은 무엇인가?

– 이 경험이 친숙한가? 전에 비슷한 경험을 한 적이 있는가?

- 이 경험에 어떤 원인들이 작용했는가?

- 그 원인 중에서 통제할 수 있는 것과 없는 것은 무엇인가?

고통스러운 경험을 이해하려면 기록하는 것이 가장 좋다. 체계적으로 기록해서 분석하면 단순히 생각하는 것보다 행복을 훨씬 더 증진시킬 수 있다.[065] 나쁜 경험을 기록하는 이유는 그에 대해 특정한 관점을 갖고 분통을 터트리기 위해서, 또는 반대로 그것이 고통스럽지 않다는 것을 마음에게 납득시키기 위해서가 아니다. 증거들을 충분히 검토한 다음 마음의 자기 방어적이고 지나치게 단순화한 이야기 대신 앞뒤가 들어맞는 온전한 이야기를 완성하기 위해서다.

고통스러운 사건에 대해 적어 보기로 했다면 그저 기억하는 그대로의 사건과 그에 대해 스스로 취했던 반응을 함께 적어 내려가자. 그런 다음 사건의 온전한 모습을 체계적이고 객관적으로 떠올릴 수 있도록 위의 질문들을 해 보자. 마음이 '데이트 상대가 너무 말이 없는 것을 보니, 나와 같이 있고 싶어 하지 않는 게 분명해.'라고 말한다면, 그에 대한 '사실'은 사람들이 조용한 데는 여러 가지 이유가 있을 수 있다는 것이다. 어쩌면 그냥 기분이 좋지 않을 수도 있고, 키우던 고양이가 최근 죽었을 수도 있으며 아니면 당신의 매력에 흠뻑 빠져서 말문이 막힌 것인지도 모른다. 마음이 과거의 행동을 반복하도록 요구할 때는 바로 이러한 '사실'을 조사해 볼 필요가 있다.

합리적인 마음은 과거에 있었던 사건을 지나간 일로 인식한다. 따라서 우리는 '과거는 과거일 뿐.'이라고 인식할 수 있다. 반면에 원시적인 마음은 '현재 상황도 과거와 관련이 있어.'라는 생각을 우리에게 주입한

다. 즉 불편한 감정을 유발함으로써 현재 안전한 상태에 있는데도 마치 위험했던 과거 상황에 처해 있는 것처럼 행동하도록 강요한다.

다음 장에서는 그에 못지않게 사실처럼 느껴지고 불편한 감정을 유발하는 마음의 또 다른 속임수를 살펴보자.

8장

비장의 무기와 이중 잣대

심리학자인 나 역시 때로는 나도 모르게 고객의 마음과 언쟁을 벌인다. 한번은 이런 적도 있다. 한 남성이 자신의 결혼 생활, 일, 삶을 비관하면서 자신이 완전히 인간말짜라는 생각에 사로잡혀 있었다. 그는 자신이 얼마나 절망적인지 예를 들어 설명했고 그때마다 나는 솜씨 좋은 답변으로 철저히 반박했다. 그가 자신의 삶을 잘 꾸려 왔다고 확신하기를 원했기 때문에 그가 얼마나 똑똑하고 능력 있으며 중요한 사람인가 하는 예를 연달아 언급했다.

선의로 빚어진 이 논쟁은 몇 분간 이어졌다. 마침내 그는 내 눈을 똑바로 바라보며 한숨을 내쉬었다. "네, 다 알아요. 하지만 여전히 전 형편없는 사람이죠."

나는 논쟁에서 진 적이 거의 없다. 그러나 수많은 감정이 얽히고 투지가 깃든 생각을 대체 어떻게 당해 낼 수 있겠는가? 나는 도저히 이길 수 없는 싸움에 말려들었던 것이다.

이처럼 마음을 이기기란 어렵다. 경우에 따라 마음이 옳기 때문일 수도 있지만 무엇보다도 끈질기고 단호하기 때문이다. 가령 나의 고객이 '여전히 난 형편없다.'라고 생각한 이유는 문제의 해결책이 그의 믿음에 달려 있다는 마음의 주장 때문이다. 그래서 자신이 덜 '형편없을' 때라야만 삶이 개선될 수 있으리라고 믿게 된 것이다. 아니면 마음이 믿는 생각을 그대로 받아들였던 것일 수도 있다.

당시에 나 역시 다른 방식이긴 하지만 무심코 그의 마음의 생각을 받아들인 셈이다. 즉 그 생각이 반박해야 할 정도로 매우 중요하다는 착각에 빠진 것이다.

그런 생각은 우리가 가장 상처 입기 쉬운 순간, 다시 말해 우울한 감정에 휩싸였을 때나 어떤 일에 실패했을 때, 또는 가치관에 따라 바르게 살아가려고 필사적으로 노력할 때 우리를 공격한다. 가장 힘든 순간에 귀신처럼 불시에 나타나 우리를 억압하는 것이다. 예컨대, 다음과 같은 생각이 그러하다. '사람들이 내 본모습을 본다면 나를 순 사기꾼이라고 생각할 거야.' '이 일 때문에 모든 것이 끔찍하게 잘못될 수도 있어.' '사람들이 뭐라고 말하든 나는 여전히 형편없는 사람일 뿐이야.'

한 술 더 떠서 우리에게는 그런 생각을 반증할 정보가 부족하다. 서류함 효과로 그런 생각과 반대되는 정보가 우리 마음에 '출판'되지 않기 때문이다. 그래서 그런 생각이 반박할 수 없는 사실처럼 보이는 것이다. 마음의 관점에서 볼 때, 과거의 정보를 모은다 한들 우리를 안전한 길로 이끄는 데 쓰일 수 없다면 대체 무슨 소용일까?

마음은 우리의 안전을 위해 두려운 감정을 불러일으키기도 하고 더 교묘하게는 위험한 일을 단념시키는 생각을 불러일으켜 우리를 갑자기 얼어붙게 한다. 이 장에서 논의할 주제는 바로 우리를 꼼짝 못하게 마비시키는 생각들이다. 이런 생각들이 바로 마음의 '비장의 무기'이며 이중 잣대이다.

비장의 무기

마음은 단순히 우리를 괴롭히기 위해서 '비장의 무기'를 사용하지 않는다. 내가 아는 한 마음은 그러한 시시한 장난에는 관심이 전혀 없다. 그저 우리의 안전을 지키기 위해 반박할 수 없는 생각을 주입하는 것일 뿐이다. 마음은 오로지 생존만을 걱정하는 기계라서 항상 우리의 안전을 지키고자 싸운다. 우리가 아무 일도 할 수 없게 얼어붙는 한이 있더라도 말이다.

1장에서는 여러 심리학자가 '비합리적인 생각'이라고 부르는 생각의 실수 몇 가지를 살펴보았다. 충분한 노력을 기울인다면 누구나 흑백논리, 트집 잡기, 폄하와 같은 비합리적인 생각을 이겨낼 수 있다. 그러나 '비장의 무기'는 다르다. 그것은 단순한 생각의 실수가 아니라 헤어나기 어려운 함정이다. 이러한 생각은 설득력이 매우 강해 마치 하늘에 뜬 태양처럼 명백한 사실같이 느껴진다.

'비장의 무기'를 왜 반박하기 어려울까? 첫째, 감정이 결부되어 있기 때문이다. 앞서 살펴보았듯 감정은 어떤 생각이 사실이라는 환각을 불러일으키는 경향이 있다. 더욱 중요한 것은 이러한 생각들이 경험, 특히 마음의 편향에 따라 선택된 경험을 토대로 형성된다는 점이다. 실제 경험한 일은 반박하기가 어려운 법이니 말이다.

이런 생각을 한다고 해서 혼자만 그런 것은 아니니 안심하기 바란다. 나는 어려운 문제와 씨름하면서도 '비장의 무기'를 유발하지 않는 마음을 본 적이 없다. 다음과 같은 형태가 가장 흔하다.

- 만일 내 진짜 모습을 알게 된다면…….
- 네, 하지만 여전히 전 형편없는 사람이죠.
- 이 일 때문에 모든 것이 끔찍하게 잘못될 수도 있어.
- 하지만 과거에 그런 일이 있었잖아.

짐작했겠지만 이런 고집스러운 생각이 들 때는 그것과 싸우기보다는 그것을 있는 그대로 받아들여야 한다. 이런 생각을 믿으라는 의미가 아니라 반박하는 행위가 소모적이고 비생산적이기 때문이다.

여러분의 마음은 위 목록에 실린 것과 다른 형태의 생각을 떠올릴지도 모른다. 그러나 형태는 그 기능보다는 덜 중요하다. 위 목록의 예를 분석해 본 다음, 마음의 '비장의 무기'에 어떻게 대응하면 좋을지 논의해 보자.

만일 내 진짜 모습을 알게 된다면……

처음으로 친척 집을 방문한다고 상상해 보자. 며칠 전부터 긴장했지만 다행히 친척 식구들은 당신을 좋아하는 것 같다. 그들은 당신을 따뜻하게 환대해 주고 진정으로 관심을 기울이며 당신의 농담에도 잘 웃어 준다. 심지어 다음 가족 모임에도 초대하면서, 맛있다는 소문이 자자하다며 직접 만든 감자 샐러드를 가져와 줄 수 있겠느냐고 묻기까지 한다.

그러나 이 모든 환대에도 당신은 그들이 진정으로 당신과 함께 있는 것을 즐거워한다고 믿지 못한다. 그리고 그렇지 않다는 증거를 하나씩 차례로 떠올린다. 숙부는 그저 예의만 차리는 것 같고, 숙모는 겉치레 말만 하는 것 같고, 사촌은 부탁할 게 있어서 아부하는 것이 분명해 보인다. 이런 생각은 당신이 과거에 믿고 의지할 수 있는 관계를 맺어 본 적이 없다면 특히 강렬하게 들 것이다. 당신의 마음은 그들이 진심으로 당신을 받아들였다는 사실을 믿으려 하지 않는다. 거절당할까 봐 두렵기 때문이다.

나중에 당신의 연인이, 그들이 진정으로 당신에게 호감을 느꼈을 것이라고 안심시킬 때 마음으로부터 작은 목소리가 들려오기 시작한다. '하지만 만일 그들이 내 진짜 모습을 알게 된다면, 당신에게 나와 사귀지 말라고 할지도 몰라.'

이처럼 사실과 근거가 왜곡된 이유는 마음이 '비장의 무기'를 사용하기 시작했기 때문이다. 그리고 이런 종류의 끈질긴 생각은 매우 분명하고도 중요한 목표에 기여한다. 즉 '만일 그들이 내 진짜 모습을 알게 된다면…….'이라는 생각은 당신이 중요한 사람들과 함께 있을 때 가장 좋은 행동을 하도록 해서 그들을 실망시키지 않고 결과적으로 거절당하지 않도록 한다.

그러나 이런 생각은 위험한 덫이 되기도 한다. 이런 생각을 억누르려고 하면 마음은 당신이 심각한 결함을 숨기고 있다는 것을 뒷받침하기 위해 구체적인 예를 떠올린다. '해고당했던 날 기억나? 그건 당신이 무능한 사람이라는 걸 증명하는 사건이었어. 애인한테 차였던 적은? 네가 이렇게 형편없는 사람이라는 사실을 들키지 마.' 그 밖에도 마음은 얼마든지 또 다른 근거를 찾아낼 수 있다.

이는 나의 고객이 마침내 '여전히 전 형편없는 사람이죠.'라고 말하기까지의 과정과 정확히 일치한다. 나는 그와 언쟁함으로써 그의 마음이 용케 근거를 찾아내도록 도와 결국 피할 수 없는 (그리고 잘못된) 결론에 이르게 한 것이다.

그런데 이러한 생각에는 또 다른 위험이 따른다. 바로 우리가 이런 생각을 받아들임으로써 자가당착에 빠질 수 있다는 점이다. 다시 말해 이런 생각을 믿으면 궁극적으로 마음이 지키려 하는 바로 그 생존이 불가능해질 수도 있다.

'만일 내 진짜 모습을 알게 된다면…….'이라는 생각을 받아들인다면 당신은 그것이 마치 사실인 것처럼 행동하게 된다. 가령 숙모가 다음 가족 모임에 감자 샐러드를 가져와 달라고 부탁한다면 당신은 난색을 보이며 이의를 제기할 것이다. 숙모에게 당신의 진짜 모습을 들키지 않으려는 마음이 오히려 대화를 불편하고 어색하게 만들어 버릴지도 모른다. 결국 당신의 불신을 확인한 숙모는 당신이 접근을 거부한다는 것을 느끼고 물러날 것이다. 마음이 거절당하는 일을 피하기 위해 시작한 일이 역설적이게도 거절을 불러온 셈이다.

자, 이렇듯 맞서면 더욱 강렬해지고 믿으면 참담한 결과를 불러오는 이런 생각에 대체 어떻게 대처해야 할까? 제3의 길이 있다. 즉 생각이 존재하도록 그냥 두되 그것이 옳거나 그르다고 믿는 유혹을 뿌리치는 것이다. 한쪽 편을 들어 이기도록 해야 하는 체스 경기에 빠지지 마라. 대신 그 생각이 무엇 때문에 존재하는지 살펴보라. 그러면 거절당하는 일로부터 당신을 보호하기 위해 마음이 그 생각을 절실하게 필요로 했다는 사실을 알 수 있을 것이다.

물론 제3의 길을 걸으려면 많은 연습이 필요하다. 특히 평생 마음의 생각을 그대로 믿으며 살아온 사람에게는 체스 게임을 멀리하기가 한층 어려울 것이다. 그러나 한 가지 생각만을 평생 믿으며 살았다고 하더라도 그것이 여전히 생각에 지나지 않는다는 사실을 기억하자.

네, 하지만 여전히 전 형편없는 사람이죠

정말 이상하게도 이런 생각은 모든 일이 비교적 잘 돌아갈 때, 때로 실패에서 회복되어 갈 때 떠오르는 경향이 있다. 가령 여러 차례 가슴 아픈 이별을 겪은 뒤 누군가와 연애를 시작하려 하는 한 여성이 있다고 상상해 보자. 그녀가 새로운 관계에서 신뢰와 유대감을 느끼기 시작하자마자 마음은 다음과 같이 걱정하기 시작한다. '이번 관계는 완벽한 것처럼 느껴질지도 모르지만 명심해. 너는 여전히 형편없는 사람이야.'

마치 마음이 순전히 장난삼아 우리를 괴롭히는 것처럼 느껴질 수도 있다. 그러나 이는 해결되지 않은 문제를 마음이 껴안으려고 노력하는 과정이며, 더 중요하게는 그런 문제들이 다시 발생하지 않도록 막으려고 시도하는 과정이다. 1장에서 살펴본 루크의 곤경을 떠올려 보자. 그의 마음은 새로운 관계에서 예전의 사고방식을 되풀이하지 않기를 필사적으로 원했다. 따라서 만일 루크가 예전 관계에서 자신이 무엇을 잘못했는지 파악하기만 했더라면, 마음은 그에 대해 고려해 보았을 것이고 루크는 예전 사고방식이 재발하는 일을 방지할 수 있었을 것이다. 그런 관점에서 보면, '난 여전히 형편없는 사람이야.'라는 생각은 현 상태에 안주하는 위험을 피하고 예전 사고방식을 고치려는 마음의 시도인 셈이다.

예전 사고방식에 대항하는 일이 위험한 것과 마찬가지로, '만일 당신이 나의 진짜 모습을 알게 된다면…….'이라는 생각과 싸우는 것 역시 위험하다. 마음은 자기주장을 입증하기 위해 과거를 선택적으로 샅샅이 살펴보는 일을 마다하지 않기 때문이다. 반대로 '난 여전히 형편없는 사람이야.'라는 생각을 받아들이면 우리는 결국 생각을 현실로 만드는 행동을 하게 되는 셈이다. 루크가 그랬듯이 말이다.

다시 말하지만 제3의 길이 가장 생산적이다. 마음의 본질적 속성이 보호라는 것을 이해하고, 그에 감사하며, 체스 경기에서 물러서길 바란다.

이 일 때문에 모든 것이 끔찍하게 잘못될 수도 있어

마음이 언제나 위험을 피하는 임무를 수행한다는 사실에 감사하지 않을 수 없다. '이 일 때문에 모든 것이 끔찍하게 잘못될 수도 있어.'라는 생각 역시 엄연히 비관주의이기는 하지만, 우리의 안전을 위해 존재한다. 치명적인 실수로부터 우리를 보호하기 위한 생각이기 때문이다(이 생각은 '비관주의'에 대한 맛보기 격이다. 비관주의에 대해서는 다음 장에서 충분히 논의할 예정이다).

다른 '비장의 무기'와 마찬가지로 마음은 가장 적절한 순간에(우리가 가장 원치 않는 순간에) 이 문장을 사용한다. 여러분이 가장 자신감에 넘치고 침착한 상태이기를 바랄 때, 그 정반대의 생각을 불러일으키는 것이다.

이 생각은 어떤 일이 자칫 잘못될 가능성도 잠재하는 순간에 가장 많이 떠오른다. 비행기 여행이 좋은 예다. 비행기 여행은 사실 매우 안전한데도 마음은 이 여행으로 모든 것이 끔찍하게 잘못될 수도 있다고 말한다.

이 생각이 특별히 문제가 되는 이유는 엄격하게 말해 옳기 때문이다. 사실 모든 비행기는 추락할 가능성이 있다. 가능성이 낮기는 하지만 충분히 일어날 수 있는 일이다. 따라서 아무리 마음에게 실제로 다른 모든 비행기가 안전하게 착륙했다고 설득하더라도, 마음은 다른 비행기 따위는 신경 쓰지 않고 오직 '이 생각'에만 주의를 기울여야 한다고 말할 것이다. 그런 다음 분명 적정한 수준의 불안감을 유발할 것이다.

이 '비장의 무기'는 상당히 단순한 생존 논리에 기초한다. 안전하다고 가정해서 일이 잘못되느니 차라리 위험하다고 추측하는 것이 낫다는 논리다. 앞서 5장과 6장에서 연민과 포용력으로 이 같은 불안한 마음에 대처하는 기술을 살펴보았다. 그리고 조금 전 언급한 대로 비관주의에 대해서는 다음 장에서 다시 자세히 살펴볼 것이다.

하지만 과거에 그런 일이 있었잖아

말이 나온 김에 불안한 마음에 대해 말해 보자. 사실 이 생각은 우리를 꼼짝 못하게 하는 동시에 안전하게 지켜 주는 또 다른 마음의 '비장의 무기'이며, 역시 우리가 가장 원치 않을 때 떠오르는 경향이 있다. '하지만 과거에 그런 일이 있었잖아.'라는 생각은 바로 그 전능한 단일 시행 학습의 발현이라고 할 수 있다. 앤드루가 화난 여성들에게 똑같이 대응한 것을 기억하는가? 마음은 같은 실수를 반복하는 것을 '싫어'하기 때문이다.

그런데 이 생각에는 특별한 문제가 하나 있다. 바로 알아채기 어렵다는 점이다. 그 이유는 이 생각이 불안감을 잔뜩 몰고 오는 바람에 생각의 근원을 정확히 찾아내기 어렵기 때문이다.

가령 데이트 상대에게 몹쓸 수모를 당한 적인 있는 한 여성을 상상해보자. 몇 년 후, 그녀는 왠지 과거에 자신을 함부로 다룬 그 비열한 놈을 연상시키는 한 남성과 데이트를 하다가 자신도 모르게 불안감을 느끼고 그를 차갑게 대할 것이다. 그러나 그녀는 두 남성 사이에서 유사점을 발견한 마음이 갑작스레 불안감과 분노를 유발함으로써 예전의 고통을 다시 겪지 않도록 그녀를 보호하고 있다는 사실을 깨닫지 못할 것이다. 상대 남자는 영문도 모른 채 푸대접을 받게 될 테고 말이다.

마음은 그녀를 보호하는 임무를 완수했다. 그런데 미래에 증거로 사용할 수 있는 나쁜 데이트 경험을 하나 더 쌓았다는 점이 모순이다. 다음번에 데이트를 준비할 때 그녀의 마음은 또 '하지만 과거에 그런 일이 있었잖아.'라고 고함치기 시작할 것이다. 그러면 그녀는 옛날에 느꼈던 불안감과 분노가 왜 다시 느껴지는지 이해할 수 없을 것이다. 바로 이 점 때문에 마음을 끊임없이 관찰해서 그 의도를 이해해야만 한다.

비장의 무기에 대처하기

지금까지 살펴본 생각들이 마음의 '비장의 무기'의 전부는 아니다. 여러분은 모두 각자의 문장을 갖고 있을 것이다. 내 경우에는 아주 흔한 생각, '이것은 요행수일 뿐이야.'라는 생각을 자주 한다. 이 생각은 우리가 얻을 자격이 없다고 생각하는 일이나 언제든 쉽게 날아가 버릴 수 있는 일에 너무 많은 의미를 부여하는 실수를 막아 준다. 요행수란 직위일 수도 있고 인간관계나 금전적 이익일 수도 있다. 이 생각은 그것이 무엇이든 간에 흥분을 가라앉히고 행동을 다잡게 해 준다. 그런데 이렇게 요행수로부터 우리의 주의를 딴 데로 돌림으로써 우리는 내심 간절히 바라는 것을 잃을 수도 있다.

이것이 바로 '비장의 무기'의 아이러니다. 가령 예전에 스카이다이빙을 할 때 강사는 내게 발밑의 석유 굴착 장치나 송전선을 내려다보지 말라고 조언했다. 그가 말하기를, 그것을 내려다보면 거기에 부딪힐 가능성이 더 커진다는 것이다. 즉 피하기 위해 집중해서 쳐다보면 역설적으로 거기에 부딪히게 된다는 것이다.

마음의 '비장의 무기'도 이와 마찬가지다. 우리가 믿음으로써 또는 대항함으로써 '비장의 무기'에 의미를 부과하면 도리어 마음이 피하려고 하는 일을 겪게 될 확률이 높아진다.

지금까지 마음의 가장 설득력 있는 도구 몇 가지를 살펴보았다. 마음은 마치 이런 생각들로 '나를 무시하지 마! 그렇게 하도록 내버려 두지 않을 거야.'라고 을러대는 것 같다. 그러나 우리가 마음의 의도를 이해하고 그에 감사하기를 잊지 않는다면 그런 생각들을 따돌릴 수 있을 것이다. 물론 그런 생각들은 우리의 안전을 위해 만들어진 것이라서 따돌리기가 쉽지는 않다. 같은 이유로 여러분은 마음이 '비장의 무기'를 사용했다는 것을 시간이 흐른 뒤에도 잘 알아채지 못한다. 하지만 한 번 알아챌 때마다 그 다음번에는 알아차리기가 한결 수월해진다. 요컨대 연습이 필요하다는 말이다. 그러려면 인내심을 가져야 한다. 다음의 네 가지 전략으로 '비장의 무기'에 대처하자.

1. 사실을 확인하라

지금 지옥이 눈앞에 있다며 마음이 여러분을 겁줄 때는 상황을 객관적으로 관찰하자. 현재 몸을 다칠 위험이 있는가? 인간관계가 어그러질 위기에 처했는가? 시급히 해결해야 할 문제가 있는가? 이에 대한 대답이 전부 '아니요.'라면 마음이 무슨 말을 하든 듣지 않는 것이 최선이다. 무엇이 사실인지에 대해 마음과 다툴 필요가 없다. 대신 한 번에 두 가지 생각을 동시에 하도록 하자. 하나는 저절로 생기는 생각과 감정, 그리고 다른 하나는 객관적인 관찰에 근거한 생각이다. 가령 발표를 앞두고 불안감을 느낀다면, 상황에 대한 객관적인 평가와 불안감을 나란히 둘 수 있을 것이다. 체스 판 위의 말처럼 어느 한쪽 편을 제거할 필요가 없는 것이다. 오로지 어떻게 행동할 것인지만 결정하면 된다.

2. 과거를 전체적으로 바라보라

마음은 위험했던 사건만을 편향적으로 기억한다는 점을 잊지 말자. 서류함 효과 말이다. 따라서 과거의 긍정적인 측면과 부정적인 측면 '전부'를 떠올리기 위해 각별히 노력을 기울여야 한다. 이미 7장의 연습 과제 '나는 이 일을 어떻게 기억하고 싶은가?'에서 서류함 효과를 극복하는 방법을 소개했다. 오래전 경험뿐만 아니라 최근의 경험에도 이 연습 과제를 적용해 보자.

3. 마음의 설명을 의심하라

이미 살펴본 대로, 마음은 아무런 이유도 없이 자기 비판적인 증거를 찾는다. (아니면 계속해서 다른 사람이나 환경을 비난한다. 그리고 이 역시 동일한 문제를 발생시킨다.) 가령 마음은 숙모가 지난 가족 모임에서 당신에게 다정하지 않았던 이유에 대해 당신에게 화가 났기 때문이라고 말한다. 그러나 숙모의 행동은 아마 당신과는 전혀 관계가 없을 것이다. 타인은 우리가 상상하는 만큼 우리에 대해 생각하지 않기 때문이다.

마음이 들려주는 설명을 그냥 듣기만 하는 일이야 쉽지만, 직접 구체적인 근거를 찾는 일은 상당히 녹록치 않다. 해당 상황에 영향을 미친 요소들을 찾아야 하기 때문이다. 어쩌면 숙모는 숙부와 다퉜을지도 모른다. 아니면 그저 컨디션이 좋지 않을 뿐인지도 모른다. 또는 직장에서 일이 잘 풀리지 않아 스트레스를 받고 있는지도 모른다.

무엇보다도 중요한 점은 사실 확인을 두려워하지 말아야 한다는 것이다. 숙모의 행동이 조금 이상하게 느껴진다면 무슨 일이 있었느냐고 물어보면 된다. 그렇지 않고 생각과 함께 고립되는 순간, 마음은 우리에게 가장 나쁜 짓을 저지른다.

4. 마음을 신뢰할 수 없는 순간을 알아채라

마음을 신뢰할 수 없는 때가 있다. 지치고 낙담한 상태일 때가 그러하다. 가령 마음이 회사에서 발생한 문제를 걱정할 때면 집에서도 사소한 문제로 언성을 높이기 쉽다. 따라서 마음의 메시지에 가장 영향을 받기 쉬운 순간을 알아보는 능력이야말로 마음으로부터 해방될 수 있는 뛰어난 기술이라고 할 수 있다.

그러려면 당장의 상황에서 한 발 물러나 큰 흐름을 지켜봐야 한다. 그런 다음 '내가 지난밤에 잠을 설쳤나?' '배가 고픈 건가?' '지금 상사에게 화가 나는 건가?'라고 자문해야 한다. 4부에서는 기분과 생활 습관에 관한 주제로 돌아가 문제를 일으키는 마음에 맞서 우리 자신을 방어하는 방법을 구체적으로 논의할 것이다.

이중 잣대

건강한 마음은 두 가지 기준을 갖고 있다. 하나는 자신을 위한 기준이고 다른 하나는 그 외의 모든 것을 위한 기준이다. 가령 공부 의욕이 강한 학생은 어려운 과목에서 B 학점을 받고도 자신을 책망할 것이다. 그러면서 동시에 그 학생은 다른 학생들에게는 B 학점도 상당히 흡족할 만한 점수라고 생각할 것이다.

성적이 우수하고 자기 비판적인 학생에게 B 학점은 참을 수 없이 끔찍할 수 있다. 자신이 모든 결과를 항상 통제할 수 없다는 것을 알게 되었거나 더 나쁘게는 가족들을 실망시킬지도 모른다는 두려움 때문이다.

마음은 우리를 왜 이런 고통에 빠뜨릴까? 마음은 다른 사람들과의 관계를 지극히 중요시하는데, 지금 논의하는 이중 잣대가 바로 그 '관계'

라는 생존 전략과 얽혀 있기 때문이다. 다시 말해 유능한 마음은 사회에서 고립될 가능성에 대해 지나치게 민감한 나머지 자기 자신에게는 높은 기준을 부과하면서도 다른 사람들에게는 느슨한 기준을 부과함으로써 관계를 유지할 가능성을 높인다.

가령 대다수 부모가 겪었을 법한 상황을 떠올려 보자. 막 걸음마를 배운 어린 아이를 슈퍼마켓이나 놀이터, 또는 사람이 붐비는 어떤 장소에 데리고 간다. 그런데 갑자기 아이가 눈앞에 보이지 않는다. 덜컥 공포심이 몰려오지만 다행히 곧 아이가 나타난다. 이런 상황에서 다음과 같이 생각하는 사람은 아마 없을 것이다. '에이, 걱정할 필요 없어. 누구나 겪는 일인데 뭘.'

우리는 흔히 이런 말을 다른 부모에게 위로 삼아 건네지만, 막상 자신이 그런 상황에 처하게 되면 결코 자신을 용서하지 않는다. '바보 같으니라고! 난 형편없는 부모야. 다음번에는 아이한테서 눈을 떼지 말아야지!'

1954년, 심리학자 레온 페스팅거는 중요한 논문을 발표했다. 논문에서 페스팅거는 자신을 타인과 비교하는 것은 인간의 사회 활동의 주된 요소라고 언급했다. 인간은 자신을 평가하려는 강한 욕구를 갖고 있는데, 이때 자신과 비슷한 처지의 타인을 평가의 기준으로 삼는다는 것이다. 가령 엄마들은 자신을 다른 엄마들과 비교하고, 학생들은 자신을 다른 학생들과 비교하며, 심리학자들은 자신을 다른 심리학자들과 비교한다.

페스팅거가 논문을 발표한 이래, 인간이 자신을 타인과 비교하는 방식에 관한 연구가 무수히 진행되었다. 많은 연구자가 짝짓기, 승진, 여론 형성, 질투, 정의, 성과 등 인간의 몇 가지 관심사를 사회적 비교와 연관지어 설명했다. 여기서는 대단히 복잡한 문제보다는 우리에게 일시적으로 영향을 주는 이중 잣대에 대해서만 살펴보기로 하자.

이중 잣대는 일종의 사회 보험의 기능을 어느 정도 하는 것으로 보인다. 타인보다 높은 기준을 충족시키는 것은 사회적으로 안전을 담보하기 때문이다. 그러나 이중 잣대에는 부정적인 면이 있다. 바로 높은 기준을 충족시키기가 고통스럽다는 점, 그리고 '비장의 무기'가 그렇듯이 도리어 원치 않는 일을 겪게 할 수도 있다는 점이다.

성과에 대한 이중 잣대

사회적 존재인 우리 인간은 타인의 마음에 들기 위해 노력해야 한다. 타인의 마음에 들 수 있는 가장 기본적인 방법은 경쟁력을 갖추는 것, 즉 쓸모 있는 사람이 되는 것이다. 바로 이러한 때 필요한 것이 성과에 대한 이중 잣대다. 이 이중 잣대는 우리가 기력을 다 소진하거나 부작용을 겪지 않는 한 최고의 성과를 올리도록 돕는다.

다른 사람의 실수는 쉽사리 용서할 수 있으면서도 자신이 아이를 잃어버렸을 때는 그러지 못하고 자신을 가혹하게 질책하는 한 어머니를 떠올려 보자. 여기에서 이중 잣대의 직접적인 기능은 아주 분명해 보인다. 즉 실수를 환기하고 그에 대해 반성하도록 강요함으로써 실수를 반복할 가능성을 줄이는 것이다. 이는 타당한 생존 논리이며 특히 아이의 입장에서는 전혀 사소한 혜택이 아니다. 그런 의미에서 이중 잣대는 매우 유용하다.

그러나 그녀가 자신을 지나치게 책망한 나머지 도리어 육아를 망친다면 이중 잣대는 그 유용성을 잃는다. 가령 자기 아이를 과잉보호하고 자유롭게 돌아다니거나 실수하는 것을 용납하지 않는다면(다른 부모들의 아량과 인내에 대해서는 당연하게 생각하면서 말이다) 아이는 결국 임기응변이 부족한 사람으로 자랄 수도 있다. 아이를 그토록 필사적으로 보호하려는 욕망이 역설적으로 실제로 실수하면서 배울 기회를 박탈함으로써 아이에게 해를 끼치는 셈이다.

마음은 집요하게 안전을 추구할 뿐 의외의 결과를 예측하지는 못한다.

과거에 대한 이중 잣대

이것은 이중 잣대라기보다는 오히려 인지 편향에 가깝다. 인지 편향이란 이런 것이다. 가령 내가 누군가에 대해 생각할 때는 그 사람의 좋은 면과 나쁜 면을 고루 떠올리지만, 나에 대해 생각할 때는 주로 고통스럽고 당혹스러운 순간만을 떠올리는 현상이다.

앞서 살펴본 것처럼 이런 편향의 목적은 실수를 되풀이하는 것을 막는 데 있다. 그러나 자신에 대한 판단을 흐리는 편향은 도리어 손해를 입힌다.

오래전 회사원인 내 친구 한 명이 관리직으로 승진할 기회를 얻은 적이 있었다. 당시 그녀는 자신의 업무 수행 능력에 회의적이었다. 그래서 그때까지의 업무 성과를 돌아보면서 오직 실수와 판단 착오만을 떠올렸다. 결국 그녀는 승진을 마다했고 그 자리는 어느 모로 보나 훨씬 자질이 떨어지는 다른 사람에게 돌아갔다.

다른 사람의 실수는 용인하면서도 자신의 실수는 철저히 기억하는 편향은 분명히 생존에 이롭다. 실수를 되풀이하는 것을 막아 주기 때문이다. 또한 자신의 한계를 파악해서 감당하기 어려운 일을 피할 수 있게도 해 준다.

그러나 편향이 너무 과도하면 우리는 자신을 있는 그대로, 전체적으로 바라보지 못한다. 성과에 대한 내 친구의 이중 잣대는 사실 자기 자신과 회사를 보호하기 위한 의도였지만, 그 편향이 너무 지나친 탓에 결국 친구와 회사 모두 고통을 겪는 결과를 불러왔다.

감정에 대한 이중 잣대

인간에게 절제는 어느 수준까지는 훌륭한 자질이라고 할 수 있다. 우리 대부분은 감정이 우리를 파멸로 이끌까 봐 감정을 억누르며 겉으로 아무런 내색을 하지 않고 의연하게 행동하기를 선호한다.

인간은 다른 사람의 감정에는 너그러운 편이다. 다른 사람이 결혼식이나 장례식에서 눈물을 보이는 것을 당연하게 여기며, 과도한 스트레스에 시달리는 동료가 집에서 쉬는 것을 자연스럽게 받아들인다. 그러나 장례식장에서 눈물을 보이고 싶어 하는 사람은 극히 드물며("절대 울지 않을 거야!"라고 말하는 사람들이 주변에 얼마나 많은가!) 집에서 쉬어야 할 정도로 스트레스를 받는다는 사실을 드러내고 싶어 하는 사람도 없다. 내 상담 고객 중에 이렇게 말하는 사람들이 있었다. "내게는 이런 식(나는 '너무' 행복해, '너무' 슬퍼, '너무' 화가 나)으로 느낄 권리가 없어요." 그런 감정을 느끼는 것이 지극히 자연스러워 보였는데도 말이다.

우리는 세상에 고통받는 사람이 많다는 것을 떠올릴 때 자신의 감정을 특히 가혹하게 비판하는 경향이 있다. "세상에 이렇게 고통받는 사람들이 많은데 내가 이런 감정을 느끼다니." 그러나 이런 논리를 끝까지 따라가면, 결국에는 속상한 감정을 느끼는 것이 허락되는 사람은 전 세계를 통틀어 각 순간에 단 한 사람씩밖에 남지 않는다(전 세계에서 최악의 날을 보낸 한 사람). 그리고 그 외의 모든 사람은 아무리 심각한 곤경에 빠져 있더라도 자신이 운이 좋다고 생각해야만 할 것이다.

우리는 감정을 통제할 수 없다. 또 이미 논의한 것처럼 감정을 막으려고 하다가 함정에 빠질 수도 있다.

이중 잣대에 대처하기

영국의 작가 G. K. 체스터턴은 '모든 교육은 하나의 철학을 가르친다.'는 말을 한 바 있다. 나는 이를 바꾸어 '모든 이중 잣대는 하나의 의도를 갖는다.'고 말하고 싶다. 하나의 의도란 출혈이 특히 큰 사회적 실수를 피하도록 하려는 마음의 끊임없는 걱정을 의미한다. 그런 걱정을 품은 마음은 우리에게 높은 기준에 도달하도록 행동하라고 요구하면서도 다른 사람들에 대해서는 관대하라고 뀐다. 이 두 가지 잣대는 모두 생존 전략으로서 훌륭하다.

이와 같은 자연스럽고 건강한 마음의 경향에 대처하는 가장 좋은 방법은 마음의 움직임을 관찰하면서 그 의도를 이해하고, 마음의 움직임이 비생산적인 영향을 미칠 때는 어떻게 행동할지를 선택하는 것이다. 마음의 움직임을 없애려고 할 필요는 없다. 그대로 두고도 앞으로 나아갈 수 있다.

그러려면 때때로 자신에 대한 평가에 의문을 제기해 보아야 한다. 이는 거북스러울 수도 있다. 자신에 대한 평가는 생존 전략과 밀접하게 관련되어 있어서 그에 의문을 품는 것이 마치 사회적 재난에 대해 장난삼아 생각해 보는 것처럼 어쩐지 무례하게 느껴지기 때문이다. 다행히 우리 인간은 자신을 합리적으로 판단하기 위해 약간의 불편함을 감수할 수 있다.

이중 잣대가 도를 넘어서 해롭게 작용하지 않도록 하려면, 사실과 감정적인 판단을 구분하는 것이 필수적이다.

예를 들어 승진 후보에 오른 사람은 이런 생각을 할 수도 있다. '나는 계약을 체결하는 데 서툴러.' '나는 부하들과 잘 어울리지 못해.' '나는 아마 추가적인 업무를 잘 처리하지 못할 거야.' 하지만 이런 생각은 판단일 뿐 사실이 아니다. 사실은 이런 식으로 표현된다. '나는 담당 계약 건 중 93퍼센트를 정확히 체결했고, 7퍼센트에 대해서만 실수를 했어.' '지난 직원 평가에서 동료 12명 중 10명이 나를 긍정적으로 평가했어.' '추가 업무를 담당하기 위해서는 시간 관리 기술을 향상시킬 필요가 있어.'

이 두 가지 평가는 같은 상황을 전혀 다르게 묘사한다. 다음 연습 과제를 통해 자신을 어떻게 평가하는지 살펴보자.

EXERCISE 판단과 사실

앞서 성과, 과거, 감정에 대한 이중 잣대를 간략하게 살펴보았다. 이번에는 여러분 각자 이중 잣대를 적용한 경험을 떠올려 보기 바란다. 아마 어렵지 않게 떠올릴 수 있을 것이다. 다른 사람들이 했다면 너그럽게 바라볼 수 있던 행동을 자신에게는 가혹하게 비난했던 때라든지, 타인과 비교해서 자신을 이상스럽다고 판단했던 때나, '내게는 이런 식으로 느낄 권리가 없어.'라고 느꼈던 때도 좋다.

자신의 이중 잣대를 찾았다면, 다음 세 가지 주제에 대해 한 문단씩 적어보자.

- 주제1 : 성과, 과거, 감정 등에 대해 마음이 무슨 말을 하는가?
- 주제2 : 자신에게 기대하는 점.
- 주제3 : 타인에게 기대하는 점.

다 적을 때쯤이면 아마 마음의 상태와 의도를 분명히 알 수 있을 것이다. 어쩌면 마음이 업무 능력에 대해 생각보다 괜찮다고 안심시키려 애쓴다는 사실을 깨닫게 될지도 모른다. 반대로 실수에 대해 마음이 지나치게 가혹하다는 것을 알게 될 수도 있다. 만약 그렇다고 해도 그 생각을 그대로 믿으면 안 된다. 물론 여러분은 마음의 이중 잣대를 거부하지 않고 그에 따라 살기로 결정할 수도 있다. 선택은 각자의 몫이다. 오답은 없다. 이중 잣대 자체는 나쁜 것이 아니기 때문이다. 언제나 그렇듯 마음의 명령에 따라 끌려가지 않고 분명한 가치관에 따라 산다는 것은 힘든 일이다.

계속 관찰하면서 거리 유지하기

비장의 무기와 이중 잣대는 마음의 생존 전략의 일부다. 그것들은 나름대로 존재 이유가 있으며 때로는 옳다. 마음이 '나를 무시하지 마! 그렇게 하도록 내버려 두지 않을 거야!'라고 외친다면 뭔가 중요한 말을 하려는 참인 것이다. 이때 마음을 신뢰해도 좋을지 알 수 있으려면 감정을 바탕으로 한 판단에서 사실을 포착해 낼 수 있어야 한다.

사실을 포착하려면 거리를 두고 마음을 관찰함으로써 마음과의 싸움을 피해야 한다. 3장에서 논의한 여러 관찰 기술과 거리 두기 기술, 즉 행진하는 장난감 병정 상상하기, '지금 나는 이러저러한 생각(느낌)이 드는구나.'라고 말하기, 레이싱 카를 운전하면서 관중석에서 이 레이싱 카를 바라볼 수 있다는 메타포 등을 지금까지 충분히 연습했기를 바란다. 특히 이런 기술은 마음의 의도를 잊지 않도록 도와준다. 당장 실질적인 위협이 전혀 없을 때도 마음이 안전과 생존을 걱정한다는 사실을 말이다. 첫 데이트나 상사와의 의견 충돌 같은 매우 일상적인 상황에서조차 마음이 우리의 생존을 지키는 데 몰두한다는 것은 참으로 놀라운 일이다.

현실을 민첩하게 직시하는 것도 마음과 거리를 두는 한 방법이다. 예를 들어 발표를 앞두고 마치 신체적 위험에 처한 것처럼 심장 박동이 빨라진다든가 호흡이 가빠진다든가 식은땀이 흐르는 등의 증상이 일어나기도 한다. 이런 경우 마음과 대항하면 증상이 더 악화되므로, 그저 마음이 여러분을 주의 깊게 돌보고 있음에 감사하고 마음이 모든 사실을 낱낱이 아는 것은 아니라는 사실을 상기하면서 가치관에 따라 계속 살아가면 된다. 인생을 살아가는 데 굳이 마음이 틀렸다는 것을 증명할 필요까지는 없다.

9장 비관주의

마음은 편향된 기억, 비장의 무기, 이중 잣대를 이용해 설득력을 발휘한다. 이제부터 살펴볼 인간의 특징인 비관주의도 이에 못지않게 설득력이 뛰어나며, 마음의 다른 도구들과 마찬가지로 우리를 울적한 기분에 빠뜨린다.

비관적인 생각에 빠지는 것은 아주 정상적인 일인데도, 그런 생각을 드러내면 타인의 비평이나 사회적 압박을 받는다. 다시 말해 부정적인 생각을 토로하면 이런 말을 듣기 십상이다. "긍정적으로 생각해." "그런 식으로 생각해서는 안 돼."

그러나 나는 비관주의를 보다 낙관적으로 바라보기를 좋아한다. 지금까지 논의한 다른 마음의 움직임과 마찬가지로 비관주의 역시 우리의 생존을 가장 중시하기 때문이다. 비관주의는 우리 생명을 구하려는 지극히 단순한 목적을 위해 존재하며, 그 목적을 이루는 데 있어서 다른 어떤 마음의 도구보다도 매우 강경한 태도를 취한다.

마음은 어떤 상황에서든 나쁜 측면만 보고 바람직하지 않은 결과를 예측하는 비관주의를 아주 빈번하게 불러일으킨다. 그렇다고 모든 사람이 비관적으로 생각하는 경향이 있는 것은 아니다. 어떤 사람은 낙관적인 사고방식을 갖고 있으며, 또 비관적인 사람 중에서도 비교적 다른 비관주의자들보다 더 잘 살아가는 사람도 있다.

그런가 하면 철저한 비관주의자도 있다. 그들은 '이 일을 해낼 수 없을 거야. 저것은 불완전해. 이 계획은 역효과를 불러올 거야.'라고 생각한다. 존경하는 심리학자 라그나르 스토라슬리는 인간의 보편적인 경험인 비관주의를 다음과 같은 메타포로 설명했다.[066*]

낯선 도시의 아름다운 성당 앞을 걸어간다고 상상해 보자. 복잡한 건축 양식, 스테인드글라스의 현란한 색채, 정교한 세공이 아름다운 성당이다. 그런데 옥에 티 하나가 눈에 띈다. 한 스테인드글라스에 유리 조각 하나가 빠져 있는 것이다. 마음은 성당의 아름다움과 이 결점 중에서 어디에 집중하고 싶어 할까?

나의 마음은 아무래도 결점에 주의를 집중할 것 같다. '정말 안타까운 일이야. 이런 근사한 예술 작품에 오점이 있다니. 저 구멍으로 찬바람과 해충이 들어갈 텐데.' 일단 결점을 발견한 이상 그것을 신경 쓰지 않고 성당을 감상하기란 힘든 일이다. 이처럼 우리 인간은 본능적으로 문제점에 주목한다. 그렇다면 대체 무엇 때문에 이러한 본능이 존재하는 것일까?

인간에게 부정적인 판단을 내리는 본능이 있다기보다는, 아마도 확률을 계산해서 실수를 관리하도록 마음이 프로그램되어 있다는 말이 정확할 것이다.

마음은 가설을 검증하는 데 뛰어나다. 고대에 덤불 속에서 사냥을 하던 인간이 바스락거리는 소리를 들었다고 상상해 보자. 부근에 육식 동물들이 산다는 것을 아는 그는 두 가지 가능성 중 하나를 염두에 두고 행동할 것이다. 하나는 덤불 속에 뭔가 위험한 것이 도사린다고 가정하고 물러나는 것, 다른 하나는 위험이 없다고 가정하고 기꺼이 다시 사냥을 시작하는 것이다.

둘 다 잘못된 가정일 수도 있지만, 두 번째 가정은 특히 더 위험하며 마음은 그 점을 잘 안다. 이것이 바로 비관주의의 장점이다. 이처럼 마음은 잘못된 긍정의 오류(존재하는 문제를 탐지하는 데 실패하는 것)를 범하기보다는 잘못된 부정의 오류(존재하지 '않는' 문제를 탐지하는 것)를 범하기를 택한다. 위험이 발생하지 않을 것 같은 상황에서도 마음이 위험을 감지하는 것은 어떤 방식으로든 실수가 일어날 수밖에 없는 세상에서 차라리 '위험 감지'라는 올바른 종류의 실수가 생존 가능성을 높여 주기 때문이다.[067•]

이런 방식의 가설 검증에서 알 수 있듯이, 마음은 그것이 올바른 종류의 실수라면 실수해야 한다고 생각한다. 이러한 훌륭한 생존 전략의 단점은 우리가 느긋하게 주변의 아름다움을 즐기는 일을 방해한다는 점이다. 마음이 순식간에 스테인드글라스의 구멍으로 우리의 주의를 이끄는 것처럼 말이다. 그리고 아마 바로 이 점이 비관주의를 사람들이 그토록 나쁘게 평가하는 이유일 것이다. 그러나 나는 그렇지 않다. 오히려 비관주의에 관해 낙관적이다.

비관주의가 아니라 실수 관리다

안전을 위해 비관적인 생각을 하는 것은 종종 득이 되기도 한다. 가령 낯선 사람을 싫어하는 것은 수긍할 만한 인간의 보편적인 정서다. 낯선 사람을 위험 대상으로 가정한다면 만약 그 가정이 틀린 것으로 밝혀진다고 해도 직접적으로 해를 입지 않는다. 그러나 만약 그 낯선 사람이 친절하고 믿을 만한 사람이라는 가정이 잘못된 것이라면 결과는 치명적이다.

더 흔히 발생하는 예도 있다. 잠시 '비장의 무기'를 돌이켜 보자. '그들은 거짓말을 하고 있어.'라는 생각은 놀랄 만큼 효과적이며 설득력 있는 마음의 '비장의 무기'다. 만일 내가 다른 사람들의 호의를 의심한다면 그들은 이렇게 설득할 것이다. "그렇지 않아. 우리는 너를 못마땅해 하지 않아. 너를 훌륭한 사람이라고 생각하고 함께 어울리고 싶어." 그러나 내 마음은 이를 '거짓말이야.'라고 일축할 것이다. 마음의 입장에서는 그들이 거짓으로 안심시킨다고 가정하고 계속해서 불편한 상태로 있는 편이 차라리 낫기 때문이다.

그러나 마음이 어디에서나 위험만을 찾는 것 같지는 않다. 마음은 어떤 문제에 대해서는 좀 더 낙관적인 견해를 보인다. 마티 해즐턴에 따르면, 인간은 이성의 관심을 과대평가하는 경향이 있다.[068•] 특히 남성이 이런 착오를 쉽게 저지르는데 이는 인간 종의 보존에 유리하기 때문이다.

즉 마음의 또 다른 생존 전략인 셈이다. 남성은 만일 어떤 여성이 자신에게 관심을 보인다고 믿는다면 그녀를 뒤쫓는다. 일어날 수 있는 최악의 결과는 거절을 당하는 것인데, 거절을 당한다고 해서 남자가 실제로 잃는 것은 아무것도 없다. 그리고 가능한 최고의 결과는 행복한 커플의 탄생이다. 그러나 만약 남자가 처음부터 여성이 자기에게 관심이 없다고 믿는다면, 그는 그녀를 외면할 것이고 커플이 맺어질 가능성은 일체 사라진다. 따라서 보다 낙관적인 방향으로 실수를 저지르는 편이 낫다. 동네 술집에 죽치고 있는 사람은 아마 그런 이유로 웨이트리스가 자기에게 관심을 갖고 있다는 착오를 끊임없이 저지르는지도 모른다.

겉보기에 모순적인 이러한 편향(안심시키는 말에 대한 비관, 성적 관심에 대한 낙관)은 마음이 실수를 완전히 배척하는 것이 아니라 오히려 올바른 종류의 실수를 저지르도록 프로그램되어 있다는 사실을 보여 준다. 불확실한 세상에서 정확하고 재빨리 판단을 내려야 하는 마음에게는 정보가 가장 중요하고 그다음이 어떤 일의 발생 가능성이다. 즉 '비관주의'와 '낙관주의'라는 말은 그저 우리가 마음의 작용에 대해 내리는 가치 판단에 불과하다.

그렇다고 우리가 비관주의를 아무 까닭 없이 나쁘게 생각하는 것은 아니다. 일반적인 통념과 여러 연구 결과에 따르면, 비관주의는 실제로 우울증, 타성, 건강 악화, 자기 완결적 예언과 관련이 있다.[069•] 그래서 서점에 긍정적인 생각에 관한 책들이 넘쳐 나는 것이다.

내가 긍정적으로 생각하는 힘을 키우는 것에 반대한다고 생각할까 봐 하는 말이지만, 나는 그러한 노력을 매우 좋다고 생각한다. 긍정적인 사고방식을 가지려면 문제점을 찾는 마음의 습성 탓에 많은 연습을 해야 하지만, 분명 노력할 만한 가치가 있는 일이다. 결국 이 책 전체를 통틀어 말하려는 점 역시 마음에 구속될 필요가 없다는 것이니 말이다. 우리는 우리를 억누르는 마음으로부터 해방될 수 있다.

그런데 여기서 한 가지 문제가 되는 것은 양자택일적 사고방식이다. 그러나 긍정적인 생각을 함양하는 일과 부정적인 생각을 뿌리 뽑는 일은 동시에 할 수 있다. 마음에는 공간이 많아서 두 종류의 생각을 충분히 담고도 남는다. 우리는 그중에서 어떤 생각을 받아들이고 그에 따라 행동할지 결정하면 된다.

따라서 부정적인 생각을 없애려고 노력하면서 인생을 사는 것보다는 유한한 시간을 더욱 가치 있게 사용하는 다른 방법을 찾는 편이 나을 것이다. 그뿐만 아니라 '부정적인' 생각이란 애매모호한 판단일 뿐 사실이 아니다. 만약 내가 스테인드글라스에서 깨진 부분을 발견한다면, 마음의 체스 경기에서 물러나 부정적인 생각이 나타나는 이유를 살펴볼 것이다. 그러면 조상들이 어떤 일의 가능성을 예측해서 문제를 피하는 기술을 우리에게 물려주었기 때문에 내가 깨진 부분을 발견할 수 있었다는 것을 알게 될 것이다. 다시 한 번 우리는 조상들에게 감사해야 한다!

따라서 부정적인 생각을 뿌리 뽑을 방법을 찾기보다는, "어떻게 해야 가장 훌륭하게 비관적인 생각을 '할' 수 있을까?" 또는 "어떻게 해야 부정적인 생각에서 긍정적인 측면을 찾을 수 있을까?"라고 묻는 편이 훨씬 유익하다.

비관주의: 현대에 쓰이는 고대의 해결책

비관주의는 위험을 피하거나 스테인드글라스의 깨진 부분을 찾는 일만 하는 것이 아니다. 비관주의는 문제 해결도 돕는다. 로버트 레이히에 따르면, 인간은 진화하는 동안 매우 아슬아슬하게 생명을 유지했기 때문에 자칫 상황을 잘못 판단했다가는 치명상을 입을 수 있었다.[070]

그래서 경험에 의해 형성되고 미래에 영향(바라건대 긍정적인 영향)을 주도록 고안된 비관주의라는 진화된 사고 과정이 생겨났다. 비관주의는 상당히 복잡하게 작용한다. 레이히에 따르면, 우리가 너무 빨리 내달릴 때 비관적인 생각은 속도를 늦춰 준다. 또한 비관주의는 자기비판과 함께 레이히가 '행동 억제 체계behavioral inhibition system'라고 부르는 것을 이룬다. 즉 우리는 비관주의와 자기비판을 통해 예전에 부정적인 결과를 불러온 적이 있는 행동을 반복하지 않을 수 있다.

레이히에 따르면, 걱정과 절망의 형태를 띠는 '선행 비관주의anticipatory pessimism' 덕분에 우리는 신중하게 생각할 겨를을 가진다. 이런 식으로 행동에 약간의 신중함을 기함으로써, 비관주의는 조상이 이전에 갔던 바싹 마른 샘으로 다시 가는 것을 막아 왔으며, 비유적으로도 문자 그대로도 우리가 이미 많은 돈을 낭비한 대상에 돈을 더 낭비하지 않게 한다.

또 레이히에 따르면, 비관적인 생각은 발생 가능성이 있는 문제를 예측하도록 돕는다. 즉 비관적인 생각이 끊임없이 문제점을 찾아내는 덕분에 우리는 대책을 세울 기회를 갖거나 다가오는 어려움을 피할 수 있다.

혹시 누군가 비관적인 생각을 핀잔한다면, 이제는 그에게 비관주의라는 마음의 무기가 생존에 얼마나 이점이 있는지 가르쳐줄 수 있을 것이다. 만일 여러분이 거침없는 성격의 소유자라면, 비관주의에 대한 그런 비관적인 시각이 얼마나 역설적인지도 꼬집어 주자.

그렇지만 과도한 비관주의는 여전히 해로울 수밖에 없다. 따라서 비관주의를 올바르게 활용하는 기술이 필요하다.

조상들이 창으로 사냥을 하던 시대 이래로 세상은 극적으로 발전했다. 우리는 이제 육식 동물을 피하는 대신 좀 더 그 움직임을 예측하기 쉬운 자동차를 피해 다니며, 사람들은 대부분 이제 기본적인 욕구 정도는 쉽게 충족할 수 있다. 자급자족하며 살던 먼 옛날의 조상과 비교해서는 말할 것도 없고 아주 최근 시대와 비교해 봐도 우리는 대단히 호화로운 세상에 살고 있다. 그러나 우리는 이런 이상적인 생활 여건 속에서도 여전히 문제점을 찾는 습성을 간직하고 있다. 어쩌면 이것이 우리가 계속해서 이상적인 생활 여건을 누릴 수 있는 이유인지도 모른다.

비관주의는 정확하게 사용한다면 훌륭한 문제 해결 전략이 된다. 비관주의의 구체적인 유형인 '방어적인 비관주의defensive pessimism'가 한 예다. 방어적인 비관주의는 어려운 상황이 닥쳤을 때 기대치를 낮추고 잘못될 수 있는 일을 찾는다. 그리고 잠재적인 문제를 발견하면 비상 대책을 세우는 매우 중대한 작업을 시작한다.[071•] 가령 방어적인 비관주의를 가진 부동산 중개인은 매매가 잘 이뤄지지 않을 수 있는 모든 상황을 검토할 것이다. 그런 다음 구매자의 가장 흔한 거절 방식, 임대인에게 발생할 수 있는 가장 빈번한 문제, 예측할 수 있는 그 밖의 다른 위험 요소에 어떻게 대처할지를 계획할 것이다.

이처럼 방어적인 비관주의는 다른 말로 생산적인 걱정이라고 할 수도 있다. 이러한 비관주의는 예상치 못한 문제 때문에 당황할 가능성을 현저히 줄인다. 즉 비관주의 덕분에 부동산 중개인은 유리한 입장에 설 수 있다. 물론 그에 못지않게 중요한 것은 불안감을 가라앉히고 실패를 견딜 만한 일로 바꾼다는 점이다. 이렇게 방어적인 비관주의는 일의 결과와 불안한 감정을 동시에 통제하는 기능을 한다.

그러나 비관주의는 빈번히 부당한 대우를 받고 있다. 바로 다음과 같은 미신적 사고방식 탓이다. "부정적으로 생각하지만 않는다면 해낼 수 있을 거야." 이런 감정은 아마도 우리가 꼼짝 못할 정도로 절망에 빠졌던 경험을 바탕으로 형성되었을 것이다.

흥미롭게도 이런 미신적인 사고는 마음의 또 다른 실수 관리 기술인지도 모른다. '부정적인 생각을 쫓아낸다면, 부정적인 생각은 실현되지 않을 거야.' 이런 미신적인 생각은 다른 비관주의와 마찬가지로 어떤 시각에서 보면 합리적이다. 마음을 통제함으로써 결과를 통제할 수 있다는 믿음은 해가 될 것이 없으며, 이론적으로는 오히려 얻을 것이 훨씬 많기 때문이다.[072•] 실제로 부정적인 생각을 잘 물리치고 모든 것이 조화롭게 잘 돌아간다면 보상을 받을 수도 있다.

그러나 방어적인 비관주의는 이런 사고방식과 거리가 멀다. 오히려 방어적인 비관주의는 성과를 향상시키는 사고방식이며 성공한 사람들이 선호하는 전략이기도 하다.[073•]

방어적인 비관주의자는 긍정적인 사고방식을 타고난 사람들과 비슷한 성과를 낸다. 그리고 끊임없이 부정적인 결과를 예측할 뿐 예상 밖의 사태나 일의 결과가 미칠 영향에 대해서는 전혀 대처 방안을 세우지 않는 타고난 비관주의자들에 비해 훨씬 더 나은 결과를 낸다.[074•] 이에 반해 타고난 비관주의자들은 어려움에 대처하는 능력을 키우기는커녕 무력감만 점점 더 크게 느낀다.

물론 비관주의가 해롭게 작용하는 때도 있다. 특히 우울한 생각이나 두려운 감정에 사로잡혔을 때가 그렇다. 그러나 비관주의는 우리의 친구 같은 존재가 될 수도 있다. 그런 마법 같은 일이 가능하려면 비관적인 예측을 하고 난 다음 어떤 계획과 전략을 세우느냐가 중요하다. 성과를 높일 수 있는 다음 네 가지 요소를 보강하면 비관주의가 유발하는 무기력증을 상쇄할 수 있다.

목표: 방어적인 비관주의자는 실패하지 않기 위해 목표를 설정하고 추구한다.

노력: 방어적인 비관주의자는 부정적인 결과를 원치 않기 때문에 더 열심히 노력한다.

기대: 방어적인 비관주의자는 계획을 세우는 과정에서 성공에 대한 자신감을 얻는다. 계획을 잘 세운다면 신기하게도 실패에 대한 두려움까지도 자신감을 높이는 데 도움이 된다.

감정의 회복: 방어적인 비관주의자는 실패할 수도 있다는 점을 예상하기 때문에 실패를 하더라도 빨리 회복한다.[075] 실패를 이겨낼 수 있다는 자신감에 차 있으면 무릎이 까져도 쉽게 아무는 아이들처럼 실패해도 좀 더 빨리 회복된다.

낙관적인 생각은 분명히 유용하다. 팀이 경기에서 지고 있을 때 역전시키기 위해 가장 열심히 뛰는 선수도 바로 낙관적인 선수다.[076] 인간은 분명 이러한 긍정적인 생각을 키울 수 있지만 비관론자를 완전한 낙관론자로 탈바꿈하기는 어렵다. 특히 마음이 아주 오래된 문제 해결 전략에 '반드시' 의지해야 한다고 느낄 때는 더욱 그러하다.

비관적인 마음과 더불어 살기

인간은 오래전부터 비관적인 생각을 많이 해 왔다. 그러한 역사에 비추어 보았을 때 우리는 원하든 원하지 않든 부정적인 생각을 할 수밖에 없다. 따라서 그러한 부정적인 생각에 어떻게 대응하느냐가 중요한 쟁점이 된다. 비관주의를 우리에게 유리하게 작용하도록 하려면 다음 세 가지 전략을 사용할 수 있다.

첫째, 비관적인 경향이 있어 모든 일이 엉망이 될 것이라고 생각하는 편이라면, 타고난 비관주의(일이 잘못될 것이라고 믿고 아무 일도 하지 않는 것)의 함정을 피해야 한다. 대신 방어적인 비관주의 기술을 갈고 닦자. 가령 마음이 '이 계획은 이뤄지지 않을 거야.'라고 말하면, 여러분은 구체적으로 어떻게, 왜 잘못될 것이며, 문제가 발생할 경우 어떻게 대처할지를 자문한다.

둘째, 부정적인 생각을 상쇄하기 위해 긍정적인 생각을 함양하자. 부정적인 생각을 제거하거나 다른 것으로 대체하라는 의미가 아니라 그저 상황을 더욱 전체적이고 체계적으로 바라보라는 것이다.

가령 부동산 중개인은 앞서 묘사한 대로 모든 만일의 사태에 미리 대비할 수도 있지만, 그러는 대신 문제가 발생했을 때 그 상황 속에서 가장 이로운 방안을 찾을 수도 있다. 이를테면 구매자가 요구하는 것을 사실

판매자가 어렵지 않게 제공할 수 있다는 사실을 발견할지도 모르고, 구매자와 판매자 양쪽이 무엇을 원하는지를 관찰함으로써 서로 통하는 생각을 찾아낼 수도 있다.

요컨대 편향적인 마음이 제공하는 정보를 그대로 받아들일 필요는 없다. 우리 스스로 얼마든지 필요한 정보를 찾아낼 수 있다.

이와 관련해 이제 세 번째 전략을 살펴보자. 셋째, 마음이 어떤 생각을 불러일으키든 그것을 사려 깊게 받아들이고 대응한다. 호소고시와 코다마에 따르면, 방어적인 비관주의자는 부정적인 생각에 대항하는 대신 그것을 받아들일 때 한결 좋은 결과를 낸다.[077•]

비관주의자들은 부정적인 생각만이 아니라 마음의 암울한 예측과 관련된 불쾌한 감정 또한 받아들일 수 있다. 가령 방어적인 비관주의자는 일을 시작하기 전에 부정적인 생각을 실컷 해 보았을 경우 최고의 성과를 낸다. 또 마크 시리에 따르면, 비관적인 예측은 종종 부정적인 감정을 동반하기도 하지만, 오히려 그러한 부정적인 감정 덕분에 대비를 더욱 철저히 하게 된다.[078•]

한편 낙관주의 역시 때때로 고통스러운 감정을 안긴다. 비관주의가 일을 시작하기도 전에 상처를 입힌다면, 낙관주의는 결과가 예상을 빗나간 후에야 상처를 입힌다. 그래서 방어적인 비관주의자는 당황하는 경우가 거의 없지만, 낙관주의자는 때로 전혀 예상치 못한 시점에서 감정적으로 무너지기도 한다.

비관주의를 '잠재적 문제를 발견하고 예측하는 능력'으로 정의한다면, 비관주의는 우리 안에 아주 단단하게 자리 잡고 있다고 할 수 있다. 다른 사람보다 유독 더 비관적인 사람도 있겠지만, 비관적인 생각은 대개 누구에게나 가장 격정적이고 설득력이 강한 생각이니 말이다.

언제나 그렇듯이 마음이 우리를 체스 경기에 끌어들이려고 할 때면 우리는 다른 선택을 할 수 있다. 물론 마음의 주장을 따르거나 또는 그에 대항함으로써 체스 경기에 임하는 것이 가장 일반적인 선택이다. 그러나 항상 세 번째 다른 선택지가 있다. 즉 체스 판이 되어 마음의 움직임을 그대로 바라보는 것이다. 마음이 어떤 일의 발생 가능성을 예측하고, 실수가 불가피한 상황에서 가능한 한 최선의 실수를 하도록 우리를 돕는 광경을 그저 바라보자.

'긍정적으로 생각하라.'고 말한 사람은 비관주의의 밝은 면을 간과한 셈이다.

파스칼의 내기

블레즈 파스칼은 신의 존재를 논리적으로 증명할 수는 없지만 신의 존재를 믿어야 한다고 주장한 프랑스 철학자다. 유대교와 기독교 전통이 혼합된 세계에서 활동한 파스칼은 신이 존재한다고 믿는다면 그 믿음이 옳을 경우 전부(천국)를 얻을 수 있으며, 그 믿음이 틀릴 경우에도 잃을 것이 전혀 없다(신이 존재하기를 멈출 뿐)고 추론했다.

반면에 신이 존재하지 않는다고 믿는다면, 그 믿음이 틀릴 경우 아무래도 전부를 잃을 것이고(지옥), 그 믿음이 옳을 경우에도 얻을 것이 없다고 주장했다. 본전도 못 찾는 어리석은 베팅이라는 것이다.

파스칼은 누구도 이 내기를 피할 수 없다고 생각했다. 그는 사람들이

신의 존재를 믿든지 그렇지 않든지 선택해야 한다고 보았다. 그의 말에 따른다면 신이 존재한다는 데 거는 것이 위기를 막을 수 있는 올바른 선택이다.

일견 비정해 보이기도 하지만 파스칼의 논리에는 그 나름의 미덕이 있다. 감정적인 판단을 배제하면서 실제로 성패가 어떻게 갈리는지 분명히 드러내기 때문이다. 즉 인간은 단순히 환멸을 느끼거나 괜한 반항심으로 신을 믿지 않기를 택할 수도 있지만, 파스칼은 그러한 감정에 대해서는 전혀 품평하지 않고 선택과 그에 따른 결과만을 추출했다.

심리학자 켈리 윌슨은 동료 임상 심리학자들에게 이와 비슷한 내기를 제안했다.[079•] 상담 고객이 성공적으로 치유되어서 앞으로 바라는 일을 모두 이룰 것이라는 데 걸거나, 아니면 치유되지 못할 거라는 데 걸거나 양자택일을 하도록 한 것이다.

만일 상담사가 고객이 치유되리라는 데 건다면 최선을 다해 상담 서비스를 제공할 것이고 그에 따라 뜻밖에 놀라운 성공을 거둘 수도 있다. 그리고 만일 내기에 진다면, 즉 치료가 성공하지 못한다면 상담사와 고객 모두 안타까움을 느낄 것이다. 바로 이 점이 치러야 할 대가다.

반면에 고객이 실패한다는 데 건다고 가정해 보자. (그렇다. 실제로 일부 상담사들은 결과에 대해 실망하고 싶지 않다는 이유로 그렇게 한다.) 실패한다고 믿으면 그 믿음이 옳은 것으로 판명되든 그른 것으로 판명되든 고객을 과소평가하는 셈이 된다. 그리고 만일 고객이 치유되지 않는다면, 상담사는 기껏해야 자신이 옳았다는 전혀 무의미한 승리감을 맛볼 수 있을 뿐이다.

사실 파스칼의 내기와 윌슨의 내기에는 차이점이 있다. 신이 존재한다는 베팅은 그것이 틀렸다고 해도 실제로는 아무런 불이익이 없다. 그저 신이 존재하지 않을 뿐 불이익도 없고 보상도 없는 것이다.

그러나 고객이 치유될 것이라는 상담사의 베팅은 그것이 틀릴 경우 실제로 불이익을 낳는다. 치유되기 위해 애쓰는 사람을 바라보는 것은 가슴이 아픈 일이기 때문이다. 그래도 나는 상담사 대부분이 본연의 가치관에 따라 결과가 어떻든 자신의 고객이 치유될 것이라고 믿었으면 좋겠다. 그 믿음이 틀린 것으로 드러날 경우 겪어야 할 실망을 기꺼이 각오하면서 말이다.

다음 연습 과제는 파스칼과 유사한 논리를 적용한 것으로, 마음이 자동적으로 생성해 내는 비관주의와 거리를 두고 객관적인 정보에 입각해 판단할 수 있도록 돕는다.

EXERCISE 비관주의 교차 분석표

가치관을 잃게 하는 마음의 작용은 수도 없이 많지만 그중에서도 비관주의는 더할 나위가 없다. 따라서 마음이 모든 일이 잘못될 것이라고 비관적으로 예측할 때는, 가치관의 방향으로 나아가기 위해 추가적인 노력을 기울여야 한다.

그러한 노력의 일환으로 파스칼을 모방해 교차 분석표를 만들어 보자. 교차 분석이란 두어 가지 변수 사이의 관계를 분석하는 것이다.

먼저 가치관과 충돌하는 비관적인 생각을 했던 상황을 떠올려 보자. 현재 진행 중인 일이면 더 좋다. 그다음 아래 표처럼 교차 분석표를 작성해 보자.

한 예로 고통스러운 이별을 겪은 후에 새로운 연인을 만나는 일을 고려 중이라고 가정해 보자. 유능한 마음은 이렇게 비명을 지를 것이다. '안 돼! 또 무슨 일을 당하려고! 진정한 사랑이란 없어!' 그러나 이 말이 사실일까? 마음이 말을 할 때는 언제나 사실을 확인해 보는 것이 좋다. 그리고 그것이 비관주의일 경우에는 선택에 따른 득과 실을 따져 보아야 한다. 마음이 내세우는 증거를 맹목적으로 받아들이면 우리에게 중요한 가치관으로부터 멀어질 위험이 있기 때문이다.

다시 연애할 것인가?

	그렇다	아니다
이상적인 짝 찾음	이별의 아픔을 각오하고 행복을 누린다.	완벽한 짝이 당신을 찾고 있지만 그 사람은 당신을 만날 수 없을 것이다.
짝을 찾지 못함	아픔을 겪는다.	외로움이 지속된다. 이별도 없고 사랑도 없다.

득과 실을 있는 그대로 적는 것이 중요하다. 비관적인 생각은 종종 매우 모호하다. 가령 이런 것일지도 모른다. '위험을 무릅쓰기에는 너무 손실이 커.' 여기서 '위험을 무릅쓰고'와 '너무'라는 말은 무의미할 정도로 모호하면서도 무척 불길한 느낌을 준다. 이처럼 마음이 제멋대로 모호하고 불길한 위협을 가하도록 허락하지 마라. 위 분석표에 따르면 다시 아픔을 겪을 가능성이 매우 크다. 마음이 주장하는 것처럼 다시 연애를 시작하기에는 그 대가가 너무 큰 것일까? 불길한 생각에 압도되었을 때는 현실적인 판단을 내리기가 어렵지만, 오직 여러분만이 이 질문에 대답할 수 있다.

이 간단한 연습 과제를 통해 마음의 비관적이고 모호한 예측에서 벗어날 수 있으며 진짜 위험이 무엇인지 간파할 수 있다. 그다음부터는 가치관이 우리를 이

끌어 줄 것이다. 어떤 사람은 다시 가슴 아픈 이별을 겪을 위험을 결코 용납하지 않을 것이고, 또 어떤 사람은 이별을 각오하고 데이트를 계속할 것이다. 각자의 가치관에 따른 결정만이 옳은 해답이다.

비관주의에 감사하기

이쯤이면 여러분도 내가 비관주의에 관해 최종적으로 어떤 변론을 내릴지 짐작할 수 있을 것이다. 바로 비관주의에 대항하지 말라는 것이다.

세상은 정말로 위험하다. 이 점을 마음도 안다. 그래서 마음은 한발 앞서서 문제를 고심하고자 하며, 바로 그러한 순간에 비관주의가 깃든다. 비관주의는 과거의 경험에서 비롯된 것일 수도 있고, 기질과 관련한 문제일 수도 있다. 그러나 비관주의가 어디에서 비롯되었느냐 하는 점은 궁극적으로는 별로 중요하지 않다. 마음의 관점에서는 그저 해야 할 일을 하는 것일 뿐이기 때문이다.

이러한 비관적인 생각은 절망이나 두려움 같은 감정적인 충동의 형태로 나타나므로 설득력이 매우 뛰어나다. 또한 비관주의에 대항할수록 우리는 질 수밖에 없는 체스 경기에 더욱 강하게 휘말린다. 그러므로 우리는 비관적인 생각의 포로가 아니라는 믿음으로 단단히 무장할 필요가 있다. 그런 상태에서 비관주의를 경험하면, 실패에 따르는 비용을 예측하는 마음의 천부적인 능력에 어쩌면 고마운 마음이 들지도 모른다.

10장 일시적인 욕구 충족

지금까지 살펴본 대로, 마음은 안전하고 옳은 방향으로 우리를 통제할 수 있는 막강한 술책 몇 가지를 갖고 있다. 즉 과거의 경험을 선택적으로 부각해서 똑같은 함정에 다시 빠지지 않도록 하고, 비장의 무기와 이중 잣대로 남들의 호감을 사도록 하며, 비관적인 생각으로 위험한 세상에서 위기를 관리하도록 돕는다.

이러한 마음의 술책에는 공통점이 있다. 저항하기 어려운 강렬한 감정으로 우리를 억누른다는 점이다. 물론 마음의 가장 강력한 동기는 우리의 안전에 발생한 문제를 해결하고자 하는 욕구, 그것도 '당장' 그렇게 하고자 하는 욕구다. 다행히 음주, 충동구매, 일회성 성관계와 같은 좋지 않은 행동을 고치라고 요구할 때도 있지만, 마음은 그보다 더 미묘하게 작동할 때도 있다.

여기 낸시라는 한 여성을 살펴보자. 파티에 참석한 그녀는 격식을 차리고 낯선 사람들과 어울려야 한다는 부담감 때문에 마음이 불편하다. 더구나 처음 만난 사람과 대화하는 기술이 없어서 홀로 어색하게 서 있다. 그러다가 웨이터가 애피타이저인 슈크림을 들고 지나가자 불안감이 더욱 높아진다.

냅시는 다이어트 중이기 때문이다. 그녀는 불현듯 슈크림을 하나라도 먹으면 자신에게 몹시 실망하리라는 생각을 한다. 경험상 슈크림을 단 한 개만이라도 먹으면 후식이 나올 때까지 내내 주체할 수 없을 만큼 과식하게 되리라는 것도 안다. 그런데도 그녀는 슈크림을 찾아 신들린 듯 몇 개씩이나 집어 먹었다. 예상대로 그녀는 그날 저녁 내내 과식을 했다. 유혹을 떨칠 수가 없었던 것이다.

집에 도착하면 그녀는 다이어트 규칙을 어긴 자신을 책망하면서 우울해질 것이다. 최초에 슈크림 하나를 먹게 했던 바로 그 마음이 나중에는 그것을 먹었다는 이유로 수치심을 유발하면서 그녀를 벌하기 때문이다. 그녀는 자기통제에 실패한 데 수치스러움을 느끼면서 잠자리에 들 것이다.

그러나 이 '자기통제의 실패'를 그녀의 행동을 판단하는 근거가 아닌 문제 해결 방안으로 바라보는 편이 옳을지도 모른다. 마음은 비록 근시안적이긴 하지만 항상 우리를 보살피니까 말이다.

이런 관점에서 볼 때, 낸시는 맨 처음 슈크림을 먹음으로써 두 가지 문제를 해결했다. 첫째, 인간이 끊임없이 해결해야 하는 욕구인 칼로리 섭취를 해결했다. (우리 조상들에게 칼로리 섭취는 끊임없이 해결해야 할 문제였다. 만약 그 당시에 소금 성분과 지방이 가득한 슈크림이 존재했다면 잔뜩 먹었을 것이다. 언제 다시 소금과 지방을 섭취할 수 있을지 장담할 수 없기 때문이다.) 그러한 욕구를 만족시키면 기분이 좋아진다.

둘째, 낸시는 슈크림을 먹음으로써 순간적으로 불안감에서 벗어날 수 있었다. 불편함을 피하는 것은 마음의 주요 목표 중 하나이기도 하다.

이처럼 슈크림 섭취는 두 가지 기능을 발휘했다. 즉 고통을 제거하는 동시에 기쁨을 더했다. 하나의 행동으로 두 가지 보상이 주어진 셈이다. 슈크림 섭취에 대한 낸시의 충동이 강렬했던 것은 어찌 보면 당연한 일이다.

그런데 이러한 종류의 해결책은 과식이나 중독으로까지 문제를 키울 수도 있다. 이는 어쩔 수 없는 마음의 특질이며, 이를 극복하는 일은 마음이 부과하는 커다란 시련 가운데 하나다. 그리고 짐작대로 이런 종류의 행동 역시 생존 전략이다. 목이 마르면 마음이 물을 섭취하는 것을 최우선 과제로 삼고, 고통에 빠져 있으면 그것이 감정의 고통일지라도 마음이 즉각적으로 그것을 완화하려고 노력하는 것과 다르지 않다.

이 장에서는 이러한 생존 전략이 어떻게 작용하는지, 그리고 그에 어떻게 대처해야 할지 살펴볼 것이다. 중독과 같은 심각한 문제를 겪는다면 전문가에게 도움을 구하는 것이 가장 좋지만, 여기에서는 마음이 그토록 설득력이 강한 이유 몇 가지를 설명하고 마음이 문제를 어떻게 더욱 악화시키는지 살펴봄으로써 여러분을 돕고자 한다.

두 마음의 싸움

때로 마음은 내분을 겪는 덩어리처럼 보인다. 정말 그럴지도 모른다. 실제로 우리는 앞으로 벌어질 수도 있는 사태를 두고 내적 갈등을 겪지 않는가? 고등하고 합리적인 마음은 장기적인 목표를 추구하고, 원시적인 마음은 즉각적인 만족을 원하는 탓에 말이다.

그런데 둘 중 하나를 없애거나 방해한다면 어떻게 될까? 가령 합리적인 마음의 입을 틀어막는다면, 원시적인 마음은 우리를 마음대로 통치하거나 최소한 더 큰 영향력을 갖게 될까? 아마도 그런 것 같다. 이는 구체적으로 '외상성 뇌손상'의 후유증 가운데 하나와 비슷한 현상이기도 하다.

고등하고 합리적인 마음은 눈 바로 윗부분인 '전전두피질prefrontal cortex'에서 나온다. 전전두피질은 판단, 추론, 충돌 조절, 행동의 융통성—심리학에서는 이를 간단히 '수행 기능executive functioning'으로 부른다—과 관련이 있는 기관이다. 그리고 뇌의 겉층에 있고 두개골과 가깝기 때문에 머리에 타격을 입거나 자동차 사고 등으로 급격하게 흔들리면 손상을 입기 쉽다.

전전두피질이 손상되면 반응을 조절하는 능력이 떨어진다.[080•] 고등한 마음이 원시적인 마음을 통제할 수 없기 때문이다. 따라서 행동은 더욱 충동적으로 변한다.

그러나 전전두피질과 달리 '변연계'는 뇌 안쪽 깊숙한 곳에 있어서 손상을 잘 입지 않는다. 변연계는 원시적인 마음의 영역인 충동, 욕구, 감정적 반응과 관련이 있는 기관이다. 따라서 약간 단순하게 설명하면, 외상성 뇌손상은 충동 억제력을 감소시키면서 충동은 그대로 남겨 둔 상태라고 말할 수 있다. 쉽게 말해 감정의 엔진은 작동하지만 브레이크는 고장 난 상태가 되는 셈이다. 심리학자들은 전전두피질의 손상에서 말미암은 이러한 상태를 '수행 조절 장애 증후군executive dyscontrol syndrome'이라고 일컫는다. 이 증후군의 증상으로는 과민성, 충동성, 욕구 불만 등이 있다.[081•]

대다수 심리학 개론 수업에서 빠지지 않고 논의되는 인물인 피니어스 게이지의 이야기는 외상성 뇌손상에 뒤따르는 행동 문제를 밝혀 주는 전형적인 사례다. 게이지는 버몬트 주 캐번디시Cavendish에서 철도 건설 현장 감독관으로 일하던 사람인데 1848년 9월 13일, 폭발 사고로 쇠막대기에 뇌를 찔렸다.

이 사고로 그는 뇌 전두 대부분을 잃었으며, 이는 최초로 발생한 복내측 전전두피질의 심각한 손상 사례로 기록되었다.[082•] 그가 회복되었을 때 그의 친구와 가족들은 충격에 빠졌다. 사고 전에는 사교적이고 분별 있으며 유능한 감독관이었던 그가 사고 후에는 정신이 나간 듯 얼떨떨하고 불손하며 완전히 무능한 사람이 되어 버렸던 것이다.

이는 인간의 뇌가 각 기관마다 분업화되어 있어서 때로는 각 기관이 서로 반대로 작용한다는 점을 보여 준다. (가령 우리가 싫어하는 사람에 대해 원시적인 마음은 맹렬히 비난하라고 부추기지만, 이성적인 마음은 좀 더 정중하게 대응하라고 요구한다.) 피니어스 게이지의 경우, 합리적인 마음에 비해 비교적 덜 억제된 원시적인 마음이 그의 행동을 지배했다. 뇌손상이 원시적인 마음의 생각, 감정, 충동을 표면 위로 끌어올린 셈이다.

알다시피 원시적인 마음은 엄청난 학습 기계로 우리의 행동이 환경에 미친 영향을 기억함으로써 학습한다. 이것이 바로 상당수 심리학 개론 수업에서 피니어스 게이지의 이야기와 함께 소개되는 선행 자극–행동–후속 자극 모델이다.

가령 슈퍼마켓 계산대에서 알록달록한 사탕을 발견(선행 자극)한 아이는 이렇게 외칠 것이다. "먹고 싶어, 먹고 싶어, 먹고 싶어!"(행동) 결국 부모는 사탕을 사줄 수밖에 없다(후속 자극). 그러면 아이는 부모의 반응을 기억했다가 다음번에도 똑같은 행동을 반복한다.

그러나 실제로 대부분의 마음은 서로 다른 차원의 목표를 동시에 추구하는 것 같다. 원시적인 마음은 즉각적인 만족을 얻으라고 부추기고, 합리적인 마음은 더 가치 있는 목표와 장기적인 이익을 추구하라고 부추기면서 말이다. 파티에 참석한 낸시에게도 바로 이런 일이 일어났다. 그녀의 원시적인 마음이 슈크림을 목격하고 '먹고 싶어, 먹고 싶어, 먹고 싶어!'라고 외치는 동안, 합리적인 마음은 건강한 몸무게 유지라는 보다 장기적이고 의미 있는 목표를 추구하라고 요구했을 것이다.

그러나 원시적인 마음의 요구는 결코 사라지지 않는다. 원시적인 마음은 끊임없이 즉각적인 만족을 추구하며, 낸시에게서 그랬듯 자주 원하는 바를 얻어낸다.

이제 처음의 질문으로 돌아가 보자. 만약 합리적인 마음의 입을 틀어막는다면 원시적인 마음은 제멋대로 날뛸까? 그렇다. 피니어스 게이지에게 그랬던 것과 마찬가지로, 원시적인 마음은 기회가 있을 때마다 자기 특성을 뚜렷이 드러낼 것이다. 그와 대조적으로 진화된 뇌 구조인 합리적인 마음은 우리 자신의 충동적인 행동의 결과에 다치는 일이 없도록 우리를 보호할 것이다.

역으로 원시적인 마음의 충동이 없다면, 우리는 충동이 우리를 지배할 때만큼은 아닐지 몰라도 거의 비슷하게 불편을 겪는다. 편도체(5장에서 논의한 아몬드 모양의 뇌 기관)가 손상된다면 어떤 일이 벌어질지 상상해 보자. 편도체가 손상된 동물은 행동과 정서에 여러 가지 문제를 보이지만 그중에서도 특히 위험한 상황에서 두려움을 느끼지 못하고 지나치게 유순해진다.[083*] 편도체가 손상된 인간 역시 위험한 도박을 피하지 못하거나 틀림없이 실패할 투자에 돈을 낭비하는 경향이 있다.[084*] 즉 유용한 비관주의를 잃은 것과 같은 상태가 된다.

여기에서 얻을 수 있는 가장 큰 교훈은 무엇일까? 바로 원시적인 마음은 언제나 즉각적인 만족을 요구한다는 점이다. 원시적인 마음은 장기적인 목표 따위는 무시한 채 슈크림 하나를 더 먹으라고 부추긴다. 따라서 멀리 내다보면서 원시적인 마음을 통제하는 것은 온전히 우리의 몫이다.

당장 만족하고 싶은 충동

우리의 내적 갈등은 주로 단기적인 목표와 장기적인 목표 사이의 갈등으로 귀결된다. 기쁨을 주고 불편을 덜어 줄 조그만 슈크림을 탐닉할 것인가? 아니면 손에 닿지 않는 보다 높은 결과를 얻기 위해 노력할 것인가?

종종 우리는 단순히 장기적인 결과를 잘 알 수 없다는 이유만으로 단기적인 목표를 선택한다. 특히 불안한 마음이 들거나 무언가를 간절히 바랄 때면 더욱 단기적인 목표에 따라 행동하게 된다.[085*]

이처럼 단기적인 목표에 따라 즉각적인 만족을 얻고자 하는 충동은 장기적인 목표를 추구하는 인간의 유용한 기술을 아직 익히지 못한 어린이들 사이에서 아주 뚜렷하게 드러난다. 1960년대 후반, 심리학자 월터 미셸은 아주 유명한 연구를 수행했다. 네다섯 살 아이들에게 조건에 따라 마시멜로를 주는 실험이었다.

먼저 미셸 박사는 아이들을 마시멜로가 놓인 방으로 한 명씩 들어오게 했다. 그런 다음 자신이 15분간 자리를 비우겠으니 그 사이에 마시멜로를 먹어도 좋다고 했다. 다만 다시 돌아올 때까지 마시멜로를 먹지 않고 기다리면 마시멜로 '두 개'를 먹을 수 있다고 말했다.

아이들에게는 무척 긴 시간인 15분 동안 마시멜로를 먹지 않은 아이들은 그중 단 30퍼센트에 불과했다. 몇 명은 마시멜로를 즉시 먹어 치웠고, 나머지는 마시멜로를 한 30초 정도 뚫어지게 쳐다보다가 결국 먹어 버렸다.[086•]

이처럼 즉각적으로 만족을 얻고자 하는 욕구는 너무도 강렬하기 때문에 더 나은 방향으로 판단하기가 어렵다. 모든 아이가 마시멜로 하나보다는 두 개를 먹는 것이 더 좋다는 것을 알면서도, 순간적으로 원시적인 마음의 강렬한 충동을 참지 못한 셈이다. 나이가 들고 경험이 쌓일수록 그러한 충동을 조절할 수 있게 되지만, 그렇다고 원시적인 마음이 사라지는 것은 결코 아니다. 사라지기는커녕 도리어 언제나 미끼를 덥석 문다. 미셸 박사의 실험 결과를 통해 우리는 그러한 충동에 어떻게 대처하는 것이 좋은지 짐작할 수 있다.

단숨에 욕구를 충족시키는 버릇 고치기

마음속에 갈등이 일어날 때는 원시적인 마음을 내버려 두는 것이 좋다. 미셸 박사의 연구는 단순히 미취한 아동의 자제력에 대한 흥미로운 실험만은 아니다. 그는 그 아이들이 청소년으로 성장할 때까지 계속 관찰했는

데, 마시멜로를 두 개 먹은 아이들이 삶을 더 잘 살아간다는 것을 알 수 있었다. 학교생활도 더 잘 했고 목표 지향적이었으며 자기 통제력도 더 높았다. 또한 유혹에 잘 흔들리지 않았고 좌절감을 곧잘 극복했으며 스트레스를 해소할 줄도 알았다.[087*] 이들에게는 원시적인 마음이 항상 '잘' 작동하지는 못했던 것이다.

대번에 욕구를 만족시키는 습관을 고치기란 간단하지만 쉽지만은 않다. 고집스러운 마음을 움직이기란 무척 힘든 일이기 때문이다. 그러한 습관을 고치려면 생각 억제라는 함정에 빠지지 않고 충동을 극복해야 한다. 1장에서 살펴보았듯이 음식에 대한 생각을 억제하면 오히려 음식을 더 많이 먹는 결과를 초래하기 때문이다.

더욱 좋은 방법은 충동이 드는 순간 그것을 알아채고 그와 다르게 행동하기를 택하는 것이다. 이때 충동을 없애려고 하면 안 된다. 충동을 그저 방 한구석에서 시끄럽게 짖어 대는 개 한 마리라고 상상하자. 개 짖는 소리에 대응할 필요는 없으니 개가 방 안에 있더라도 그냥 두고 할 일을 하면 된다. 심리학에서는 이를 '노출과 반응 방지법'이라고 부른다. 욕구를 곧장 만족시킬 수 없는 환경을 미리 조성한 다음 자극에 노출시키는 치료법이다.

이는 미셸 박사의 실험에서 마시멜로를 먹지 않은 30퍼센트 아이들의 행동과 비슷하다. 미셸 박사는 이 아이들의 행동을 '전략적인 집중의 배분'이라고 표현했다. 이 아이들은 마시멜로에 집중하는 대신 눈을 감거나 노래를 부르거나 탁자 아래에서 숨바꼭질을 하면서 주의를 딴 데로 돌렸다. 아이들은 마시멜로에 대한 욕구 자체를 제거한 것이 아니라 그저

주의를 돌린 것임이 분명하다.[088]

이렇게 주의를 다른 데로 돌림으로써 아이들은 중요한 것을 성취했다. 마시멜로의 냄새와 말랑말랑한 감촉의 유혹에서 자신을 지켜 낸 것이다. 아이들은 어떤 '생각'을 피하려고 한 것이 아니었다. 마시멜로 자체의 가장 유혹적인 측면을 피한 것이었다. (마시멜로는 피할 수 있다. 그러나 마시멜로에 대한 욕구를 피할 수는 없다.)

이처럼 구미가 당기는 대상을 피하면 피할수록 아이들은 점점 더 유혹에 강해지고 보다 큰 목표를 추구하게 된다. 그렇게 훈련된 아이들은 구미가 당기는 대상의 유혹적인 측면이 아니라 보다 추상적이면서도 구체적인 정보에 근거한 목표에 집중하게 된다. 즉 '이것을 먹지 않고 기다린다면 두 개를 먹을 수 있어.'라고 생각할 수 있다. 감각적인 대상에서 추상적인 목표로 주의를 돌리면 유혹을 이겨내기가 한결 쉬워진다.[089]

마시멜로를 앞에 두고 주의를 다른 데로 돌리는 행동을 미셸 박사는 '유혹 피하기'라고 부른다. 유혹적인 대상과 거리를 두면 유혹에 빠질 가능성이 줄어든다.[090] 따라서 마음이 '슈크림을 먹어!'라고 외친다면 이렇게 대답하자. '너와 싸우지 않겠어. 그저 슈크림이 있는 곳을 바라보지 않을 테야.'

미셸 박사의 실험에서 가장 유심히 살펴봐야 할 점은 바로 즉각 만족하기를 원하는 충동적인 마음에 대처하는 방법이다. 우리는 원시적인 마음을 누그러뜨릴 수는 없어도 최소한 잠깐 동안은 외면할 수 있다. 그리고 이는 연습할수록 쉬워진다. 운동을 하면 근육이 자라는 것과 마찬가지로 '유혹 피하기'를 연습하면 충동을 이겨내도록 돕는 신경계가 강화되어 의도적으로 충동을 피할 수 있다.

처음에 나는 여러분에게 회피가 위험한 것이라는 인상을 심어 주었다. 그러나 이는 회피하는 대상이 무엇이냐에 따라 다르다. 1장에서 살펴본 것처럼 생각과 감정을 회피하는 것은 위험한 일이다. 마음의 작용을 피하기 위해 술이나 마약에 의존하는 사람은 시간이 갈수록 수치심과 후회, 불안감에 시달리며 술이나 마약을 더 많이 찾게 된다는 것을 이미 살펴보았다. 한마디로 헛된 노력인 셈이다.

그러나 여기에서 논의하려는 것은 생각과 감정을 피하는 일이 아니다. 우리가 아는 한 미셸 박사의 마시멜로 실험에 참여한 아이들도 마시멜로에 대한 욕구, 마시멜로에 대한 생각, 마시멜로를 먹지 않고 기다리는 것에 대한 불안감을 없애려고 노력하지는 않았다. 아이들은 마음의 어떤 작용도 피하지 않았다.

아이들이 피한 것은 오히려 바깥세상에 존재한 것이었다. 즉 그들은 마시멜로의 특정한 측면을 피했으며 그중에는 마시멜로가 보이지 않는 곳에 숨은 아이도 있었다. 마시멜로의 시각과 촉각과 후각이라는 특징으로부터 추상적인 상황으로 주의를 돌린 것이다. 그러나 이렇게 주의를 돌리는 것은 생각을 피하는 것과 달리 위험하지 않다. 우리는 이렇게 주의를 돌림으로써 보다 고등하고 합리적인 마음이 추구하는 목표에 집중할 수 있다.

아이들은 마시멜로를 의도적이고 단호하게 회피했다. 대상에 따라 회피는 이처럼 현명한 선택일 수도 있다. 우리는 다음과 같은 세 가지 방법을 사용해 의도적으로 단호하게 대상을 회피할 수 있다.

1. 유혹 피하기

유혹에 빠질 것 같으면 아이들이 했던 대로 행동하면 된다. 첫째, 신속히 그 상황을 벗어나자. 낸시는 웨이터의 손에 들린 슈크림을 바라보았을 때 강렬한 유혹을 느낄 시간을 번 셈이다. 그 냄새를 포착하고 질감을 눈치 챈 다음 무심결에 맛이 어떨지 상상하기 시작했던 것이다. 그녀가 마음에게 유혹적인 대상을 흘끗 보도록 허락했던 탓이다.

둘째, 상황의 보다 추상적인 면을 생각하라. 그렇게 했다면 낸시는 다이어트라는 장기적인 목표에 관해 자신을 격려할 시간을 벌 수도 있었을 것이다.

결국 유혹적인 대상에 부딪혔을 때 가장 먼저 해야 할 일은 그 대상을 피하는 것이다. 그 상황을 벗어나라. 화장실에 가든 밖으로 뛰쳐나가든 뭔가 주의를 환기할 만한 행동을 하라. 그런 다음에야 상황을 얼마간 합리적으로 바라볼 수 있고, 마음이 제멋대로 상황을 이끌고 가는 것을 막을 수 있다.

2. 멈추기

그러나 때로는 유혹을 피하는 데 실패해서 한껏 마음의 욕구를 충족시켜 주는 자신을 발견하기도 한다. 미처 알아차리기도 전에 슈크림을 잔뜩 먹고 있는 것이다.

이는 정말 맥 빠지는 일이 아닐 수 없지만, 그런 일은 종종 발생한다. 그 순간 마음은 이렇게 말할 것이다. '벌써 슈크림을 세 개나 먹었으니 다이어트는 망쳤어. 차라리 다이어트를 그만두는 게 낫겠어.' 그러나 이미 시작했다는 이유만으로 계속해서 같은 행동을 해야 하는 것은 아니다.

그런 일이 발생했다면, 잠깐 멈춰라. 그리고 그 상황에서 빠져나와라. 그런 다음 자기 가치관과 그에 따른 장기적인 결과를 가늠해 보자. 방향을 틀기에 너무 늦어 버린 때란 없다. 처음부터 쉽게 유혹을 이길 수 있는 사람은 거의 없으며, 변화는 간헐적으로 일어난다는 점을 기억하자.

만약 마음이 '너는 이미 실패했어. 그러니 그냥 계속 먹는 게 나아.' 라고 말한다면, 그 생각의 유용성에 대해 낱낱이 검토하라. 이미 유혹에 빠졌다고 해도, 적어도 잠시 멈추는 것을 연습할 수는 있다. 그리고 그렇게 멈추는 것을 연습할수록 점점 더 능숙하게 멈출 수 있다.

3. 한 번에 한 단계씩

가끔은 아무 일도 하지 않는 것이 즉각 욕구를 만족시키는 일일 때도 있다. 가령 헬스클럽에 가지 않고 집에서 빈둥거린다든지 숙제를 하지 않는다든지 곤란한 대화를 피한다든지 하는 일들 말이다. 이처럼 마음이 앞으로 나가기를 완강하게 거절하면서 회피의 유혹적이고 즐거운 측면에 주의를 기울이게 한다면('헬스클럽에 가는 것보다는 집에서 과자를 먹는 게 더 좋지 않아?') 해야 할 일을 여러 작은 단계로 나누면 된다.

헬스클럽에 가기를 회피하는 사람은 그 일이 너무 힘들어 보여서 꼼짝 못하게 된 것이다. 그러니 더 작은 단계의 일에 집중해 보자. 일단 신발 한 짝을 신고 다른 한 짝도 신자. 그런 다음 자동차로 걸어가서…….
이상적인 전체 모습을 상상할 것이 아니라 이렇게 쉽게 해낼 수 있는 작은 일에 집중해 보자. 그러면 마음이 아무리 운동이라는 고통으로부터 여러분을 떼어놓으려고 애써도 여러분은 순식간에 운동을 마치게 될 것이다.

단숨에 욕구를 충족시키고 싶은 충동 훈련하기

때로 마음은 단숨에 식욕을 충족시키고자 한다. '짭짤하고 기름진 음식을 먹고 싶어, 지금 당장.' 그런가 하면 다른 순간에는 다른 형태의 욕구를 즉각 만족시키고자 한다. 가령 긴장감이나 불안감의 해소 같은 욕구를 말이다.

긴장감을 해소하려는 극단적인 마음 작용의 대표적인 사례가 바로 강박 장애다. 강박 장애의 증상은 '뚜렷한 고통이나 장애를 유발할 만큼 극심하게 되풀이되는 집착 또는 충동'이다.[091*] 미국 심리 학회는 이런 증상을 겪는 인구를 다양한 문화권을 통틀어 약 0.5~2.1퍼센트로 추산한다. 강박 장애를 겪는 사람이라면 이 장애가 불러오는 고통이 얼마나 심각한지 따로 설명을 들을 필요도 없을 것이다.

강박 장애는 합리적이고 고등한 마음과 원시적인 마음 사이의 전쟁이라고 할 수 있다. 원시적인 마음은 손 씻기나 현관문 잠금 상태 확인하기와 같은 의례적인 특정 행동이 일시적으로 안도감을 준다는 것을 학습했기 때문에 그런 행동을 반복한다. 그러나 합리적인 마음은 그런 행동을 반복할수록 손실이 커진다는 것을 안다. 가령 할 일을 제때 마무리하지 못한다거나 인간관계가 악화될 수도 있고 그런 행동이 외견상 불합리해 보인다는 점에서 수치스러움을 느낄 수도 있다. (그러나 마음의 관점에서는 그 행동이 전혀 불합리하지 않다. 오히려 그런 행동으로 불안감을 해소할 수 있기를 바란다.)

강박 장애가 내면의 격렬한 전쟁처럼 느껴지는 이유는 원시적인 마음이 불안감을 줄여 줄 행동을 하라고 요구하는 동안 합리적인 마음은 그렇게 행동했을 때의 비용을 계산하기 때문이다. 애꿎은 행인을 향해 점점 사납게 짖어 대는 뒷마당의 개처럼 강박 장애는 특정 행동을 반복할수록 더욱 심해진다.

평범한 마음과 마찬가지로 강박 장애가 있는 마음도 안전하다는 것을 확인하고 싶어 한다. 다만 강박 장애가 있는 마음은 안전을 특정 행동과 연관 짓기 때문에 그 특정 행동만을 반복해서 요구한다는 차이가 있을 뿐이다. 그러한 마음을 잠재우는 가장 손쉬운 방법은 그 요구에 승복하는 것이다. 그러나 그것은 뒷마당 개의 짖는 행위가 그렇듯 아주 잠깐 동안만 마음을 편안하게 해 줄 뿐 오랫동안 만족시키지는 못한다.

강박 장애가 있는 마음은 사실 불안감을 더 많이 불러일으키고 어떤 행동을 하도록 요구한다는 것 외에는 다른 평범한 마음과 별 차이점이 없다. 이렇게 끊임없이 걱정하는 것은 모든 마음의 근본적인 습성이다. 마음의 근본적인 습성은 깰 수 없어도 강압적이고 충동적인 마음은 훈련할 수 있다.

마음이 분업화되어 기능한다는 또 다른 증거로서 강박 장애와 관련이 있는 신체 기관을 잠깐 살펴보자.

강박 장애는 대뇌 반구 깊숙이 안쪽에 자리한 '미상핵'과 관련이 있다. 강박 장애 환자의 뇌 영상을 보면 미상핵이 비정상적으로 많은 양의

에너지를 사용한다는 것을 확인할 수 있다.[092] 또한 대화 요법으로 강박 장애가 치료되면 환자의 뇌 영상에서 미상핵이 정상 수준의 활동량을 회복하는 것을 확인할 수 있다. 왜 그럴까?

강박 장애를 치료하려면 즉각적인 만족을 얻으려는 마음의 충동을 자제하고 행동을 바꾸어야 한다. (이 말이 친숙하게 들리는가? 미셸 박사의 실험을 떠올려 보자.) 이는 뒷마당의 사나운 개를 훈련하는 일과 비슷하다. 처음에 개는 저항하고 불안감을 점점 더 크게 느낄 것이다. 그러나 개를 비난할 수 있을까? 위험하다고 짐작하는 대상을 피하려는 것뿐인데 말이다.

그러나 만약 우리가 개를 책임지고 돌보며 안심시키고 훈련을 지속한다면, 결국 개는 그렇게까지 소동을 부리지 않아도 모든 일이 다 잘되리라는 것을 깨달을 것이다. 마찬가지로 원시적인 마음도 의례적인 행동에 집착하지 않고도 모든 일이 잘되리라는 것을 학습할 수 있다. 피가 날 때까지 손을 박박 씻는 의례적인 행동은 전혀 문제를 해결해 주지 않지만, 원시적인 마음은 즉시 안도를 느낀다는 이유만으로 그 행동이 효과가 있다고 착각한다. 그런 착각에서 벗어나려면 고등한 마음이 원시적인 마음의 요구를 물리치도록 해야 한다.

충동을 없앨 수는 없지만 희망은 있다

때로 마음은 우리를 가치관으로부터 멀리 떨어뜨려 놓으려고 한다. 마음은 작고 안전한 호를 그리며 흔들리는 진자를 원하기 때문이다. 즉 안전을 최우선시하는 것이다.

그리고 원시적인 마음은 고등한 마음이 해내려는 일이 무엇인지 이해하지 못한다. 서로 관련이 없는, 때로는 대립되기까지 하는 동기를 갖고 있기 때문이다. 원시적인 마음은 우리에게 도움이 필요하다고 판단하면, 즉 진자가 너무 큰 폭으로 흔들릴 때면 우리의 의사와 관계없이 강력한 도구를 이용해서 개입한다.

마음은 고통스러웠던 경험과 위험한 대상에 관해 결코 틀리게 기억하는 법이 없다. 그래서 우리는 때로 머리로는 안전하다는 것을 알면서도 꼼짝 못하고 얼어붙어 버린다. 그러나 마음이 이렇게 우리를 마비시킬 수 있는 순간은 오직 우리가 마음의 움직임을 관찰하는 일, 마음이 유발하는 모든 생각과 감정을 감사히 받아들이는 일, 가치관에 따르는 일을 깜빡 잊었을 때뿐이다. 결국 원시적인 마음과 더불어 살아간다는 것은 그 요구를 외면하는 힘을 키우고 계속 앞으로 나간다는 의미다.

이 장을 통해 손쉽게 만족을 얻으려는 마음의 충동에 어떻게 대처해야 할지 충분히 배웠으리라 본다. 그런데 마음의 충동은 때로 중독으로까지 악화되어 도저히 통제할 수 없는 지경에 이르기도 한다. 중독이나 심각한 불안증에 시달리는 사람은 전문가를 찾아가는 것이 좋다.

지금까지 우리는 마음이 작용하는 방식, 마음을 관찰하는 방법, 가치관에 따라 마음의 요구에 불응하는 방법 등을 살펴보았다. 그러나 긴장을 늦출 경우 마음은 언제든 불시에 우리를 습격할 수 있다. 이제 이 책의 나머지 부분에서는 이러한 불시의 습격에 방어할 수 있도록 우리의 고등한 마음을 잘 가다듬는 방법을 살펴보도록 하자.

4부

기분,
생활 습관,
심리적 유연성

그리스신화 속 인물인 탄탈로스는 인간을 통치하는 전도유망한 임무를 맡고 있었으나 어느 날 신들을 화나게 하고 말았다. 먼저 그는 신들의 음식인 암브로시아를 훔쳐다가 인간에게 주었다. 그리고 결정적으로 신들을 초대한 자리에 자신의 아들 펠롭스를 썰어 만든 요리를 대접함으로써 비극적인 운명을 초래했다. 탄탈로스는 한때 제우스의 만찬에까지 초대될 정도로 총애를 한 몸에 받았지만 이 일로 신들의 분노를 사 영원한 벌을 받게 되었다.
신들은 탄탈로스를 맑고 차가운 호수에 던졌다. 그런데 탄탈로스가 목이 말라 물을 마시려고 하면 호수의 수위는 점점 낮아져서 발밑에 검고 끈끈한 진흙만 남았다. 또 그의 머리 위에는 먹음직스러운 과일이 달린 나뭇가지가 드리워져 있었지만, 그가 손을 뻗기만 하면 세찬 바람이 불어와 과일을 먼 곳에 떨어뜨렸다. 탄탈로스는 지금도 깊은 지하 왕국에서 영원히 애를 태우고 있다고 한다.
마음도 우리를 탄탈로스와 같은 처지에 빠뜨릴 수 있다. 우리가 간절히 원하는 것을 얻지 못하게 함으로써 말이다. 그래서 때로는 인간관계, 일 등 가치관에 따른 목표가 결코 달성할 수 없을 것처럼 느껴지기도 한다.
그러나 그것은 기분 탓이다. 기분은 주변과 우리 자신에 대한 인식을 바꾸는 힘이 있다. 기분은 우리에게 무력감을 느끼게 하고, 심지어 기억까지도 변형시킨다. 또한 저조한 기분은 마음에게 통제권을 쥐어 줌으로써 우리를 안전하지만 완전히 비참한 상태에 가두기도 한다. 그러나 우리는 탄탈로스처럼 영원한 박탈감의 세계로 들어서지 않아도 된다. 기분이 어떻게 작동하는지 이해하고 예상 밖의 변화에 대한 취약성을 줄이는 생활 습관을 유지한다면 심리적 유연성을 키우고 소중한 가치관을 추구할 자유를 얻을 수 있다.

11장

마음 상태 들여다보기

기분이 마음을 움켜쥐고 인식에 영향을 끼치면 평소와 사뭇 다른 선택을 하면서 자신을 전혀 다른 사람처럼 느끼게 된다. 기분은 한 가지 형태가 오랫동안 지속되기도 하고 문제가 발생할 때마다 오르락내리락하기도 한다. 이러한 기분은 특히 맬러리의 삶에 그야말로 엄청난 영향을 끼쳤다.

맬러리의 기분

맬러리는 34세의 여성으로 직업적으로 성공적인 삶을 살아 왔다. 대형 회계 법인 정보 기술 부서에서 관리자로 일하는 그녀는 유능하고 열정적이라는 평가를 받고 있으며, 급여 또한 누구나 부러워할 만한 액수를 받는다. 또한 자신은 크게 느끼고 있지 못하지만, 일에서 또 다른 종류의 안락함까지 얻고 있다. 그녀는 자신의 업무의 특성상 타인과 동떨어져서 지낼 수 있다는 점에서 편안함을 느낀다.

맬러리는 혼자 있기를 매우 좋아하는 사람이다. 그러나 직장은 다른 사람과 대화할 수밖에 없는 공간이므로 그녀는 자연스럽게 업무가 많고

형식적인 절차가 중시되는 회사를 택하게 되었다. 그녀는 전문성이 요구되는 자신의 업무와 고지식한 문화가 있는 이 회사가 마음에 들었다. 그리고 부하 직원, 동료와의 관계가 서먹서먹한 점 또한 다행스럽게 생각한다. 만일 회사 사람들과의 관계에 그러한 장벽이 없다면 예전의 행동 양식이 다시 재발할 성싶었기 때문이다.

그녀는 이전 직장에서 동료들과 어울리지도 않고 변덕스러우며 자기중심적인 사람으로 소문이 났다. 그래서 '오피스 악녀'라고 불리기도 했다. 그녀는 이를 웃어넘기며 자신이 세상에서 제일 일 잘하는 악녀라며 으스댔지만, 그것은 오직 상처를 외면하기 위한 농담일 뿐이었다. 진짜로 원하는 것을 얻기 위해 노력하기보다는 실없이 농담을 던지는 편이 더 쉬웠기 때문이다.

그러나 겉보기와 달리 그녀는 동료들과 친밀하게 지내고 싶었다. 일과 시간이 끝난 후에도 함께 웃으며 시간을 보내고 싶었고, 친목 모임에도 초대받고 싶었으며, 쉬는 시간이면 음료수를 마시며 주고받는 살가운 농담에도 끼고 싶었다. 그러나 이 모든 것이 도저히 불가능한 일처럼 느껴졌다. 뭔가 알 수 없는 장벽이 그녀를 가로막았던 것이다. 그것은 다름 아닌 그녀의 내면에서 발생한 무엇이었다. 매일매일 자신의 생각, 감정과 싸우던 그녀는 자신의 삶에 어느 누구도 들어설 자리가 없다는 생각에 빠져 버렸다.

맬러리는 고등학교를 졸업한 이후로 줄곧 좋지 않은 기분, 우울증까지는 아니지만 만성적으로 침울한 기분에 시달려 왔다. 그러한 '기분 저하' 증상과 함께 그녀는 쉽게 지울 수 없는 다음과 같은 끔찍한 생각에 시달리고 있다.

그녀는 삶을 좀 더 낙관적으로 바라보고 싶어하지만 늘 최악의 상황이 벌어질 것이라고 상상한다. 또 남들에게서 좋은 면을 보아야 한다는 것을 알면서도 주로 분노와 적대감만을 확인한다. 게다가 지난날을 돌아볼 때면 자신의 삶에 더욱 감사해야 한다고 느끼면서도 항상 최악의 경험만을 떠올린다. 그녀는 자신이 마치 살아 있는 사람들로 가득한 세상에서 홀로 떠도는 유령 같다고 느낀다. 또 남들처럼 세상을 바라볼 수 없고 삶의 풍요로움도 누릴 수 없을 것만 같다. 침울한 기분 탓에 세상과 사람들에 대한 시각이 왜곡되어 버린 것이다.

결국 삶의 풍요로움을 손에 넣을 수 없다고 믿은 맬러리는 일견 납득할 만한 결론에 이르렀다. 사람들과 친밀한 관계를 맺지 않아도 되는 전문 직업을 구해서 가면을 쓰고 숨기로 한 것이다. 그렇게 해서 그녀는 군중 속에서 혼자가 될 수 있었고 겉보기에는 훌륭하게 업무를 수행하고 있다. 이 회사에서 그녀는 그저 남들과 조금 거리를 두는 사람 정도로만 보이며, 이 자리에 그럭저럭 잘 어울리는 것 같다.

기분을 믿지 마라

기분과 인식은 직접적으로 연결되어 있다. 인식은 기분에 영향을 미치고, 앞으로 몇 가지 구체적인 예를 살펴보겠지만 기분 역시 인식에 영향을 미친다.

인식은 요사스러운 존재다. 마음 한구석에서 의식으로 스며드는 정보인 인식은 보기만큼 미덥지 않다. 왜냐하면 인식은 기분에 의해 좌지우지되기 때문이다.

맥락 역시 인식에 큰 영향을 미친다. 예컨대 우리는 어떤 이를 항상 마주치던 장소가 아닌 다른 곳에서 마주치면 누구인지 못 알아보기도 한다. 늘 사무실에서만 마주치던 사람을 우연히 대형 마트에서 마주치게 된다면 누구인지 헷갈리기 쉽다.

이와 같은 맥락의 영향을 연구하기 위해 비오리카 마리안과 마르가리타 카우샨스카야는 영어와 중국어를 둘 다 말할 수 있는 사람들을 대상으로 두 가지 언어를 모두 사용해 질문하는 실험을 했다.[093*] 가령 먼 곳을 응시하면서 한 팔을 치켜들고 서 있는 모양의 조각상이 무엇이냐는 질문이 있었는데, 참가자들은 중국어로 질문을 받았을 때는 십중팔구 마오쩌둥 상이라고 말했고, 영어로 질문을 받았을 때는 대체로 자유의 여신상이라고 말했다. 또한 참가자들은 처음 학습했던 언어로 질문을 받을 때 해당 정보를 더욱 수월하게 떠올렸다.

이 실험이 시사하는 것은 무엇일까? 다름 아니라 마음이 연관성이 있는 정보를 걸러 내고 선별한다는 점이다. 집중력과 기억력을 조정하는 뇌 구조가 합리적이고 고등한 마음에 유입되는 정보를 처리하는 덕분이다. 그러나 불행히도 마음은 우리에게 항상 정확하거나 유용한 정보만을 제공하지는 않는다. 회사와 관련된 사람을 마트에서 마주쳤을 때 마음이 그의 이름이나 나와의 관계에 대해 늘 정확하게 알려 준다면 얼마나 좋을까? 하지만 그렇지 않을 때가 많다.

기분은 인식에 아주 깊은 영향을 끼치는 맥락 가운데 하나라고 할 수 있다. 사독 Sadock의 저서 『정신의학 개요 Synopsis of Psychiatry』에는 '기분'에 대한 아주 적절한 정의가 실려 있다. 바로 '세상에 대한 인식에 영향을 끼치는 뿌리 깊고 지속적인 감정'이다.

이처럼 장소나 시간 같은 외적 요인뿐만이 아니라 인간의 내적 상태인 기분도 맥락에 해당한다고 볼 수 있다. 기분은 세상을 보는 렌즈와 같다. 기분에 의해 채색된 정보는 도무지 신뢰할 수 없다. 카메라에 새로 장착한 렌즈가 전혀 다른 사진을 찍어내듯이 기분은 우리 인식을 바꾸기 때문이다. 그래서 기분의 영향 아래 놓인 마음을 믿을 수는 없다.

기분이 인식에 영향을 미치는 방법

기분은 세상에 대한 인식을 왜곡시킨다. 그것도 원래의 기분을 더욱 고착시키는 방식으로 말이다. 맬러리가 스스로를 그토록 고립시켰던 이유도 그 때문이다. 너무 오랫동안 기분이라는 렌즈를 통해 세상을 바라봤기 때문에 그 기분에 더욱 강렬하게 휩싸이게 된 것이다. 더욱이 침울한 기분이라는 렌즈는 시야를 좁히기까지 한다.

야나 아브라모바에 따르면, 행복한 사람들은 일반적으로 시야가 더 넓어서 세상을 보다 포괄적으로 바라볼 수 있다.[094*] 반면 슬픔에 빠진 사람들은 보다 세세한 사항에 치중하고 분석적인 사고방식을 보인다.

우리는 흔히 '행복한' 사람들이 세상을 보는 방식이 더 낫다고 여기지만, 아브라모바는 그렇게 가정하지 않는다. 세상을 보는 두 가지 방식

모두 쓰임새가 있다고 본다. 즉 우리에게 위험을 알리는 부정적인 기분은 세상을 더욱 조심스럽게 바라보게 하며, 시야를 넓혀 주는 긍정적인 기분은 환경이 위험하지 않다는 마음의 신호다.

이렇게 마음은 말 그대로 우리의 시야를 확장하거나 좁히는데, 그에 따라 우리는 특정한 실수를 저지른다. 즉 출세 가도를 달리느라 시야가 넓을 때는 세세한 사항을 놓치기도 하고, 실패하고 위축되어 시야가 좁을 때는 맥락의 중요한 신호를 놓치기도 한다.

특히 후자의 실수는 침울한 기분을 더욱 고착화할 수 있다. 가령 어떤 이의 얼굴에서 찌푸리는 표정을 감지하면서도 그 까닭, 즉 맥락을 간과한다고 해 보자. 그러면 공연히 그 사람을 성격 나쁜 사람이라고 판단하게 될 것이고 그런 일이 무수히 반복되면 마침내 세상을 어둡게 보게 될 것이다.

이러한 인식의 편향은 그 자체로는 심각하지 않으며, 또한 모든 사람에게 똑같이 일어나는 것도 아니다. 기분이 저조하다고 해서 갑작스럽게 시야가 터널처럼 비좁고 어두워지지는 않는다. 그러나 인식의 편향 역시 기분이 인식에 영향을 미친 결과 가운데 하나인 것은 분명하다.

슈미트와 마스트에 따르면, 부정적인 기분에 휩싸인 사람은 타인의 얼굴에서 부정적인 표정을 더 쉽게 포착해 내며 행복한 표정은 잘 알아채지 못한다.[095*] 반면에 긍정적인 기분을 느끼는 사람은 슬픈 표정을 잘 인식하지 못한다. 이에 따르면 인간은 자신과 다른 감정을 느끼는 타인의 기분을 잘 알아채지 못하는 것 같다. 이 역시 기분을 고착화시키는 인지 왜곡이라고 할 수 있다.

여기에 더해 슈미트와 마스트는 기분을 고착화하는 또 다른 원인을 발견했다. 바로 현재의 기분에 어울리는 정보를 좀 더 쉽게 습득하는 성향이다. 가령 슬플 때는 슬픈 정보를 받아들인다. 그래야만 더욱 슬퍼할 수 있기 때문이다.[096] 마찬가지로 인간은 정보를 습득했을 당시와 동일한 기분 상태일 때 해당 정보를 더욱 쉽게 떠올릴 수 있다.[097] 즉 슬플 때는 슬펐던 과거를 더 쉽게 떠올리고, 화가 날 때는 예전에 싸웠던 기억을 떠올리거나 상대의 지난 잘못을 들추어낸다.[098]

이렇게 선별적으로 받아들인 정보로 말미암아 결국 원래의 기분은 더욱 오래 지속된다. 아무런 잘못도 목적도 없이, 맬러리의 마음처럼 침울한 마음은 슬픔을 극대화하는 정보만을 모으며 평생을 보내게 되는 것이다.

기분은 또한 메시지의 수용 방식에 영향을 끼친다. 르네 치글러에 따르면, 좋은 기분이나 언짢은 기분을 느끼는 사람은 메시지를 면밀히 살펴보지 않는다.[099] 그래서 별다른 기분을 느끼지 않는 사람들에 비해 잘못된 메시지에 속아 넘어가기 쉽다. 또한 치글러는 우리가 기분에 맞지 않는 메시지는 의심하고, 기분에 어울리는 메시지는 기꺼이 받아들인다고 지적했다.

아직도 설명이 더 필요한가? 기분은 기억에도 영향을 끼친다. 가령 우울한 기분이 들면 '일화 기억(삶의 구체적인 사건들에 대한 기억)' 능력이 떨어지기 때문에 과거의 경험을 잘 떠올리지 못한다.[100] 또한 암묵적 기억(인식하지 못한 채 학습하는 것)도 부정적인 것만 학습하게 되고 부정적인 느낌이 가미된 기억만을 떠올리게 된다.[101]

이는 우울증이 은밀히 우울증을 낳는 또 다른 방식이기도 하다. 이를테면 기분이 울적한 상태에서 면접을 보면, 마음이 과거 실패했던 면접의 기억을 불러일으키고 행동에 영향을 끼치더라도 그 사실을 알아채지 못한다.

설상가상으로 기분을 억누르려는 것은 생각을 억누르려는 것보다 더욱 비생산적이다. (내가 원숭이를 생각하지 않는 데 실패한 것을 기억하는지?) 기분을 억누르려고 하면 도리어 더 언짢아질 수 있으며, 특히 마음이 골치 아픈 생각에 사로잡혀 있을 때는 더욱 그러하다. 역으로 마음은 우리가 언짢은 기분을 느낄 때 그런 골치 아픈 생각에 사로잡히기 더욱 쉽다.[102*] 요컨대 기분, 특히 언짢은 기분은 그런 식으로 계속 유지되는 경향이 있다. 맬러리의 상태가 바로 그렇다.

언짢은 기분에서 벗어나기

그렇다면 이렇게 인식을 흐리고 기억을 손상시키며 판단을 왜곡하는 기분을 어떻게 해야 할까? 물론 그 상태 그대로 기분을 받아들여서는 안 된다. 인내심을 갖고 다소 직관에 어긋나는 듯 보이는 행동을 반복해서 언짢은 기분에서 벗어나야 한다.

아마 지금까지 살펴본 친숙한 방안으로 시작해 볼 수 있을 것이다. 즉 마음이 무엇을 하고 있는지 알아채고 그 아름다움과 기능에 감사하는 한편 즉각 그것이 유용한지 아닌지 판단을 내리는 것이다. 저조한 기분에서 벗어나는 것은 마치 늪에서 빠져나오는 일과 같다는 점을 기억하자. 다시 말해 더 애를 쓸수록 상황이 더 악화된다는 말이다. 결국 거기에서 벗어날 수 있는 비결은 마음이 한창 인식에 영향을 끼치고 있을 때는 마음을 신뢰할 수 없다는 사실을 받아들이는 것뿐이다.

마음이 우리를 오도하기를 좋아한다는 사실은 나쁜 소식이기는커녕 굉장히 좋은 소식이다! 그 점을 알면 마음이 이번에는 '어쩌면' 틀릴 수도 있다는 희망을 품어 봄 직하기 때문이다. 또한 마음이 불러일으키는 기분 그 너머를 볼 수 있는 힘, 더 좋은 일이 생길 것이라는 희망이 생긴다.

마음이 틀릴 수도 있다

마음이 불러일으키는 기분을 그대로 받아들이는 일은 진실로 이롭다. 아만다 샐크로스에 따르면, 감정을 그대로 수용하는 것이 기분을 북돋우는 잠언집을 읽는 것보다 훨씬 더 효과적이다.[103*] 아무리 언짢은 기분이 극에 달한 상태라고 해도 그 기분을 그대로 수용하는 것이 효과적이라는 것이다. 샐크로스는 또한 부정적인 감정을 받아들이면 부정적인 영향이 줄어든다는 사실도 발견했다. 많은 사람이 내게 감정을 받아들이면 감정을 통제할 수 없게 되어 버릴까 봐 두렵다고 호소한다. 그러나 진실은 그와 정반대다.

부정적인 감정을 받아들인다는 것은 인식이 왜곡되었을 수도 있다는 가능성, 그리고 마음을 신뢰하기 어렵다는 사실을 받아들인다는 의미다. 물론 이는 어려운 일이다. 일반적으로 인간은 애매모호한 것을 싫어하기 때문이다. 마음이 우리를 강제하는 것도 그런 이유 때문이다. 그러나 애매모호한 감정을 그대로 받아들이는 일은 가능하며, 때로는 그렇게 하는 것이 유리하다.

한때 우울증에 걸렸던 나의 상담 고객은 평소에는 기분이 괜찮았지만 조금이라도 스트레스를 받으면 곧바로 울적한 기분에 빠졌다. 그리고 울적한 기분이 들 때는 잇달아 피해망상적인 생각도 들었다. 남들이 적의를 품고 자신을 바라본다고 상상하면서 그들의 말과 행동에서 최악의 의도를 추측하는 것이었다. 가령 직장 동료로부터 식사 초대를 받으면, 그가 자신의 약점을 잡아내서 나중에 협박하거나 사기를 치려고 초대한다고 생각할 정도였다.

그러나 그녀가 내 사무실로 찾아오게 된 결정적인 이유는 남자 친구와의 불화 때문이었다. 울적한 기분일 때 그녀는 이유 없이 남자 친구를 비난했다. 그녀가 털어놓기를, 그렇게 다른 사람들의 악의 없는 말과 행동을 사악한 음모로 삐뚤게 받아들이는 순간마다 자신이 전혀 다른 사람이 된 것처럼 느껴졌다고 한다.

그녀는 우울할 때면 자신의 생각이 부정확하다는 것을 알아채지 못했다. 침울한 기분과 왜곡된 인식 탓에 그러한 생각이 완전히 사실인 것처럼 느껴졌던 것이다. 그러나 앞서 살펴본 여러 관찰 기술을 연습함에 따라 그녀는 마음이 틀릴 수도 있다는 가능성을 받아들이게 되었다. 물론 간혹 우울한 기분이 들 때는 다시 생각을 사실처럼 느낄 때도 있긴 했지만, 바로 그 생각이 지난번에 틀렸다는 것과 가까운 미래에 또다시 틀릴 수도 있음을 이해했다. 그로써 그녀는 자신의 생각을 지나치게 심각하게 받아들이지 않게 되었다.

또한 좋지 않은 생각과 기분이 곧 지나가리라는 사실을 알게 되고,

어떤 생각을 신뢰하면 안 되는지 깨닫자 그녀의 기분은 썩 나아져 갔다. 가령 '남자 친구는 나를 결코 이해하지 못할 거야.'라든지 '나와 멀어지려고 일부러 내 감정을 상하게 하는 거야.' 같은 생각은 신뢰할 수 없다는 것을 알게 되었다. 또한 아주 우울한 기분에 빠져 있을 때도 그녀는 그런 기분이 곧 지나가리라는 것을 알았다. 그렇게 해서 그녀는 마침내 우울한 기분에 거의 빠지지 않게 되었고 간혹 그런 기분이 들더라도 아주 희미하게 스쳐 갈 뿐이었다. 듣기에 거슬리는 라디오 광고 방송이 그렇듯이 그녀는 자신의 생각이 금세 지나갈 것이며, 거기에 깊이 빠질 필요도, 대응할 필요도 없다는 것을 알게 되었다.

3장에서 소개한 레이싱 카 메타포를 기억할 것이다. 그 생각을 연습하면 관중석에서 레이싱 카를 구경하듯이 마음을 관찰할 수 있다. 그런데 기분이 마음을 관찰하는 일을 방해할 때도 있다. 언짢은 기분은 우리에게 관중석의 관중이 아니라 레이싱 카의 운전자가 되라고 요구하기 때문이다. 그래서 우리는 차분히 앉아 생각이 지나가는 것을 바라보지 못하고, 대신 운전석에서 충돌을 피하기 위해 필사적으로 애쓰는 것이다.

그럴 때는 마음이 틀릴 수도 있다는 가능성을 떠올리면 레이싱에서 벗어날 수 있다. 다시 말해 우리에 대한 마음의 통제를 느슨하게 할 수 있다.

그렇다고 마음이 사실을 파악할 때까지 마냥 기다릴 수만은 없다. 인생을 살아가려면 해야 할 일이 많기 때문이다. 직장에 출근도 해야 하고 여러 사람과 관계도 맺어야 한다. 그렇다면 좋지 않은 기분일 때는 울적한 마음이 제공하는 틀릴 수도 있는 정보에 따라 행동해야 할까?

반대 행동: 가치관에 따라 행동하기

우리는 6장에서 가치관에 대해 살펴보았다. 즉 가치관을 세우는 방법, 마음이 다른 방향으로 행동하라고 요구하더라도 가치관에 따라 행동하는 방법 등을 말이다. 이 모든 내용은 제법 해 볼 만해 보이지만, 여기에 우울한 기분이 끼어들면 가치관에 따르는 일은 굉장히 어려워지고 만다. 맬러리의 이야기를 돌아보자. 그녀의 가치관 중 하나는 사람들과 친밀하게 지내는 것이지만 수년 동안 침울한 기분에 빠져 있던 탓에 그럴 수 없었다. 결국 맬러리의 가치관은 아득한 옛이야기처럼 되어 버리고 말았다. 그러나 철저히 노력하면 가치관을 되살릴 수 있다.

가치관을 되살리는 가장 좋은 방법은 마샤 리네한이 개발한 변증법적 행동 치료에서 유래한 '반대 행동'이다.[104•] 변증법적 행동 치료는 인간관계에 어려움을 겪는 사람들을 위한 치료법으로, 반대 행동을 비롯한 이 치료법의 여러 기술은 누구에게나 추천할 만하다.

반대 행동이란 개념적으로는 간단하다. 기분과 가치관이 충돌할 때 기분을 외면하고 가치관에 따르는 것이다.

그러나 실제로 그렇게 하기는 쉽지 않다. 마음이 불안감을 불러일으키기 때문이다. 따라서 처음에는 작은 행동부터 시작하는 게 좋을 것 같다.

맬러리의 상황을 살펴보자. 그녀는 직장 동료들과 어울려야 한다는 가치관을 갖고 있지만, 기분은 그 반대 방향으로 행동하라고 요구하고 있다. 게다가 기분은 인식에도 영향을 끼쳐서 그녀는 스스로 초래한 고립을 이렇게 정당화한다. '그들과 얘기하려고 애쓸 필요 없어. 어차피 나와 얘

기하고 싶어 하지도 않을 테니까.'

이런 상태에 있는 맬러리가 해야 할 '반대 행동'은 우선 기분에 따른 충동에 저항하는 것이다. 만약 그렇게 작은 행동부터 시작한다면 그녀는 아마 휴게실에서 담소를 나누는 동료들에게 쉽게 다가가서 대화를 나눌 수 있을 것이다. 그리고 연습을 하면 할수록 첫째, 기분과 가치관이 불일치하는 순간을 알아채고, 둘째, 기분이 아닌 가치관에 따라 행동하기가 점차 쉬워질 것이다.

물론 쉽지 않은 일이다. 처음에는 연습이 부족해 서툴 수도 있고 불안감을 느낄 수도 있으며, 몇 년 만에 처음으로 가치관에 따라 행동하기가 어색하게 느껴질 수도 있다. 그러나 다행히 인간은 강인하고 지략이 뛰어나며 쉽게 회복하는 존재다. 그녀는 오랫동안 힘든 시기를 잘 버텼으므로, 무리하지 않고 작은 행동부터 시작하기만 한다면 분명 마음의 요구와 반대로 행동하는 데서 오는 불편함 정도는 쉽게 해소할 수 있을 것이다. 잃어버린 가치관을 되찾으려면 뛰기 전에 이렇게 걷는 법부터 연습할 필요가 있다.

리네한 박사의 말을 간략히 정리해 보자.[105*] 반대 행동을 성공적으로 해내려면 첫째, 문제가 되는 감정을 알아챈 다음 그것을 억압하지 않고 새로운 방식으로 그에 대응하는 것이 목표라는 사실을 잊지 말아야 한다. 둘째, 상황에 맞는 표정을 짓고 해로운 생각을 외면할 수 있을 때까지 쉼 없이 반대 행동을 취해야 한다.

맬러리의 경우, 미소를 짓고 쾌활하게 인사하며 휴게실에서 동료들과 마주쳐도 시선을 피하지 않을 수 있을 때까지 연습해야 한다. 이러한 행동은 저절로 할 수 있는 것이 아니다. 철저한 노력이 필요하다. 초기 단계에서는 아무리 우울하고 비관적인 생각이 들더라도 그것을 억누르는 대신 알아채고 외면해야 한다. 이제 여러분의 삶에서 반대 행동을 어떻게 시행할 수 있을지 알아보자.

EXERCISE 반대 행동

기분의 방해로 가치관에 따르지 못하는 행동을 찾아보자. 맬러리의 우울한 기분이 동료들에게 다가가지 못하게 한 것처럼 말이다.

그다음 맬러리의 예를 따라, 가치관에 따른 행동을 시작할 수 있는 하나 또는 두 개의 작은 단계의 행동을 떠올려 보자. 작은 것부터 시작하는 것이 중요하다. 맬러리 역시 저녁 파티를 여는 등의 거창한 일로 시작해서는 안 되며, 대신 몇 명의 동료들에게 다가가는 것을 첫 번째 목표로 삼아야 한다.

작은 목표를 찾았다면, 이제 계획을 세우자. 가능하면 시간과 장소를 고른 다음 어떤 행동을 하고 싶은지 결정하자. 맬러리라면 처음부터 긴 대화를 나누려고 하기보다는 그저 인사를 건네고 미소를 짓고 몇 사람과 눈을 마주친다는 목표를 세워야 한다.

알아두어야 할 것은 반대 행동을 시작하면 마음의 저항을 받는다는 점이다. 따라서 불안감, 고통스러운 생각 등 견디기 힘든 여러 감정을 느끼게 될 것이다. 하지만 그 감정들이란 대체 무엇이란 말인가? 그렇다. 그저 마음의 움직임에 지나지 않는다. 그 감정들은 지나갈 것이다.

마지막으로, 반대 행동을 한 후에는 느낀 점을 적어 보자. 이렇게 마음의 움직임을 말로 표현하는 것이 중요하다. 그렇게 해야 마음이 자주 불러일으키는 애매하고 불길한 생각과 감정에 휩싸이지 않게 된다. 마음의 규칙을 어긴 행동은 힘들게 노력해서 시도해 볼 만한 가치가 있었는가? 그 행동은 나의 가치관에 가까운 것이었나? 다시 그렇게 행동하는 것이 도움이 될까? 각자 이 질문에 대답해 보자.

약물을 복용해야 할까?

항우울제를 복용하는 것은 어떨까? 맬러리와 같은 상태에 놓인 사람에게 약물이 도움이 될까? 이는 상황에 따라 다르다. 침울한 기분이나 우울증에도 그 종류가 매우 많기 때문이다. 따라서 증상을 치료하려면 정확한 진단을 받는 것이 가장 중요하다.

주요 우울 장애 같은 증세라면 항우울제로 치료하는 것이 최선이다. 반면 맬러리와 같은 증세라면 대화 요법이 더 낫다. 우울한 기분을 느끼는 진짜 이유를 말로 표현하는 일이 약물치료보다 더 효과적이고 그 효과도 더 오래 지속되기 때문이다.[106•]

이렇듯 약물이 항상 최선의 해결책은 아니다. 게다가 서구 여러 나라에서 약물이 흔히 오·남용되고 있다는 근거도 있다. 존 주레이디니와 앤 톤킨에 따르면, 진단 결과와 무관하게 약물이 처방되는 일이 매우 빈번(약 3분의 1)하다.[107•] 의사들이 과도한 양의 약물을 처방하거나 지나치게 장기간 투여하도록 처방한다는 것이다.

또 다른 연구에 따르면, 항우울제를 복용한 다음 증상이 완화된 환자는 약 3분의 1에 불과할 뿐이다.[108] 이는 내 생각에 항우울제의 효능이 떨어진다기보다는 애초에 진단을 잘못했기 때문으로 보인다. 다시 말해 항우울제를 가장 필요로 하는 환자에게는 오히려 약물이 처방되지 않는 것 같다. 또한 주레이디니와 톤킨에 따르면, 미국, 캐나다, 유럽에서 주요 우울 장애 환자로 인정되는 사람들 가운데 적절한 약물치료를 받는 사람은 25퍼센트도 되지 않는다.

항불안제도 처방이 까다롭기는 마찬가지다. 불안감 역시 그 종류가 몹시 다양하기 때문이다. 따라서 그 원인을 제대로 진단받지 못해 부적절한 약물치료를 받는다면 회피하는 행동 양식이 더 심해지는 탓에 오히려 불안감이 더 커질 수 있다. 5장에서 살펴본 것처럼, 회피하는 행동 양식은 항상 불안감을 더 키운다.

정신 질환 관련 약물은 적절한 진단 후에 사용한다면 말 그대로 생명을 구할 수도 있지만, 오용한다면 헛된 낭비가 될 뿐이다. 아니 더 나쁜 결과를 불러올 수도 있다. 따라서 정확히 진단받고 치료하려면 숙련된 정신 건강 전문가와 꼼꼼하게 상담해야 한다. 물론 환자의 철저한 노력도 중요하지만, 제대로 치료하기 위해서는 주의 깊게 진단을 받는 것이 무엇보다도 우선한다고 할 수 있다.

기분은 우리의 행동을 가로막고 가치관에서 멀어지게 하는 특별한 재주가 있지만, 항상 그런 식으로 되리라는 법은 없다. 우리는 기분이 환상에 불과하며 일시적이라는 것을 인지함으로써 기분의 영향을 조금씩 차단할 수 있다. 그에 더해 위 연습 과제처럼 반대 행동을 실행함으로써 가치관을 향해 첫발을 내디딜 수 있다. 또한 진단만 정확히 받는다면 얼마든지 약물치료의 도움도 받을 수 있다. 다음 마지막 장에서는 생각과 감정에서 벗어나기 위해 어떤 생활 습관을 택해야 할지 살펴보자.

12장

상식적인 것에 충실하라

루크, 페넬로페, 앤드루, 맬러리는 공통적으로 아주 흔한 싸움에 말려들었다. 하지만 그들 모두 싸움이 벌어지는 것과 상관없이 자기 삶을 살고 싶어 한다. 물론 이는 가능한 일이다. 자상하지만 지배하려 드는 나이 많은 형처럼, 마음은 단지 도와주려는 좋은 의도를 갖고 있을 뿐이니 말이다. 그렇지만 루크, 페넬로페, 앤드루, 맬러리는 여전히 마음속에서 벌어지는 줄다리기를 끝내지 못하고 있다. 줄 한쪽 끝은 안전과 예측 가능성을 좇는 마음이, 다른 한쪽 끝은 가치관이 붙든 상태로 멈춰 있기 때문이다.

그런 상태로 정체되어 있는 것은 좋지 않다. 물론 마음과 계속 싸우는 동안에는 심각한 위험에 처할 가능성이 희박하다. 그러나 그런 상태로 멈춰 있으면 우리는 안전을 위해 너무 많이 희생하는 셈이다. 가령 루크는 친밀한 관계를 원했지만 마음은 거절이라는 고통을 피하라고 요구했다. 페넬로페는 활력이 넘치는 생활을 하고 싶었지만, 마음은 세상의 위험을 피하라고 요구했다. 또 앤드루는 아내와 다정하게 지내고 싶었지만, 마음은 어릴 때 행동 양식의 편안함만을 따랐으며, 맬러리는 동료들과 어울리고 싶었지만, 마음은 불분명한 위협으로부터 그녀를 보호하기 위해 인식을 왜곡시켰다.

무엇보다도 그들의 가장 큰 공통점은 스스로 선택하지 않는다는 점이다. 그들은 단지 자신의 세상을 규정짓고 있는 내면의 갈등이 불러일으키는 과거의 사고방식의 잔재를 받아들일 뿐이다. 여기서 내면의 갈등이라는 개념은 전혀 새로운 것이 아니다. 이미 오래전에 지그문트 프로이트가 미개한 무의식과 도덕적인 초자아 사이의 갈등에 관해 썼다. 그에 관한 가장 유명한 개념은 오이디푸스 콤플렉스다. 이는 젊은 남성이 아버지를 살해하고 어머니를 소유하는 상상을 무의식적으로 떠올린다는 개념으로, 이때 젊은 남성은 그런 상상이 도덕적으로 잘못되었다는 것을 알기 때문에 아버지를 훌륭하게 모방함으로써 어머니의 인정을 받는 것으로 만족한다. 프로이트에 따르면, 이런 내적 갈등을 잘 해소하지 못하면 여러 심각한 신경증에 걸릴 수 있다.

이와 같은 초기 이론은 이제 예전만큼 지지를 받고 있지는 못하다. 그러나 마음이 자기 자신과 싸운다는 개념은 뇌의 분업화된 각 구조가 서로 충돌하는 현상이나 신경세포가 충돌하는 현상을 보면 꽤 진실한 것 같다. 뇌에 대해 연구하면 할수록 이러한 갈등 양상이 더 많이 드러나고 있다.

우리는 이미 뇌 안에서 크게 활동량을 늘리는 특정 기관에 대해 살펴보았다. (10장에서 논의한 미상핵과 강박 장애의 관계에 대해 돌이켜보자.) 그뿐만 아니라 개별 신경세포의 수준에서도 뇌는 이처럼 끊임없이 갈등상태에 있다. 마치 그렇게 설계되어 있는 것처럼 말이다.

우리 뇌는 한 다발의 신경세포가 '멈춰!'라고 말하고 또 다른 다발의 신경세포는 '가!'라고 말하면서 갈등할 때 신경세포 신호를 전달하는 복잡한 기제(다른 신호들을 멈추면서 일부 신호를 전달하는 것)를 갖고 있다.[109*] 프로이트도 불안감을 느끼는 뇌에서 신경세포 신호가 다르게 전달되는 현상이 발견된다는 사실을 알았더라면 분명 이에 흥미를 느꼈을 것이다.[110*]

프로이트도 어떤 방면에서는 오판했다. 그러나 내적 갈등에 대한 이론에서 매우 뛰어난 통찰을 보여 준 것만은 분명하다. 가장 최근에 발견된 연구 결과를 당시에는 알지 못했을 뿐이다.

뇌는 위험한 세상에서 우리를 보호하려는 목적으로 우리의 행동을 의도적으로 잠시 멈춘다. 이는 기분이라는 주제와 관련이 있다. 가령 우리가 잠시 행동을 멈추고 관심을 다른 데로 돌리는 것은 침울한 기분이 조정 기능을 발휘했기 때문이라고 할 수 있다. 이 정도까지는 물론 괜찮지만 가치관과 심리적 유연성을 방해하는 수준으로까지 가면 문제가 된다.

마음의 요구에 가장 취약해지는 시기를 발견하라

잠시 11장의 논지로 돌아가면, 사물에 대한 우리의 인식은 신뢰할 만한 것이 못 된다. 가령 우리는 흔히 세상을 변하지 않고 예측 가능한 풍경으로 인식한다. 이는 뇌로 스며들어 우리의 의식으로 흘러 들어가는 정보가 자주 왜곡된 시각을 갖게 하기 때문이다.

맬러리의 경우, 가치관에 따라 행동하고 싶었지만 마음은 자기만의 계획대로 움직였다. 그에 따라 타인에 대한 인식은 물론이고 자기 자신, 그리고 심지어 과거에 대한 기억조차도 우울한 기분에 의해 변질되었다. 결국 사교적인 생활은 점차 줄어들었다. 마음이 자주 이런 싸움을 건다는 것은 확실하므로 이에 대처하기 위해서는 마음이 보편적으로 어떻게 작동하는지 알아야 한다. 이와 동시에 각자 자기 마음의 고유한 특성과 한계를 이해하는 것도 중요하다.

우리를 가치관에서 떨어뜨려 놓으려는 마음의 노력이야 시도 때도 없이 발생하지만, 그러한 마음의 요구에 특히 취약해지는 특정한 때는 각자 다르다. 가령 나의 마음은 하루의 어떤 특정한 시간 동안에는 특히 신뢰하기가 어렵다. 그 시간에는 마치 전혀 다른 별개의 두 마음을 소유한 것처럼 느껴진다. 바로 이른 아침과 늦은 밤 시간이다.

아침이면 내 마음은 쉽게 짜증을 내고 창의력을 발휘하지 못하며 사람들의 단점만 보는 경향이 있다. 한편 밤에는 터무니없이 열정적이다. 둘 중 어떤 상태가 더 그릇된 판단을 내리는지는 분명치 않지만, 어쨌든 아침에 눈을 뜰 때마다 전날 밤에 그토록 열광적인 생각을 떠올렸다는 사실에 매번 의아할 뿐이었다. 오랜 연습 끝에 나는 두 가지 마음 상태를 다 알아차리고 외면하는 법을 알게 되었다.

마음이 인식을 왜곡시키는 것을 막을 수 있는 몇 가지 예방책이 있다. 대부분은 상식적인 것이다. 때로는 간과하기 쉽지만 말이다. 이를테면 불안감을 자주 느낀다면 카페인이 들어간 음료를 마시지 말자. 또 우울함을 자주 느낀다면 알코올을 피하고, 기분이 쉽게 저조해진다면 음식을 자주 섭취하자.

그밖에 좀 더 추상적인 예방책도 있다. 바로 인적 연결망이다. 혼자 있을 때 기분이 울적해지는 편이라면, 연락을 취할 수 있는 사람을 많이 확보해 두자. 또 직업을 구할 때는 컴퓨터 프로그래밍처럼 혼자서 하는 업무보다는 고객 서비스 분야를 알아보는 것이 좋다.

자기에게 맞는 건강한 생활 습관을 들인다는 것은 너무 뻔한 일처럼 보일지도 모르지만 간과하기가 쉽다. 중독 치료 프로그램인 '12단계 회복 프로그램'에서 할트HALT, 즉 굶주리고Hungry 화나고Angry 외롭고Lonely 피곤한Tired 상태를 금지하는 이유도 여기에 있다. 이런 상태가 되면 자기도 모르게 다시 마음의 영향에 노출되기 때문이다.

마음에 대한 면역력을 현저히 떨어뜨리는 세 가지 행동이 바로 음식을 제대로 섭취하지 않는 것, 운동하지 않는 것, 충분히 수면을 취하지 않는 것이다. 나의 상담 고객 중에도 치료 도중에 불쑥 이런 행동을 하다가 다시 침울한 기분에 빠진 사람이 많았다.

건강한 생활 습관으로 마음에서 벗어나기

균형 있는 식사를 하고 숙면을 취하고 운동하는 습관을 기르면 언짢은 기분이 한결 나아지고 인식이 왜곡될 가능성도 줄어든다. 또한 가치관에서 우리를 떨어뜨리려는 마음에 더욱 수월하게 대항할 수 있다. 이 세 가지 생활 습관은 매우 간단한 일처럼 보이지만 일시적인 위안을 바라는 원시적인 마음의 경향 탓에 말처럼 실천하기가 쉽지 않다. 가령 울적할 때는 아무리 좋은 생활 습관도 그저 끔찍하게 느껴진다. 고통스러운 하루를 보낸 후에 어느 누가 운동을 하고 균형 잡힌 식사를 한 다음 일찌감치 잠자리에 들고 싶겠는가? 적어도 일시적으로는 TV 앞에 웅크리고 앉아서 피자와 맥주를 먹고 마시는 편이 훨씬 더 위안이 될 것이다. 실로 달콤한 위안이 아닌가?

그러나 이러한 행동은 결국 원시적인 마음에 특권을 부여하고 생각과 감정을 외면하는 일을 더욱 어렵게 할 뿐이다.

식사

나는 확실히 영양사 감은 아닌 것 같다. 수년 동안 과자 한 봉지와 초콜릿바만으로 필요한 영양소를 전부 합성할 수 있다는 반쯤은 장난 섞인 이론을 세워 생활해 놓고는 왜 몸에 활력이 없는지 의아해 했을 정도니 말이다. 균형 잡힌 식사를 하지 않는 것을 제외하면, 끊임없이 내 상담 고객들의 삶을 괴롭히는 세 가지 물질이 있다. 바로 설탕, 카페인, 알코올이다. 이 세 가지 물질을 잘 통제하면 마음과 더불어 살아가는 일이 더 훨씬 더 수월해진다.

- 설탕

2002년, 아더 웨스트오버와 로런 마랑겔은 정제 설탕 섭취량과 연간 우울증 빈도 사이에 매우 뚜렷한 상관관계가 있다는 연구 결과를 발표했다. 설탕을 더 많이 섭취할수록 우울증에 빠질 가능성이 더 높다는 것이다. 두 연구자에 따르면, 인류는 약 3,500만 년 전부터 당분을 좋아하게 되었지만 정제 설탕이 등장한 것은 16세기가 되어서다.

원시 환경에서는 당분을 구하기가 매우 어려웠기 때문에 당분을 좋아하게 되었을 뿐, 사실 당분은 마음껏 섭취해도 몸에 괜찮은 성분은 아니다.

쉽게 침울한 기분에 빠지는 사람은 설탕과 같은 단순 탄수화물을 많이 섭취한다. 그러한 것들을 섭취하면 신경전달물질인 세로토닌이 증가해서 일시적으로 기분이 좋아지기 때문이다. 또한 쉽게 불행하다고 느끼는 사람들도 탄수화물이 많은 음식을 좋아하는 경향이 있으며, 그런 음식을 섭취한 후에는 대개 기분이 좋아진다.[111*]

그러나 단순 탄수화물을 과다 섭취하면 정반대의 결과가 나타날 수도 있다. 설탕을 과다 섭취하면 설탕에 무감해져서 결과적으로 저혈당 상태가 되는데, 저혈당증에 걸리면 특히 생각을 많이 해야 하는 복잡한 일을 수행할 때 기분이 저조해지고 성급해지기 쉽다.[112*] 그리고 기분이 저조해지면 다시 설탕을 더 많이 먹고 싶어지므로 결국 롤러코스터 같은 급격한 감정 기복의 악순환이 시작된다. 이런 상태에 놓인 사람은 잘못된 인식에 영향을 받기 쉽다.

그렇다면 해결 방법은 무엇일까? 몸과 마음에 에너지의 흐름을 꾸준히 제공하는 것이다. 가령 도정하지 않은 곡물과 같은 복합 탄수화물은 체내에서 천천히 소화되기 때문에 에너지의 흐름을 꾸준히 제공한다. 같은 맥락에서 펠리체 잭카는 과일, 채소, 육류, 곡물을 많이 섭취하는 여성이 튀기거나 가공한 음식을 많이 섭취하는 여성보다 우울증에 걸릴 확률이 더 낮다는 연구 결과를 발표한 바 있다.[113*]

그렇다면 어떤 음식을 먹어야 할까? 물론 영양사와의 상담을 통해 자기 몸에 가장 적합한 음식을 찾는 것이 좋지만, 내 경험에 따르면 일반적으로 가공식품과 단 음식을 끊고 복합 탄수화물, 단백질, 지방을 골고루 섭취한 사람이 불안감에서 가장 쉽게 벗어나거나 적어도 생각에서 한

발 물러나 객관적으로 바라볼 수 있게끔은 되었다.

• 카페인

미국 정신의학회에 따르면, 카페인은 미국에서 '아주 많이' 섭취되는 성분이다.[114*] 미국인의 하루 평균 카페인 섭취량은 200밀리그램이며, 500밀리그램 이상을 섭취하는 사람도 최대 30퍼센트에 이른다.

그러나 카페인을 사랑하지 않을 이유가 있을까? 원기를 돋우고 두뇌 활동도 활성화시켜 주는데 말이다. 실제로 카페인의 효과에 대한 초기 연구 결과에 따르면, 카페인을 섭취한 사람은 운동기구 테스트 결과 최대 7퍼센트까지 높은 능률을 보였다. 그리고 카페인에 대한 이러한 인식은 변하지 않고 있다.[115*]

대부분의 사람은 카페인을 섭취해도 별문제가 없다. 그러나 공황 장애, 사회적 불안증(타인의 평가에 대해 공포를 느끼는 것 – 옮긴이), 수행 불안증(성과에 대한 강박을 느끼는 것 – 옮긴이) 같은 특정한 형태의 불안증에 시달리는 사람은 단순히 카페인을 섭취하는 것만으로도 발작을 일으킬 가능성이 높다.[116*] 따라서 이런 종류의 불안증과 싸우는 사람이라면 카페인을 섭취하지 말아야 한다.

카페인 자체가 불안감이나 수면 장애를 유발하기도 한다. 또 카페인을 너무 많이 섭취하면 가볍게는 신경과민부터, 심하게는 부정맥까지 일으킬 수 있다.[117*] 그리고 그 효력이 매우 천천히 사그라지기 때문에 밤늦게 카페인을 섭취하면 수면 주기가 깨질 수 있다.

나의 상담 고객 중에서도 그저 카페인 섭취를 그만두기만 해도 불안감을 덜 느끼는 사람이 많았다. 그러므로 만일 자기 몸에 카페인이 어떤 영향을 주는지 알고 싶다면, 2~3주간 카페인을 섭취하지 않으면서 어떤 변화가 일어나는지 살펴보면 된다. 이처럼 생활 습관에 변화를 주고 싶다면 이 장 마지막에 있는 연습 과제 '정신과 의사가 된 것처럼 자신을 관찰하라'를 참고하자.

카페인을 끊으려면 음식을 먹을 때마다 영양 성분표를 반드시 확인해야 한다. 카페인은 탄산음료나 초콜릿 같은 수많은 먹을거리에 포함되어 있기 때문이다. 그리고 오랜 기간을 두고 천천히 섭취량을 줄여야(가령 3주 지날 때마다 3분의 1씩 섭취량 줄이기) 금단 현상도 예방할 수 있다.

• 알코올

알코올중독이 심각한 문제를 유발한다는 사실은 차치하더라도, 알코올은 적당량만 마시더라도 기분과 마음에 대한 저항력을 떨어뜨린다.

수면을 예로 들어 보자. 나의 상담 고객 중에도 잠을 청하기 위해 술을 조금 마신다고 말하는 사람이 많았다. 대개 알코올은 잠을 청하는 데 도움이 된다. 그러나 일시적으로 도움이 될 뿐 곧 부작용이 따른다.

알코올중독이 아닌 사람의 경우, 알코올을 마시면 잠깐 동안은 잠을 잘 잘 수 있다. 그러나 얼마 안 있어 체내에서 알코올을 분해하는 물질대사 작용이 시작됨에 따라 신체가 알코올이 사라진 상태에 적응하려고 하는 과정에서 렘REM수면(몸은 자고 있으나 뇌는 깨어 있는 상태의 수면 – 옮긴이) 등의 수면 장애가 일어난다. 그렇다면 어떤 결과가 발생할까? 다음 날 온종일 쏟아지는 졸음을 참을 수 없게 된다.[118*]

이처럼 어떤 문제를 해소하기 위한 방책으로써 알코올을 섭취하면 아무리 적당량만 마시더라도 다른 여러 가지 문제들이 더욱 복합적으로 발생할 수 있다. 한 연구에 따르면, 외상 후 스트레스 장애 진단을 받은 사람들 가운데 약 20퍼센트(특히 남성)가 알코올로 증상을 완화하려고 한다. 기분을 북돋우거나 증상에서 벗어나기 위해서 술에 의지하는 것이다. 그러나 불행히도 그들은 술에 기대지 않는 다른 외상 후 스트레스 장애자에 비해 기분이 훨씬 더 악화되었고 대인관계에서도 어려움을 겪었다.[119•]

이렇듯 알코올은 많은 문제를 유발한다. 잠을 청하기 위해서나 외상 후 스트레스 장애를 해소하기 위해 술을 마시는 것은 역효과를 낳는 알코올 섭취 양상 중 극히 일부에 지나지 않는다. 생각, 감정, 기억에서 벗어나기 위해 술을 마시는 것은 훨씬 더 심각한 역효과를 초래할 수 있다.

다음 연습 과제 '정신과 의사가 된 것처럼 자신을 관찰하라'를 참고해 알코올을 끊어 보자. 알코올의 경우, 그 영향력을 파악할 수 있도록 꼬박 한 달 동안 끊기를 권장한다. 금세 술에 손을 댄다면 전문가의 도움을 요청해야 한다는 조짐이다.

갑작스럽게 술을 끊으면 호된 금단 증상이 나타날 수도 있다. 그러니 평소 음주량이 많다면 부디 의사와의 상담을 통해서 음주량을 줄여 나갈 수 있는 최선의 방법을 찾아보도록 하자.

운동

운동이 비만, 심장혈관계 질환, 골다공증, 당뇨병 같은 신체 질환을 예방한다는 것은 널리 알려진 사실이다. 로드 디시맨에 따르면, 운동은 정신 건강에도 좋다.[120] 규칙적으로 운동하면 파킨슨병, 알츠하이머형 치매, 허혈성 뇌졸중을 예방할 수 있고, 스트레스를 유발하는 호르몬 분비를 줄일 수 있다.

또한 디시맨은 운동이 우울증을 완화하고 숙면을 취하게 하며 인지기능을 향상시킨다는 것을 발견했다. 나 역시 우울증과 불안증을 겪는 상담 고객들이 운동을 시작하고 나서 기분이 훨씬 나아지는 것을 여러 번 목격했다. 그들은 활력이 솟고 기분이 좋아졌으며 불쾌한 생각을 객관적으로 바라보게 되었다고 진술했다.

운동이 만병통치약인 것은 아니지만 내 경험상 항우울제만큼, 아니 그보다 훨씬 효과가 좋다. 미드 역시 내 의견과 비슷한 연구 결과를 내놓았다.[121] (물론 운동으로 비참함이나 괴로움을 느끼는 사람에게는 운동이 상황을 더 악화시킬 수도 있다는 점은 짚고 넘어가야겠다.)

물론 장기적으로 운동하는 것이 좋지만, 규칙적으로 운동을 하지 않는 사람들도 잠깐 동안 활기찬 운동을 하면 기분이 즉시 향상된다.[122] 헬스클럽에 잠깐 들르기만 해도 곧바로 효과가 나타난다는 말이다. 게다가 몇 주 후에야 효과가 나타날 수도 있는 항우울제와 달리 운동의 효과는 즉각적이며 심각한 부작용도 없다.

체계적인 운동에 흥미가 생기지 않는다면 춤, 무예, 빨리 걷기 등으로 땀을 흘리는 방법도 있다. 운동을 그만 둔 지 오래되었다면, 당연한 말이지만 무리하지 말고 쉬운 단계부터 천천히 운동을 시작해야 한다.

미국인의 70퍼센트는 매일 평균 7시간 이하 수면을 취하며 한 주 동안 적어도 며칠 밤은 잠을 잘 이루지 못한다.[123*] 이는 마음을 객관적으로 바라보고 견뎌 내는 데 상당한 악영향을 미친다.

여러 연구 결과를 통해 수면 부족이 인지 능력에 복합적인 효과를 불러온다는 것이 밝혀졌다. 가령 한 연구에 따르면, 수면 부족은 기억력, 기억 용량과 같은 인지의 일부 측면을 감퇴시키는 동시에 언어 유창성 같은 다른 인지 과정은 향상시킨다.[124*]

그러나 학자들 사이에 대체로 일치하는 견해는 수면 부족이 정신적 기능을 떨어뜨린다는 것이다. 그중에서도 집중력을 가장 먼저 떨어뜨린다.[125*] 필처와 허프커트 역시 수면 부족이 인지 기능을 크게 쇠퇴시킨다는 점을 발견했으며, 특히 인지 능력보다 기분에 훨씬 더 큰 악영향을 끼친다고 지적했다.[126*]

게다가 더욱 부정적인 효과를 내기도 한다. 즉 때때로 불안감을 키우고 편집증을 유발한다. 한 연구에서 청소년들은 휴식을 잘 취했을 때보다 수면 부족일 때 장차 곤란한 일이 발생할 것 같다고 느꼈다.[127*]

또한 수면 부족은 상황에 대한 단서를 잘못 해석하게 하기도 한다. 수면이 부족한 사람은 일반적으로 슬픈 표정은 잘 인식하는 데 반해 행복하거나 화난 표정은 잘 인지하지 못한다.[128*] 저조한 기분에 따른 이러한 인지 변화에 더해, 마음은 세상에 대해 매우 부정확한 정보를 주기 시작한다.

따라서 운동이나 식사처럼, 수면 또한 각자에게 맞게 계획하고 조정해야 한다. 아마 자신에게 가장 잘 맞는 수면 패턴을 이미 아는 사람도 있을 것이다. 그렇지 않은 사람 중에서 만일 생각과 감정에 대한 저항력을 높이고 싶다면 이렇게 자문해 보자. 몇 시간을 자야 개운한 느낌으로 자연스럽게 일어날 수 있는가? 잠들기에 가장 좋은 시간은 언제인가? 나는 아침형 인간인가, 저녁형 인간인가? 낮잠은 수면 주기에 도움이 되는가, 아니면 방해가 되는가?

만약 약물의 도움을 고려한다면 잘 알고 지내는 내과 의사와 상담하는 것이 좋다. 약물은 수면 주기를 정상적으로 되돌리는 데 도움이 되지만 장기적인 해결책으로는 좋지 않다. 그리고 만약 어떤 방법으로도 숙면을 취할 수 없다면 전문 수면 클리닉에 방문해 문제를 정확히 파악해야 한다.

잠이 부족한 아이가 그렇듯이, 잠이 부족하면 마음도 쉽게 짜증을 내고 비이성적이며 함께 지내기가 무척 까다롭다. 그러한 마음은 우리의 인식을 왜곡시키고 잠재력을 떨어뜨린다.

이제 여러분은 실제로 식사, 운동, 수면 습관에 변화를 주는 것이 정말로 도움이 될지 알고 싶을 것이다. 그러나 변화를 일으키기란 매우 어렵다. 그렇기 때문에 변화가 불러오는 혜택이 그에 수반되는 노력보다 더 크다는 점을 분명히 이해하는 것이 중요하다. 다음 연습 과제를 참고해 정신과 의사의 방식대로 작은 행동부터 체계적으로 실천에 옮겨서 생활 습관을 변화시켜 보자.

EXERCISE 정신과 의사가 된 것처럼 자신을 관찰하라

이 연습 과제는 최대 6주간 집중적으로 실시해야 한다. 매우 흡족할 만한 결과를 얻게 될 것이다. 이 연습 과제를 통해 식습관, 운동, 수면, 그밖에 필요하다고 여겨지는 다른 생활 습관에 어떤 변화를 일으키는 것이 가장 도움이 될지 알 수 있다. 물론 근본적인 변화를 일으키기에 앞서 전문 의료진과 상담하는 것도 추천한다. 왜냐하면 식습관이나 운동에 변화를 주려다가 자칫 실수를 저지르기가 매우 쉬울 뿐 아니라, 좀 더 쉽게 새로운 생활 습관으로 이행할 수 있는 다른 방법도 많기 때문이다. 여러분이 낙심하지 않고 열심히 노력해서 생활 습관에 긍정적인 변화를 일으키기를 바랄 뿐이다. 같은 이유로, 낙심하지 않고 변화하기 위해서는 작은 행동부터 실천하는 것이 중요하다. 우선 작은 행동에 변화를 준 다음, 만일 그것이 유익하다면 변화를 더 확장하면 된다. 다음 다섯 단계를 차례대로 실행해 보자. 반드시 성실하게 임해야 한다.

1. 식습관, 운동, 수면, 또는 그밖에 여러분에게 중요한 다른 생활 습관 중에 집중할 분야를 택하라. 그리고 어떤 변화를 주고 싶은지 결정하라. 가령 카페인 끊기, 또는 매일 아침 산책하기 등을 택할 수 있다.
2. 첫 3주 동안에는 변화를 주지 않고 원래 습관을 그대로 유지하자. 그러면서 자신의 활력 정도, 기분, 생각과 감정을 객관적으로 바라보는 능력을 관찰하자. '생각과 감정을 객관적으로 바라보는 능력'을 간략하게 '마음챙김'이라고 부르기로 하자. 다른 변수들, 가령 혈압이나 수면의 질 등을 함께 관찰해도 좋다. 매일 일정한 간격을 두고(가령 오전 10시, 오후 3시, 저녁 8시) 10점 척도로 변수들을 평가해 보자. 1점은 최저점이고 10점은

기준점 행동 평가

주차: ....

관찰 행동: ....

....

....

....

....

		활력	기분	마음챙김	기타	관찰 사항
일요일	10:00 a.m.					
	3:00 p.m.					
	8:00 p.m.					
월요일	10:00 a.m.					
	3:00 p.m.					
	8:00 p.m.					
화요일	10:00 a.m.					
	3:00 p.m.					
	8:00 p.m.					
수요일	10:00 a.m.					
	3:00 p.m.					
	8:00 p.m.					
목요일	10:00 a.m.					
	3:00 p.m.					
	8:00 p.m.					
금요일	10:00 a.m.					
	3:00 p.m.					
	8:00 p.m.					
토요일	10:00 a.m.					
	3:00 p.m.					
	8:00 p.m.					

1 = 최저점, 10 = 최고점

최고점이다. 그리고 생활 습관 변화와 관련이 있는 관찰 사항도 기록하자(예를 들어 직장에서 좋은 하루를 보냈다거나, 배우자와 다퉜다거나 등등). 이 첫 3주 동안의 행동에 대한 기록을 '기준점'이라고 부르자. 아래의 평가지에 그 점수를 적어 보자.

각자 상황에 맞게 기간을 조정해도 좋다. 가령 '기준점' 행동을 파악하기까지 1~2주면 충분할 수도 있다. 하지만 나는 적어도 3주 동안 관찰하기를 추천한다. 변화에 적응하고(가령 카페인 끊기를 시도하기) 그 효과를 분명히 이해하기에 충분한 기간이기 때문이다. 또한 앞으로 지속할 생활 습관을 자연스럽게 시작하기에도 충분한 기간이다. 만약 이때 새로운 습관이 좋기도 하고 싫기도 하면서 복잡한 감정이 든다면, 언제든 잠시 동안 다시 '기준점' 행동으로 돌아와 어떤 변화가 있었는지 점검해 볼 수도 있다.

3. 3주 후부터 행동에 변화를 주기 시작한다. 변화를 주기로 한 생활 습관을 아래 평가지 '관찰 행동' 칸에 적는다. 가령 '카페인 섭취량을 하루에 2컵 줄이기', '매일 15분씩 걷기', '밤 10시에 잠자리에 들기' 등을 적는다. 작고 구체적인 행동부터 바꿔야 한다는 점을 잊지 말자. 의욕이 넘쳐 과도한 목표를 세우면 실패하기 쉽다.
4. 이 두 번째 3주 동안은 매일 매일의 일상 속에서 선택한 변화를 실천에 옮긴다. 그리고 매일 일정한 간격을 두고 활력 정도, 기분, 생각과 감정을 객관적으로 바라보는 능력('마음챙김')을 관찰해 점수를 매긴다(1=최저점, 10=최고점). 그밖에 관련이 있는 다른 관찰 사항도 기록한다.
5. 두 번째 3주가 끝날 무렵에는 두 기간을 비교해서 변화의 유용성을 평가한다. 기록한 점수를 평균 내도 좋다. 활력 정도, 기분, 마음챙김 점수는

변화된 행동 평가

주차: ....

관찰 행동: ....

		활력	기분	마음챙김	기타	관찰 사항
일요일	10:00 a.m.					
	3:00 p.m.					
	8:00 p.m.					
월요일	10:00 a.m.					
	3:00 p.m.					
	8:00 p.m.					
화요일	10:00 a.m.					
	3:00 p.m.					
	8:00 p.m.					
수요일	10:00 a.m.					
	3:00 p.m.					
	8:00 p.m.					
목요일	10:00 a.m.					
	3:00 p.m.					
	8:00 p.m.					
금요일	10:00 a.m.					
	3:00 p.m.					
	8:00 p.m.					
토요일	10:00 a.m.					
	3:00 p.m.					
	8:00 p.m.					

1=최저점, 10=최고점

두 번째 3주간 어떻게 변화했는가? 이 새로운 습관을 지속할 가치가 있을까?

생활 습관 변화는 기분과 정신 상태에 깊은 영향을 미치며 마음을 객관적으로 바라보는 능력에도 영향을 끼친다. 신체가 건강해야 훨씬 수월하게 생각과 감정으로부터 거리를 두고 마음과의 싸움을 멈출 수 있다.

마지막 연습 과제: 심리적 유연성 기르기

마지막으로 여러분이 연습 과제 하나를 더 했으면 한다. 아마도 이 책에서 가장 어려운 과제이자 가장 큰 결실을 거둘 수 있는 과제일 것이다. 간단하다. 자신이 가장 두려워하는 것이 무엇인지 확인하고 그것을 향해 움직이는 것이다.

단순히 두렵다는 이유만으로 섣불리 악어가 가득한 저수지에 뛰어들라는 말이 아니다. 세상의 수많은 대상은 우려스러울 수밖에 없다. 아마 그렇기 때문에 마음은 두려움이라는 감정을 유발하는 데 매우 뛰어난 것인지도 모른다.

또 식당가에서 스트립쇼를 벌이는 행위처럼 되는대로 아무 행동이나 하라는 것도 아니다. 나는 단지 두려움 그 자체를 느끼기 위해 불편한 행동을 해야 한다고 주장한 적이 없다.

그보다 훨씬 실질적으로 두려움을 유발하는 행동을 해야 한다는 말이다. 즉 가치관에 따라 행동하는 것 말이다.

아주 편안한 직업으로 생계를 유지하는 한 남성이 있었다. 하지만 그는 자신의 직업에서 아무런 의미도 찾지 못했다. 그는 매일같이 불행함을 느꼈는데, 바로 자신의 가치관에 적합한 다른 직업이 무엇인지 알았지만 지금 하는 일보다 보수가 훨씬 적었기 때문이다. 몇 년씩이나 직업을 바꾸는 문제를 고심했지만 현재의 보수와 안정을 포기할 수 없었다.

그러던 어느 날 그는 완전히 비참한 기분에 빠졌고 선택의 여지가 없다는 것을 깨달았다. 결국 다니던 회사를 그만두고 개신교 목사로서 새로운 경력을 시작했다. 한동안 생계를 잇기 어려웠고 필요한 교육을 받기 위해 아주 많은 것을 포기해야 했다. 그러나 그는 상상조차 하지 못했던 기쁨을 느꼈다. 바로 가치관에 따른 삶에서 얻을 수 있는 기쁨이었다. 궁핍함은 그저 사소한 대가에 지나지 않았다.

그러나 가치관에 따르기 위해 항상 이렇게 극단적인 조치를 취해야 하는 것은 아니다. 오히려 작은 변화만으로도 충분한 경우가 더 많다. 그렇기는 해도 가치관에 따라 행동한다는 것은 역시 쉬운 일이 아니다. 그 특성상, 가치관에 가장 부합하는 행동조차도 부정적인 측면을 내재하고 있기 때문이다. 가령 연인을 찾는 사람은 반드시 이별의 아픔을 각오해야 한다. 정성을 쏟는 일에 실패한다는 것은 언제나 가슴 아픈 일이다.

그러나 두려움을 받아들이고 중요한 일을 추구하면 놀라운 일이 벌어진다. 한계선이 사방으로 확장되는 것이다. 가치관에 따르지 못하게 만드는 두려움은 안전한 영토 위에 단단히 고정되어 우리 목에 둘린 쇠줄과 같다. 이때 우리의 반복되는 레퍼토리에 새로운 행동, 특히 가치관에 부합하는 행동을 추가하면 그 쇠줄은 느슨해져서 우리는 사방으로 자유롭게 움직일 수 있다. 다시 말해 가치관에 부합하는 행동을 하면 세상이 확장된다.

마음의 요구에 불복하는 방법

세상을 확장한다는 것은 마음에 불복한다는 의미다. 그리고 마음에 불복하는 일은 연습할수록 쉬워진다. 마음의 지시에 따르지 않고 자신의 길을 택할 때마다 우리의 세계는 사방으로 조금씩 확장되고, 선택의 폭은 넓어진다. 마음에 불복할 때마다 우리는 자유에 대한 권리를 재차 주장하는 셈이다. 다음과 같은 몇 가지 기본적인 연습부터 시작해 보자.

관찰. 마음을 관찰하는 법을 익히기란 매우 어렵다. 본질적으로 어려운 것이 아니라 깜빡 잊기가 너무나 쉽기 때문이다. 그래서 우리는 생각, 감정, 말의 세계에 빠져 헤어나지 못하는 것이다. 마음을 관찰하려면 그저 성실하게 연습함으로써 그 기술을 발달시키는 방법밖에 없다(3장 참고).

이해. 마음의 의도를 알면 그 요구에 따를지 말지 결정하기가 쉬워진다. 모든 인간의 마음이 공통적으로 공유하는 의도는 바로 생존을 최우선시하는 것이다. 동시에 저마다 남다른 과거 경험을 통해 학습한 각기 다른 원칙도 갖고 있다. 이러한 원칙은 경우에 따라 우리를 좋은 방향으로 이끌기도 하고 마비시키기도 한다. 과거 경험이 우리에게 어떤 영향을 끼치는지 이해하려면, 즉 고대 그리스 격언대로 '너 자신을 알려면' 숙련된 심리학자의 도움을 받아 각별한 노력을 기울여야 한다(4장, 5장 참고).

가치관에 따른 행동. 마음은 설득력이 매우 뛰어난 생각과 감정으로 우리의 정신을 쏙 빼놓는다. 이때 가치관을 분명하게 정의하면 이러한 혼란스러운 생각과 감정 바깥쪽에 판단 기준을 세울 수 있다. 가치관은 우리가 마음의 움직임이라는 늪에 빠졌을 때 우리를 이끌어 준다. 즉 원치 않는 것에 대항해 끝없이 싸우게 하는 대신 우리가 정말 원하는 것을 얻기 위해 싸우도록 돕는다(6장 참고).

지금까지 간략히 설명한 몇 가지 전략, 즉 가치관 수립하기, 관찰 기술 습득하기 등은 비교적 안전하고 조용한 순간에 수행하기 더 적합하다. 그에 반해 다른 전략들은 마음이 우리를 궁지에 몰아넣은 바로 그 절박한 순간에 더욱 유용하다. 마음의 요구와 반대로 행동하기, 마음의 '비장의 무기'를 알아차리고 대처하기, 마음이 틀릴 가능성 받아들이기와 같은 전략이 이에 포함된다.

그러나 그 어떤 상황에도 적용할 수 있는 단 하나의 전략은 바로 마음에 대해 감사하는 것이다. 아무리 불안하거나 침울한 감정을 불러일으키더라도 마음은 항상 우리를 보호하려고 하는 존재기 때문이다. 그러니 걱정 기계인 마음에 경의를 표하자.

마음아 고마워. 나를 살게 해 줘서. 빠르게 달리는 버스, 불한당들, 화난 상사로부터 나를 보호해 주어서 고마워. 편집증, 걱정, 분노에 대해서도. 네가 이런 것들이 내게 효과적이라고 생각한다는 것을 나는 알아. 그리고 때때로 네 생각이 옳지. 또 나를 '각자의 고통스러운 경험으로 채운다'로부터 구해 주고 다시는 그런 일이 일어나지 않도록 끊임없이 일깨워 주어서 고마워. 무엇보다 항상 내 곁에 있어 줘서 고마워. 가끔은 나를 미치도록 짜증나게 할 때도 있지만 우연히 좋은 생각을 떠올릴 때도 있지. 그리고 이제부터는 너의 요구에 항상 따르지는 않을 테지만, 약속할게. 항상 너의 의도를 존중하고 나를 돌봐 주는 네게 감사하겠다고.

마음이 최악으로 굴 때는 그것이 지속되지 않는다는 사실에서 위안을 찾아라. 언제나 새로운 기억, 새로운 감정, 새로운 마음 상태가 뒤따를 것이다. 마음은 끊임없이 모호한 말을 재잘거리고 제멋대로 굴며 더불어 살기에 고통스러운 존재다. 그러나 동시에 위험한 세상에서 맨 먼저 우리를 안전하게 지켜 주는 최고의 동반자이기도 하다.

마음을 훈련할 수는 있지만 그 본성은 바뀌지 않는다. 성미가 고약한 이 신경 세포 다발과 평화롭게 공존하려면 마음의 메시지를 헤아리는 기술, 마음이 불러일으키는 모든 것을 기꺼이 받아들이는 태도, 그리고 마음의 요구를 거스르는 불굴의 용기가 필요하다. 여러분 모두 마음과 평화롭게 공존함으로써 자유를 만끽할 수 있기를 빈다.

주석

001• Nelson 외(2010)

002• Block and Wulfert(2000)

003• Dryden and Ellis(2001)의 이론을 정리

004• Hoffman and Moscovitch(2002)

005• Wegner 외(1987); Lavy and van den Hout(1990); Rassin(2005)

006• Barnes and Tantleff-Dunn(2010)

007• Hayes, Strosahl, and Wilson(1999)의 이론을 정리

008• Purdon, Rowa, and Antony(2005)

009• William James(1892)

010• Chris Fields(2002)

011• Kosslyn 외(1995)

012• Hooker 외(2010)

013• Lieberman (2000)

014• Lou 외(2010)

015• Kircher and Leube(2003)

016• Steven Pinker(2007)

017• Barrett(2005)

018• Duntley(2005)

019• Lieberman(2000)

020• Carol Augart Seger(1994)

021• Mathews 외(2000)

022• Yerkes and Dodson(1908)

023• Jared Keeley(2008)

024• John Raglin and Paul Turner(1993)

025• Brüne(2006)

026• Cantor(2005)

027• Andrews and Thomson(2009)

028• Forgas, Goldenberg, and Unkelbach(2009)

029• Forgas(2007)

030• Bach 외(2006); Orsillo 외(2004); Tai and Turkington(2009)

031• Hayes, Strosahl, and Wilson(1999)의 이론을 정리

032• MacLean(1973)

033• Marsha Linehan(1993)

034• Linehan(1993)의 이론을 정리

035• Hayes, Strosahl, and Wilson(1999)의 이론을 정리

036• Garcia, Hankins, and Rusniak(1976)

037• Sidman(1953)

038• Barnes-Holmes, Hayes, and Dymond(2001)

039• Hayes, Strosahl, and Wilson(1999)

040• Kessler 외(2005)

041• Hinton and Hinton(2002)

042• Esquivel 외(2010)

043• Ostroff 외(2010)

044• LoBue(2010)

045• Eisenberger and Lieberman(2004)

046• Wilson 외(2001)

047• Howard 외(2009)

048• Rysen(2006)

049• Frankland 외(2004)

050• Schlund 외(2010)

051• Poulos 외(2009)

052• Baer(2010)의 이론을 정리

053• Hayes, Strosahl, and Wilson(1999)

054• Kelly Wilson(2010)

055• Joanne Dahl(2009)

056• Van Bockstaele 외(2010)

057• Kanter, Busch, and Rusch(2009)

058• Kanter, Busch, and Rusch(2009)

059• Martell, Dimidjian, and Herman-Dunn(2010)

060• Lin, Osan, and Tsien(2006)

061• Liu 외(2010)
062• Jelinek 외(2010)
063• Bretherton and Munholland(1999)
064• 개인적으로 확인한 참고 자료, 2011년 2월 17일
065• Lyubomirsky, Sousa, and Dickerhoof(2006)
066• 개인적으로 확인한 참고 자료, 2010년 11월 5월
067• Haselton, Nettle, and Andrews(2005)
068• Martie Haselton(2005)
069• Seligman(2006)
070• Robert Leahy(2002)
071• Norem(2008)
072• Haselton, Nettle, and Andrews(2005)
073• Lim(2009)
074• del Valle and Mateos(2008)
075• Gasper, Lozinski, and LeBeau(2009)
076• Gordon(2008)
077• Hosogoshi and Kodama(2009)
078• Mark Seery(2008)
079• Wilson and DuFrene(2008)
080• Wood(2001)
081• Smith(2006)
082• Wagar and Thagard(2004)
083• Klüver and Bucy(1939)
084• De Martino, Camerer, and Adolphs(2010)
085• Ramnerö and Törneke(2008)
086• Lehrer(2009)
087• Mischel, Shoda, and Rodriguez(1989)
088• Lehrer(2009)
089• Mischel, Shoda, and Rodriguez(1989)
090• Quinn 외(2010)
091• American Psychological Association(2000)
092• Linden(2006)
093• Viorica Marian and Margarita Kaushanskaya(2007)
094• Yana Avramova(2010)
095• Schmid and Mast(2010)
096• Blaney(1986)
097• Kenealy(1997)
098• Bower(1981)
099• Rene Ziegler(2010)
100• Ellis 외(1985)
101• Watkins 외(1996)
102• Dalgleish 외(2009)
103• Amanda Shallcross 2010
104• Marsha Linehan 1993
105• Rizvi and Linehan 2005
106• Dobson 외(2008)
107• Jon Jureidini and Anne Tonkin(2006)
108• Cascade, Kalali, and Blier(2007)
109• Vogels and Abbot(2009); Kremkow, Aertsen, and Kumar(2010)
110• Snyder 외(2010)
111• Corsica and Spring(2008)
112• Benton(2002)
113• Felice Jacka(2010)
114• American Psychiatric Association(2000)
115• Ivy 외(1979)
116• Nardi 외(2009)
117• American Psychiatric Association(2000)
118• Roehrs and Roth(2001)
119• Leeies 외(2010)
120• Rod Dishman 외(2006)
121• Mead(2009)
122• Maraki 외(2005)
123• Winerman(2004)
124• Tucker 외(2010)
125• Lim and Dinges(2010)
126• Pilcher and Huffcutt(1996)
127• Talbot(2010)
128• van der Helm, Gujar, and Walker(2010)

참고문헌

American Psychiatric Association. 2000. *Diagnostic and Statistical Manual of Mental Disorders.* 4th ed., text revision. Washington, DC: American Psychiatric Association.

Andrews, P. W., and J. A. Thomson Jr. 2009. "The Bright Side of Being Blue: Depression as an Adaptation for Analyzing Complex Problems." *Psychological Review* 116: 620–54.

Avramova, Y. R., D. A. Stapel, and D. Lerouge. 2010. "Mood and Context-Dependence: Positive Mood Increases and Negative Mood Decreases the Effects of Context on Perception." *Journal of Personality and Social Psychology* 99: 203–14.

Bach, P. A., B. Gaudiano, J. Pankey, J. D. Herbert, and S. C. Hayes. 2006. "Acceptance, Mindfulness, Values, and Psychosis: Applying Acceptance and Commitment Therapy (ACT) to the Chronically Mentally Ill." In *Mindfulness-Based Treatment Approaches: Clinician's Guide to Evidence Base and Application*, edited by R. A. Baer. Burlington, MA: Elsevier.

Baer, R. A. 2010. "Mindfulness-and Acceptance-Based Interventions and Processes of Change." In *Assessing Mindfulness and Acceptance Processes in Clients: Illuminating the Theory and Practice of Change*, edited by R. A. Baer. Oakland, CA: New Harbinger Publications.

Barnes, R. D., and S. Tantleff-Dunn. 2010. "Food for Thought: Examining the Relationship Between Food Thought Suppression and Weight-Related Outcomes."1 *Eating Behaviors* 11: 175–79.

Barnes-Holmes, D., S. C. Hayes, and S. Dymond. 2001. "Self and Self-Directed Rules." In *Relational Frame Theory: A Post-Skinnerian Account of Human Language and Cognition,* edited by Steven C. Hayes, Dermot Barnes-Holmes, and Bryan Roche. New York: Kluwer Academic/Plenum Publishers.

Barrett, H. C. 2005. "Adaptations to Predators and Prey." In *The Handbook of Evolutionary Psychology,* edited by David M. Buss. Hoboken, NJ: John Wiley & Sons.

Benton, D. 2002. "Carbohydrate Ingestion, Blood Glucose, and Mood." *Neuroscience and Biobehavioral Reviews* 26: 293–308.

Blaney, P. H. 1986. "Affect and Memory: A Review." *Psychological Bulletin* 99: 229–46.

Block, J. A., and E. Wulfert. 2000. "Acceptance or Change: Treating Socially Anxious College Students with ACT or CBGT." *The Behavior Analyst Today* 1: 2–10.

Bower, G. H. 1981. "Mood and Memory." *American Psychologist* 36: 129–48.

Bretherton, I., and K. A. Munholland. 1999. "Internal Working Models in Attachment Relationships: A Construct Revisited." In *Handbook of Attachment: Theory, Research, and Clinical Applications,* edited by Jude Cassidy and Phillip R. Shaver. New York: Guilford Press.

Brüne, M. 2006. "The Evolutionary Psychology of Obsessive-Compulsive Disorder: The Role of Cognitive Metarepresentation." *Perspectives in Biology and Medicine* 49: 317–29.

Cantor, C. 2005. *Evolution and Posttraumatic Stress: Disorders of Vigilance and Defence.* New York: Routledge.

Cascade, E. F., A. H. Kalali, and P. Blier. 2007. "Treatment of Depression: Antidepressant Monotherapy and Combination Therapy." *Psychiatry* 4: 25–27.

Corsica, J. A., and B. J. Spring. 2008. "Carbohydrate Craving: A Double-Blind, Placebo-Controlled Test of the Self-Medication Hypothesis." *Eating Behaviors* 9: 447–54.

Dahl, J. C., J. C. Plumb, I. Steward, and T. Lundren. 2009. *The Art and Science of Valuing in Psychotherapy.* Oakland, CA: New Harbinger Publications.

Dalgleish, T., J. Yiend, S. Schweizer, and B. D. Dunn. 2009. "Ironic Effects of Emotion Suppression When Recounting Distressing Memories." *Emotion* 9: 744–49.

del Valle, C. H. C., and P. M. Mateos. 2008. "Dispositional Pessimism, Defensive Pessimism, and Optimism: The Effect of Induced Mood on Prefactual and Counterfactual Thinking and Performance." *Cognition & Emotion* 22: 1600–12.

De Martino, B., C. F. Camerer, and R. Adolphs. 2010. "Amygdala Damage Eliminated Monetary Loss Aversion." *Proceedings of the National Academy of Sciences of the United States of America* 107: 3788–92.

Dishman, R. K., H.-R. Berthoud, F. W. Booth, C. W. Cotman, V. R. Edgerton, M. R. Fleshner, S. C. Gandevia, F. Gomez-Pinilla, B. N. Greenwood, C. H. Hillman, A. F. Kramer, B. E. Levin, T. H. Moran, A. A. Russo-Neustadt, J. D. Salamone, J. D. Van Hoomissen, C. E. Wade, D. A. York, and M. J. Zigmond. 2006. "Neurobiology of Exercise." *Obesity* 14: 345–56.

Dobson, K. S., S. D. Hollon, S. Dimidjian, K. B. Schmaling, R. J. Kohlenberg, R. J. Gallop, S. L. Rizvi, J. K. Gollan, D. L. Dunner, and N. S. Jacobson. 2008. "Randomized Trial of Behavioral Activation, Cognitive Therapy, and Antidepressant Medication in the Prevention of Relapse and Recurrence in Major Depression." *Journal of Consulting and Clinical Psychology* 76: 468–77.

Dryden, W., and A. Ellis. 2001. "Rational Emotive Behavior Therapy." In *Handbook of Cognitive Behavioral Therapies. 2nd ed.,* edited by Keith S. Dobson. New York: Guilford Press.

Duntley, J. D. 2005. "Adaptations to Dangers from Humans." In *The Handbook of Evolutionary Psychology,* edited by David M. Buss. Hoboken, NJ: John Wiley & Sons.

Eisenberger, N. I., and M. D. Lieberman. 2004. "Why Rejection Hurts: A Common Neural Alarm System for Physical and Social Pain." *TRENDS in Cognitive Sciences* 8: 294–300.

Ellis, H. C., R. L. Thomas, A. D. McFarland, and W. Lane. 1985. "Emotional Mood States and Retrieval in Episodic Memory." *Journal of Experimental Psychology* 11: 363–70.

Esquivel, G., K. R. Schruers, R. J. Maddock, A. Colasanti, and E. J. Griez. 2010. "Acids in the Brain: A Factor in Panic?" *Journal of Psychopharmacology* 24: 639–47.

Festinger, L. 1954. "A Theory of Social Comparison Process." *Human Relations* 7: 117–40.

Fields, C. 2002. "Why Do We Talk to Ourselves?" *Journal of Experimental & Theoretical Artificial Intelligence* 14: 255–72.

Forgas, J. P. 2007. "When Sad Is Better than Happy: Negative Affect Can Improve the Quality and Effectiveness of Persuasive Messages and Social Influence Strategies." *Journal of Experimental Social Psychology* 43: 513–28.

Forgas, J. P., L. Goldenberg, and C. Unkelbach. 2009. "Can Bad Weather Improve Your Memory? An Unobtrusive Field Study of Natural Mood Effects on Real-Life Memory." *Journal of Experimental Social Psychology* 45: 254–57.

Frankland, P. W., B. Bontempi, L. E. Talton, L. Kaczmarek, and A. Silva. 2004. "The Involvement of the Anterior Cingulate Cortex in Remote Contextual Fear Memory." *Science* 304: 881–83.

Garcia, J., W. G. Hankins, and K. W. Rusniak. 1976. "Flavor Aversion Studies." *Science* 192: 265–66.

Gasper, K., R. H. Lozinski, and L. S. LeBeau. 2009. "If You Plan, Then You Can: How Reflection Helps Defensive Pessimists Pursue Their Goals." *Motivation and Emotion* 33: 203–16.

Gordon, R. A. 2008. "Attributional Style and Athletic Performance: Strategic Optimism and Defensive Pessimism." *Psychology of Sport and Exercise* 9: 336–50.

Haselton, M. G., D. Nettle, and P. W. Andrews. 2005. "The Evolution of Cognitive Bias." In *The Handbook of Evolutionary Psychology,* edited by David M. Buss. Hoboken, NJ: John Wiley & Sons.

Hayes, S. C., K. D. Strosahl, and K. G. Wilson. 1999. *Acceptance and Commitment Therapy: An Experiential Approach to Behavior Change.* New York: Guilford Press.

Hinton, D., and S. Hinton. 2002. "Panic Disorder, Somatization, and the New Cross-Cultural Psychiatry: The Seven Bodies of a Medical Anthropology of Panic." *Culture, Medicine, and Psychiatry* 26: 155–78

Hoffman, S. G., and D. A. Moscovitch. 2002. "Evolutionary Mechanisms of Fear and Anxiety." *Journal of Cognitive Psychotherapy* 16: 317–30.

Hooker, C. I., S. C. Verosky, L. T. Germine, R. T. Knight, and M. D'Esposito. 2010. "Neural Activity During Social Signal Perception Correlates with Self-Reported Empathy." *Brain Research* 1308: 100–13.

Hosogoshi, H., and M. Kodama. 2009. "Accepting Pessimistic Thinking Is Associated with Better Mental and Physical Health in Defensive Pessimists." *Japanese Journal of Psychology* 79: 542–48.

Howard, G. S., M. Y. Lau, S. E. Maxwell, A. Venter, R. Lundy, and R. M. Sweeny. 2009. "Do Research Literatures Give Correct Answers?" *Review of General Psychology* 13: 116–21.

Ivy, J. L, D. L. Costill, W. J. Fink, and R. W. Lower. 1979. "Influence of Caffeine and Carbohydrate Feedings on Endurance Performance." *Medicine & Science in Sports & Exercise* 11: 6–11.

Jacka, F. N., J. A. Pasco, A. Mykletun, L. J. Williams, A. M. Hodge, S. L. O'Reilly, G. C. Nicholson, M. A. Kotowicz, and M. Berk. 2010. "Association of Western and Traditional Diets with Depression and Anxiety in Women." *American Journal of Psychiatry* 167: 305–11.

James, W. 1892. *Psychology*. New York: World.

Jelinek, L., C. Stockbauer, S. Randjbar, M. Kellner, T. Ehring, and S. Moritz. 2010. "Characteristics and Organization of the Worst Moment of Trauma Memories in Posttraumatic Stress Disorder." *Behaviour Research and Therapy* 48: 680–85.

Jureidini, J., and A. Tonkin. 2006. "Overuse of Antidepressant Drugs for the Treatment of Depression." CNS *Drugs* 20: 623–32.

Kanter, J. W., A. M. Busch, and L. C. Rusch. 2009. *Behavioral Activation.* New York: Routledge.

Keeley, J., R. Zayac, and C. Correia. 2008. "Curvilinear Relationships Between Statistics Anxiety and Performance Among Undergraduate Students: Evidence for Optimal Anxiety." *Statistics Education Research Journal* 7: 4–15.

Kenealy, P. M. 1997. "Mood-State-Dependent Retrieval: The Effects of Induced Mood on Memory Reconsidered." *Quarterly Journal of Experimental Psychology* 50A: 290–317.

Kessler, R. C., W. T. Chiu, O. Demler, and E. E. Waters. 2005. "Prevalence, Severity, and Comorbidity of 12-Month DSM-IV Disorders in the National Comorbidity Survey Replication." *Archives of General Psychiatry* 62: 617–27.

Kircher, T. T. J., and D. T. Leube. 2003. "Self-Consciousness, Self-Agency, and Schizophrenia." *Consciousness and Cognition* 12: 656–69.

Klüver, H., and P. C. Bucy. 1939. "Preliminary Analysis of Functions of the Temporal Lobes in Monkeys." *Archives of Neurology and Psychiatry* 42: 979–1000.

Kosslyn, S. M., W. L. Thompson, I. J. Kim, and N. M. Alpert. 1995. "Topographical Representations of Mental Images in Primary Visual Cortex." *Nature* 378: 496–98.

Kremkow, J., A. Aertsen, and A. Kumar. 2010. "Gating of Signal Propagation in Spiking Neural Networks by Balanced and Correlated Excitation and Inhibition." *Journal of Neuroscience* 30: 15760–68.

Lavy, E. H., and M. A. Van den Hout. 1990. "Thought Suppression Induces Intrusion." *Behavioural and Cognitive Psychotherapy* 18: 251–58.

Leahy, R. L. 2002. "Pessimism and the Evolution of Negativity." *Journal of Cognitive Psychotherapy: An International Quarterly* 16: 295–316.

Leeies, M., J. Pagura, J. Sareen, and J. M. Bolton. 2010. "The Use of Alcohol and Drugs to Self-Medicate Symptoms of Posttraumatic Stress Disorder." *Depression and Anxiety* 27: 731–36.

Lehrer, J. 2009. "Don't! The Secret of Self-Control." *The New Yorker, May 18, 26[SS1].*

Lieberman, M. D. 2000. "Intuition: A Social Cognitive Neuroscience Approach." *Psychological Bulletin* 126: 109–37.

Lim, L. 2009. "A Two-Factor Model of Defensive Pessimism and Its Relations with Achievement Motives." *The Journal of Psychology* 143: 318–36.

Lim, J., and D. F. Dinges. 2010. "A Meta-analysis of the Impact of Short-Term Sleep Deprivation on Cognitive Variables." *Psychological Bulletin* 136: 375–89.

Lin, L., R. Osan, and J. Z. Tsien. 2006. "Organizing Principles of Real-Time Memory Encoding: Neural Clique Assemblies and Universal Neural Codes. *Trends in Neuroscience* 29: 48–57.

Linden, D. E. J. 2006. "How Psychotherapy Changes the Brain: The Contribution of Functional Neuroimaging." *Molecular Psychiatry* 11: 528–38.

Linehan, M. M. 1993. *Skills Training Manual for Treating Borderline Personality Disorder.* New York: Guilford Press.

Liu, X.-H., S.-Q. Yao, W.-F. Zhao, W.-H. Yang, and F.-R. Tan. 2010. "Autobiographical Memory in Patients with Chronic Pain and Depression." *Chinese Journal of Clinical Psychology* 18: 196–201.

LoBue, V. 2010. "And Along Came a Spider: An Attentional Bias for the Detection of Spiders in Young Children and Adults." *Journal of Experimental Child Psychology* 107: 59–66.

Lou, H. C., J. Gross, K. Biermann-Ruben, T. W. Kjaer, and A. Schnitzler. "Coherence in Consciousness: Paralimbic Gamma Synchrony of Self-Reference Links Conscious Experiences." *Human Brain Mapping* 31: 185–92.

Lyubomirsky, S., L. Sousa, and R. Dickerhoof. 2006. "The Costs and Benefits of Writing, Talking, and Thinking About Life's Triumphs and Defeats." *Journal of Personality and Social Psychology* 90: 692–708.

MacLean, P. D. 1973. *A Triune Concept of the Brain and Behavior.* Toronto: University of Toronto Press.

Maraki, M., F. Tsofliou, Y. P. Pitsiladisb, D. Malkovaa, N. Mutriea, and S. Higgins. 2005. "Acute Effects of a Single Exercise Class on Appetite, Energy Intake, and Mood: Is There a Time of Day Effect?" *Appetite* 45: 272–78.

Marian, V., and M. Kaushanskaya. 2007. "Language Context Guides Memory Content." *Psychonomic Bulletin & Review* 14: 925–33.

Martell, C. R., S. Dimidjian, and R. Herman-Dunn. 2010. *Behavioral Activation for Depression*: A Clinician's Guide. New York: Guilford Press.

Mathews, R. C., L. G. Roussel, B. P. Cochran, A. E. Cook, and D. L. Dunaway. 2000. "The Role of Implicit Learning in the Acquisition of Generative Knowledge." *Journal of Cognitive Systems Research* 1: 161–74.

Mead, G. E., W. Morley, P. Campbell, C. A. Greig, M. E. T. McMurdo, and D. A. Lawlor. 2009. "Exercise for Depression." *Mental Health and Physical Activity* 2: 95–96.

Mischel, W., Y. Shoda, and M. L. Rodriguez. 1989. "Delay of Gratification in Children." *Science* 244: 933–38.

Nardi, A. E., F. L. Lopes, R. C. Freire, A. B. Veras, I. Nascimento, A. M. Valenca, V. L. de-Melo-Neto, G. L. Soares-Filho, A. L. King, D. M. Arau´jo, M. A. Mezzasalma, A. Rassi, W. A. Zin. 2009. "Panic Disorder and Social Anxiety Disorder Subtypes in a Caffeine Challenge Test. *Psychiatry Research* 169: 149–53.

Nelson, E. A., B. J. Deacon, J. J. Lickel, and J. T. Sy. 2010. "Targeting the Probability Versus Cost of Feared Outcomes in Public Speaking Anxiety." *Behaviour Research and Therapy* 48: 282–89.

Norem, J. K. 2008. "Defensive Pessimism, Anxiety, and the Complexity of Evaluating Self-Regulation." *Social and Personality Psychology Compass* 2: 121–34.

Orsillo, S. M., L. Roemer, J. Block-Lerner, C. LeJeune, and J. D. Herbert. 2004. "ACT with Anxiety Disorders." In A *Practical Guide to Acceptance and Commitment Therapy*, edited by Steven C. Hayes and Kirk D. Strosahl. New York: Springer.

Ostroff, L. E., C. K. Cain, J. Bedont, M. H. Monfils, and J. E. LeDoux. 2010. "Fear and Safety Learning Differentially Affect Synapse Size and Dendritic Translation in the Lateral Amygdala." *Proceedings of the National Academy of Sciences* 107: 9418–423.

Pilcher, J. J., and A. I. Huffcutt. 1996. "Effects of Sleep Deprivation on Performance: A Meta-analysis." *Sleep* 19: 318–26.

Pinker, S. 2007. *How the Mind Works*. New York: W. W. Norton & Company.

Poulos, A. M., V. Li, S. S. Sterlace, F. Tokushige, R. Ponnusamy, and M. S. Fanselow. "Persistence of Fear Memory Across Time Requires the Basolateral Amygdala Complex." *Proceedings of the National Academy of Sciences* 106: 11737–41.

Purdon, C., K. Rowa, and M. M. Antony. 2005. "Thought Suppression and Its Effects on Thought Frequency, Appraisal, and Mood State in Individuals with Obsessive-Compulsive Disorder." *Behaviour Research and Therapy* 43: 93–108.

Quinn, J. M., A. Pascoe, W. Wood, and D. T. Neal. 2010. "Can't Control Yourself? Monitor Those Bad Habits." *Personality and Social Psychology Bulletin* 36: 499–511.

Raglin, J. S., and P. E. Turner. 1993. "Anxiety and Performance in Track and Field Athletes: A Comparison of the Inverted-U Hypothesis with Zone of Optimal Function Theory." *Personality and Individual Differences* 14: 163–71.

Ramnerö, J., and N. Törneke. 2008. *The ABCs of Human Behavior.* Oakland, CA: New Harbinger.

Rassin, E. 2005. *Thought Supression*. Oxford, UK: Elsevier.

Rizvi, S. L., and M. M. Linehan. 2005. "Treatment of Maladaptive Shame in Borderline Personality Disorder: A Pilot Study of 'Opposite Action.'" *Cognitive and Behavioral Practice* 12: 437–47.

Roehrs, T., and T. Roth. 2001. "Sleep, Sleepiness, and Alcohol Use." *Alcohol Research and Health* 25: 101–9.

Rysen, S. 2006. "Publication of Nonsignificant Results: A Survey of Psychologists' Opinions." *Psychological Reports* 98: 169–75.

Sadock, B. J., and V. A. Sadock. 2003. *Synopsis of Psychiatry: Behavioral Sciences/Clinical Psychiatry.* Philadelphia: Lippencott Williams & Wilkins.

Schlund, M. W., G. J. Siegle, C. D. Ladouceur, J. S. Silk, M. F. Cataldo, E. E. Forbes, R. E. Dahl, and N. D. Ryan. 2010. "Nothing to Fear? Neural Systems Supporting Avoidance Behavior in Healthy Youths." *NeuroImage* 52: 710–19.

Schmid, P. C., and M. S. Mast. 2010. "Mood Effects on Emotion Regulation." *Motivation and Emotion* 34: 288–92.

Seery, M. D., T. V. West, M. Weisbuch, and J. Blascovich. 2008. "The Effects of Negative Reflection for Defensive Pessimists: Dissipation or Harnessing of Threat?" *Personality and Individual Differences* 45: 515–20.

Seger, C. A. 1994. "Implicit Learning." *Psychological Bulletin* 115: 163–96.

Seligman, M. P. 2006. *Learned Optimism: How to Change Your Mind and Your Life.* New York: Vintage Books.

Shallcross, A. J., A. S. Troy, M. Boland, and I. B. Iris. 2010. "Let It Be: Accepting Negative Emotional Experiences Predicts Decreased Negative Affect and Depressive Symptoms." *Behaviour Research and Therapy* 48: 921–29.

Sidman, M. 1953. "Avoidance Conditioning with Brief Shock and No Exteroceptive Warning Signal." *Science* 118: 157–58.

Smith, S. T. "Preventing Violence Among Patients Recovering from Traumatic Brain Injury: A Response Curriculum for Medical and Support Staff." Diss. University of Denver, 2006. Print.

Snyder, H. R., N. Hutchison, E. Nyhus, T. Curran, M. T. Banich, R. C. O'Reilly, and Y. Munakata. 2010. "Neural Inhibition Enables Selection During Language Processing." *Proceedings of the National Academy of Sciences* 107: 16483–88.

Tai, S., and D. Turkington. 2009. "The Evolution of Cognitive Behavior Therapy for Schizophrenia: Current Practice and Recent Developments." *Schizophrenia Bulletin* 35: 865–73.

Talbot, L. S., E. L. McGlinchey, K. A. Kaplan, R. E. Dahl, and A. G. Harvey. 2010. "Sleep Deprivation in Adolescents and Adults: Changes in Affect. *Emotion* 10: 831–41.

Tucker, A. M., P. Whitney, G. Belenky, J. M. Hinson, and H. P. A. Van Dongen. 2010. "Effects of Sleep Deprivation on Dissociated Components of Executive Functioning. *Sleep* 33: 47–57.

Van Bockstaele, B., B. Verschuere, J. De Houwer, and G. Crombez. 2010. "On the Costs and Benefits of Directing Attention Towards or Away from Threat-Related Stimuli: A Classical Conditioning Experiment." *Behaviour Research and Therapy* 48: 692–97.

van der Helm, E., N. Gujar, and M. P. Walker. 2010. "Sleep Deprivation Impairs the Accurate Recognition of Human Emotions. *Sleep* 33: 335–42.

Vogels, T. P., and L. F. Abbot. 2009. "Gating Multiple Signals Through Detailed Balance of Excitation and Inhibition in Spiking Networks." *Nature Neuroscience* 12: 483–91.

Wagar, B. M., and P. Thagard. 2004. "Spiking Phineas Gage: A Neurocomputational Theory of Cognitive-Affective Integration in Decision Making." *Psychological Review* 111: 67–79.

Watkins, P. C., K. Vache, S. P. Verney, S. Muller, and A. Matthews. 1996. "Unconscious Mood-Congruent Memory Bias in Depression. *Journal of Abnormal Psychology* 105: 34–41.

Wegner, D. M., D. J. Schneider, S. R. Carter, and T. L. White. 1987. "Paradoxical Effects of Thought Suppression." *Journal of Personality and Social Psychology* 53: 5–13.

Westover, A. N., and L. B. Marangell. 2002. "A Cross-national Relationship Between Sugar Consumption and Major Depression? *Depression and Anxiety* 16: 118–20.

Wilson, K. G., and T. Dufrene. 2008. *Mindfulness for Two: An Acceptance and Commitment Therapy Approach to Mindfulness in Psychotherapy.* Oakland, CA: New Harbinger.

Wilson, K. G., S. C. Hayes, J. Gregg, and R. Zettle. 2001. "Psychopathology and Psychotherapy." In *Relational Frame Theory: A Post-Skinnerian Account of Human Language and Cognition,* edited by Steven C. Hayes, Dermot Barnes-Holms, and Bryan Roche. New York: Kluwer Academic/Plenum Publishers.

Wilson, K. G., E. K. Sandoz, J. Kitchens, and M. Roberts. 2010. "The Valued Living Questionnaire: Defining and Measuring Valued Action Within a Behavioral Framework." *The Psychological Record* 60: 249–72.

Winerman, L. 2004. "Sleep Deprivation Threatens Public Health, Says Research Award Winner." *Monitor on Psychology* 35: 61.

Wood, R. Ll. 2001. "Understanding Neurobehavioural Disability." In *Neurobehavioural Disability and Social Handicap Following Traumatic Brain Injury,* edited by Rodger Ll. Wood and Tom M. McMillan. East Sussex, UK: Psychology Press.

Yerkes, R. M., and J. D. Dodson. 1908. "The Relation of Strength of Stimulus to Rapidity of Habit-Formation." *Journal of Comparative Neurology and Psychology* 18: 459–82.

Ziegler, R. 2010. "Mood, Source Characteristics, and Message Processing: A Mood-Congruent Expectancies Approach." *Journal of Experimental Social Psychology* 46: 743–52.

감사의 글

만약 저자 혼자서 모든 일을 해내야 한다면 이 세상에 나온 책은 무척이나 적겠지요. 이 책이 나오기까지 주변의 많은 분께 신세를 졌습니다. 저를 믿어 주고 지금과 같은 형태로 책을 만들어 준 New Harbinger 출판사의 Melissa Kirk에게 한없는 감사의 마음을 전합니다. 인내심을 발휘해 현명하게 편집해 준 출판사의 Jess Beebe, Nicola Skidmore, Kayla Sussel, Jean Blomquist에게도요. 초고를 읽고 귀한 조언을 아끼지 않은 나의 동료들 Sarah Burgamy, Bennett Leslie, Jonathan Lipson, Christa Smith에게도 진심으로 고맙습니다. 또한 끊임없이 지향점을 일깨워 주시는 나의 여러 선생님과 지도 교수님, 그리고 독자 여러분께도 감사의 인사를 전하고 싶습니다. 나의 사랑스러운 조카 Valerie Wickwar-Svoboda는 영어학 석사로서 이 책의 원고를 새로운 관점에서 읽고 의견을 제시해 주었습니다. 나의 친구 Penny Oliver도 이 책의 원고를 세심하게 읽고 관심을 기울여 주었습니다. Valerie와 Penny, 너희 덕분에 내가 말하고자 하는 바를 정확히 표현할 수 있었단다. 끝으로, 이 책의 집필을 포함한 다른 어떤 일도 가족의 도움이 없었더라면 실현할 수 없었을 것입니다. 어머니와 Bob, Bev, 집필하는 동안 나의 책무를 대신 돌보아 주어서 고맙습니다. 우리 가족이라는 작은 세계에서 환하게 빛나는 주인공인 Jordan, 가없는 인내와 사랑을 베풀어 주는 아내 Tracy에게 사랑을 전합니다.

불안한 뇌와
웃으며
친구 하는 법

2013년 8월 30일 초판 1쇄 발행

지은이 숀 T. 스미스 • 옮긴이 정여진
펴낸이 박상근(至弘) • 주간 류지호 • 책임편집 오재헌 • 편집 오재헌, 이기선, 정선경, 천은희
디자인 백지원 • 제작 김명환 • 홍보마케팅 김대현, 이경화, 한동우 • 관리 윤애경

펴낸 곳 불광출판사 110-140 서울시 종로구 수송동 46-21, 3층
대표전화 02) 420-3200 편집부 02) 420-3300 팩시밀리 02) 420-3400
출판등록 제1-183호(1979. 10. 10)
ISBN 978-89-7479-039-4 03180

이 도서의 국립중앙도서관 출판시도서목록(CIP)은
서지정보유통지원시스템 홈페이지(http://seoji.nl.go.kr)와
국가자료공동목록시스템(http://www.nl.go.kr/kolisnet)에서 이용하실 수 있습니다.
(CIP제어번호: CIP2013016696)

책값은 뒤표지에 있습니다.
잘못된 책은 구입하신 서점에서 바꾸어 드립니다.